本书为首都工程教育发展研究基地“融合·开放·创新：新工科背景下工程实践教育体系研究”项目和2020年度北京信息科技大学科研基金项目“思想政治教育对大学生创新创业引领作用研究”的阶段性成果

DAXUESHENG CHUANGYE JINGSHEN

大学生创业精神

PEIYU YANJIU

培育研究

>>>>>>> 刘玉威　米洁　著

吉林大学出版社
·长春·

图书在版编目（CIP）数据

大学生创业精神培育研究 / 刘玉威，米洁著 . -- 长春 : 吉林大学出版社，2020.6
ISBN 978-7-5692-6360-2

Ⅰ . ①大… Ⅱ . ①刘… ②米… Ⅲ . ①大学生－创业－研究 Ⅳ . ① G647.38

中国版本图书馆 CIP 数据核字 (2020) 第 065784 号

书　　名：大学生创业精神培育研究
DAXUESHENG CHUANGYE JINGSHEN PEIYU YANJIU

作　　者：刘玉威　米洁　著
策划编辑：李承章
责任编辑：安斌
责任校对：王洋
装帧设计：刘丹
出版发行：吉林大学出版社
社　　址：长春市人民大街 4059 号
邮政编码：130021
发行电话：0431-89580028/29/21
网　　址：http://www.jlup.com.cn
电子邮箱：jdcbs@jlu.edu.cn
印　　刷：北京军迪印刷有限责任公司
开　　本：787mm × 1092mm 1/16
印　　张：15.75
字　　数：260 千字
版　　次：2020 年 6 月　第 1 版
印　　次：2022 年 8 月　第 2 次
书　　号：ISBN 978-7-5692-6360-2
定　　价：68.00 元

序

刘川生

2012 年，党的十八大明确提出实施“创新驱动发展战略”，标志着“创新”成为引领发展的第一动力。创新的基础在人才，人才的培养靠教育。要造就一大批高素质创新型人才，就需要对高等教育体制进行适时的变革与调整，以适应国家经济、社会发展的新形势与新需求。正是在这一背景下，创新创业教育开始受到人们的广泛关注。尤其随着中国特色社会主义事业进入新时代，高等教育面临着新的发展机遇与挑战，“培养什么人？怎样培养人？为谁培养人？”日益成为高等教育的新命题，着力深化高校人才培养模式改革、切实推进“双创”教育转型升级成为高等教育紧跟时代步伐、不断谋求创新的重要方式。

作为大学生创新创业综合素质的核心要素和创新创业教育的主要内容，创业精神是指大学生在创新创业过程中所表现出来的思想品格、精神风貌、意志品质以及规范意识等，是大学生创新创业实践从理想到现实的重要转换条件。一定程度上说，是否拥有创业精神或者所拥有创业精神的品质将直接影响大学生创新创业的成败。由此可见，深入探讨大学生创业精神、积极探索大学生创业精神培育的有效路径应当成为当前高校创新创业教育研究的重要内容。

刘玉威、米洁同志长期在高等教育一线工作，具有丰富的教育教学工作经验，尤其对思想政治教育、创新创业教育以及工程教育问题具有较为深入的认识与思考，形成了一些具有理论价值和实践意义的学术成果，“大学生创业精神培育研究”这一成果就是两位学者在首都工程教育发展研究基地相关课题的支持下产生的。该书以马克思主义理论特别是习近平新时代中国特色社会主义思想为指导，从基本问题分析、发展历程梳理、重要经验总结、培育现状调查以及国外经验借鉴五个方面对大学生创业精神培育的相关问题进行了细致的剖析，并在此基础上构建了有关大学生创业精神培育的三级体系，研究结论对于完善我国高校创新创业教育的理论框架、提升高校创新创业教育效果等具有一定的借鉴意义。

本书在以下几个方面做了一些创新尝试：一是从历史维度、文化维度以及比较视角三方面对我国大学生创业精神培育的状况进行了分析，研究过程既有纵向回顾，也有横向比较；既有理论借鉴，也有实践总结；既有宏观分析，也有微观探讨，研究视角更加立体；二是综合运用文献分析法、问卷调查法以及深度访谈法等，借助描述统计、卡方检验以及关键词提取等手段，研究方法更加多元，问题分析更加深入；三是总结我国大学生创业精神培育的经验为“思想引领”“政府主导”和“文化传承”，促进了创业教育研究的本土化。同时，本书从理论上探索了我国大学生创业精神培育的三级体系，提出了“‘三课’融合”“‘项目引领与任务驱动式’创业精神培育模式”以及“创业教育课程思政”等观点，对于后续研究工作具有一定的借鉴意义。

近年来，创新创业教育在理论与实践两个方面均获得了快速发展。虽然学者们在创新创业教育的学科归类、教育内容以及评价机制等问题上仍有不同见解，但人们对于创新创业教育在人才培养工作中的重要意义与作用是充分认可的。总体来看，当前我国高校创新创业教育正处于快速发展的关键期，成绩与问题同在，机遇与挑战并存，希望刘玉威、米洁同志及其团队继续努力，在高校人才培养模式改革与创新方面做更多、更深入的思考，为我国高校创新创业教育理论体系的构建与完善、高等教育事业的深入发展做出更大的贡献。

前　言

创新创业教育是一个既“年轻”又“古老”的话题。说它“年轻”，是因为“创业教育”传入我国始于20世纪80年代末，标志性事件是科林·博尔（Colin Ball）在《学会关心：21世纪的教育圆桌会议报告》中提出了“第三本教育护照”（即“事业心和开拓技能教育”）的概念。由此算起，“创新创业教育”（由“创业教育”演变而来）进入我国教育工作者的视野才不过二三十年的时间，因此说，它整体上属于一个较为“年轻”的研究领域。说它“古老”，是因为与创新创业教育相关的思想在我国早已有之，从春秋时期教育家孔子的“有教无类”到孟子的“存心养性”；从西汉时期董仲舒的“君子不学，不成其德”到明代王阳明的“知行合一”；从近代陶行知的“生活教育理论”到梁漱溟的“乡村教育思想”……，这些教育家的理论观点无不深深扎根于中国大地，蕴含着丰富而深刻的创新创业思想，闪烁着耀眼的光辉，成为推动我国高校创新创业教育深入发展的重要理论源泉，从这个角度看，创新创业教育又是一个“古老”的话题。这一既“古老”又“年轻”、理论与实践深度融合的研究领域引起了我们的研究兴趣，是促使我们深入其中开展探索的源动力。

自从“创业教育”的概念提出以来，许多学者从西方的创新思想和创新理论中汲取智慧，开展了一系列相关研究，取得了丰硕的研究成果，有力推动了我国高校创新创业教育实践的发展。尤其是近二十年来，众多高等教育领域专家学者把目光聚焦于创新创业教育的理论和实践，相关学术成果不断涌现，标志着我国创新创业教育进入到一个新的发展阶段。但随着各类研究的逐步深入，我们发现，要开展好我国的创新创业教育研究工作，不仅要学习西方国家的先进经验，更要基于中国政治、经济、文化以及高等教育的实际来进行思考；不仅要致力于研究数量的增加，更要着眼于研究质量的提升；不仅要关注“高校创新创业教育”这一“广义性”的范畴，更要将其剖析、分解，进行“解剖麻雀”式的细致研究。可以说，拓展研究视域、提升研究质量已经成为当前创新创业教育研究深入发展的首要任务。

通过对相关文献的分析发现，近年来我国有关创新创业教育的研究不断增多，但相关成果在研究深度、研究广度以及研究跨度三方面仍有不足：首先，创业教育≠创业精神培育，前者在内涵和外延上要明显大于后者。当前，有关创业精神培育的专题研究明显不足，理论界关注“创业”的多，分析“教育”的少；关注“知识和方法”的多，分析“价值和精神”的少；其次，创业教育和创业精神培育是高等教育的重要组成部分，理应建立在马克思主义相关理论及其中国化最新成果的基础之上，尤其是要学习领会习近平新时代中国特色社会主义思想的科学要义，主动对标新时代、新背景和新要求，而当前研究在这方面仍然存在不足；最后，已有研究对我国大学生创业精神培育的发展历程以及对于优秀传统文化的价值挖掘不够，部分研究还存在“拿来主义”的现象，这一状况也亟须改善。可喜的是，我国相关学者已经意识到上述问题的存在，并在开展研究时着力加以改进。近两年，相关研究正在向“精细化”“多元化”以及“本土化”方向发展，这标志着我国创新创业教育研究正在从稚嫩走向成熟，对于推进相关工作的高质量发展意义重大。

本书以马克思主义及其中国化的理论成果尤其是习近平新时代中国特色社会主义思想为统领，以“大学生创业精神培育”为主线，按照“问题提出—问题分析—问题解决”的思路分三个步骤进行研究：一是由“高素质创新型人才培养的教育需求”与“高校大学生创新创业教育供给”之间的矛盾引出大学生创业精神培育的议题，探讨研究意义与可行性；二是在对相关概念进行深入辨析的基础上，梳理创业教育工作的发展历程与成绩，总结相关经验，结合调查研究分析当前工作中存在的主要问题，对国外的优秀做法进行整理与归纳；三是提出由“国家服务系统”“高校教育系统”以及“个体自我养成系统”组成的大学生创业精神培育三级体系。在研究过程中发现，男性大学生和女性大学生在创业自信心方面存在显著差异；不同家庭经济条件对于大学生的创业认知具有重要影响；不同家庭经济条件大学生在应对创业挫折的方式上存在显著不同。上述发现提示我们：要结合学生的性别、专业、年级以及家庭背景等因素“因材培育”，探索“精确制导式”的创业精神培育路径；要帮助大学生明确创业方向，提高创业执行力和创业绩效；要提升他们的思想道德认识、心理品质以及法制意识等，进而促进大学生创新创业综合素质的提升。

这部拙作是在学习和领会众多前辈相关学术成果的基础上完成的。书稿写作期间，笔者认真研读了北京师范大学刘川生研究员和冯刚教授、东北师范大学王占仁教授以及温州医科大学黄兆信教授等众多知名专家的大量学术著作和文章，领悟和吸收了他们的思想精髓，在此向他们表示衷心的感谢！此外，本研究在具体实施中得到了北京师范大学王树荫教授、张润枝教授、王显芳教授、石中英教授、张立成教授以及北京信息科技大学杨兴林教授等专家学者的悉心指导，在此，我要向这些在高等教育领域、思想政治教育领域以及创新创业教育领域孜孜不倦、砥砺前行的学术前辈们致以深深的敬意！

本书的出版得到了首都工程教育发展研究基地“融合 · 开放 · 创新：新工科背景下工程实践教育体系研究”项目和2020年度北京信息科技大学学校科研基金项目“思想政治教育对大学生创新创业引领作用研究——以北京信息科技大学为例”的大力支持，课题组米洁教授参与了本书的撰写与修订，廉串德教授、吴迎年副教授、任俊玲副教授、李建良副教授以及李玥老师等对于本书的出版给予了大力支持，特向他们表示衷心感谢！此外，吉林大学出版社李承章老师和高等教育出版社梁宝贵老师对于书稿的修订与完善提出了重要的意见和建议，在此一并表示感谢！

作　者

2019年12月7日于北京

摘　要

伴随知识经济时代的到来，当今世界正在经历着一场新的大发展、大变革，各国都在积极探索新的发展领域、谋求新的发展机遇，创新日益成为各国紧紧依靠的第一资源。2012 年，党的十八大明确提出实施创新驱动发展战略并将其摆在国家发展全局的核心位置，标志着创新日益成为引领我国发展的第一动力。创新的基础在人才，人才的培养靠教育。在新的发展形势面前，能否通过开展创新型教育培养出高素质创新型人才成为影响创新型国家建设成效的关键。尤其是随着中国特色社会主义事业进入新时代，“培养什么人？怎样培养人？为谁培养人？”日益成为高等教育创新发展的新命题，深化高等学校创新创业教育改革、推进创业教育转型升级成为高等教育回应这一时代命题的最佳方式。

创业精神是对创业者起到激发、引导、推动、规范作用的理想信念、价值观念、思想品质以及职业操守等构成的综合性的思想体系和心理过程，是创业教育的核心内容和创新型人才的典型特征。着眼于高素质创新型人才的培养目标，应将大学生创业精神培育作为创业教育的“前置因素”，通过开展创业精神培育来促进创业教育的转型升级。基于此，本书以大学生创业精神培育为主线，按照“现状—经验—问题—借鉴—路径”的思路，从基本问题分析、发展历程回顾、重要经验总结、培育现状调研以及他国经验借鉴五个方面进行研究，并结合调查研究中发现的问题提出了我国大学生创业精神培育的路径。

首先，运用文献分析法对创业精神培育的基本理论问题进行研究，厘清基本概念，明确基本范畴。在此基础上，总结我国大学生创业精神培育发展的四个阶段："启蒙孕育""实践起步""多元探索"与"深入发展"；提出创业精神培育的三种模式："高校主导式""产教融合式""内合外联式"；凝练我国大学生创业精神培育的经验为："强化思想引领以注入精神动力""突出政府主导以形成工作合力"以及"重视文化传承以凸显中国特色"。其次，通过分层抽样选取北京6所高校的1032名大学生进行问卷调查，运用描述性统计分析和相关性分析对调查数据进行归纳整理，发现当代大学生的创业精神主要表现出四类特征："过于注重个人理想""创业意向不够明确""创业坚韧性不足"以及"创业规范意识欠缺"，进而将创业精神培育存在的问题归纳为:"创业理想教育相对不足""创业意向教育亟待优化""创业心理素质教育有所欠缺"以及"创业规范意识教育明显滞后"四个方面。同时还发现，性别、家庭经济收入等因素对于大学生的创业自信、创业意向以及应对创业挫折的方式等具有显著影响。再次，围绕研究主题编制访谈提纲，对15名大学生和8名教师进行深度访谈，并运用关键词提取法对访谈资料进行分析，进一步确证了大学生创业精神培育存在的四类问题。最后，在参考国外经验的基础上，探索构建由国家服务系统、高校教育系统以及个人素质自我养成系统组成的创业精神培育三级体系。其中，国家层面突出政策和文化的引导作用；高校层面强调通过"四个结合（引领）"来提升创业教育的育人效果；个体层面强调提高社会责任与担当意识，增强创新精神与自我效能感。

通过研究认为，我国大学生创业精神培育要在坚持马克思主义相关理论以及习近平新时代中国特色社会主义思想指导地位的前提下，重点从增强创业理想教育、优化创业意向教育、规范创业心理素质教育以及增加创业规范意识教育四个方面开展工作，发挥政府、高校与大学生三类主体的积极性，采取营造创业型文化、开展"创业教育课程思政"以及强化自我效能感等方式，以形成层次鲜明、分工具体的大学生创业精神培育体系，有效提升大学生创业精神培育的效果。

关键词：高校；大学生；创业精神；创业教育；培育

目 录
CONTENTS

绪　论

习近平总书记指出："一个时代有一个时代的主题，一代人有一代人的使命。"① 如果用一个词来形容当前这个时代的特征，创新创业必然是其中不可或缺的一个。作为新时代背景下的知识精英代表，当代大学生的际遇与挑战来自创新创业，他们的成长与发展也与创新创业紧密相关。当今世界无时无刻不在发生着深刻的变化，当代大学生唯有以创应变、以创立身，才能成就人生事业的新发展、推动经济社会的新进步、谱写民族复兴的新篇章。

一、研究背景与研究意义

（一）研究背景

时代发展永远是理论研究的鲜明底色和重要基础，因此，我们要深刻认识中国特色社会主义事业迈入新时代、创新型国家建设踏入新征程以及高等教育发展进入新阶段的形势，将人才培养模式改革主动"对标"时代发展、国家建设与教育升级的现实需求，以提高研究的科学性、实效性与创新性。伴随知识经济时代的到来，创新创业日益成为世界各国发展的新趋势，紧紧抓住创新机遇、牢牢把握创新主动权成为推进我国经济社会深入发展、实现两个一百年奋斗目标的重要遵循。在此背景下，我党和政府适时提出了实施创新驱动发展的战略，将创新作为"引领发展的第一动

① 全国政协举行新年茶话会 习近平发表重要讲话［N］. 人民日报，2016-12-31（01）.

力”[①]。随着创新型国家建设的日益深入，我国高素质创新型人才短缺的情况日益突出，严重束缚了创新型国家建设事业的深入推进。习近平总书记指出：“我们对高等教育的需要比以往任何时候都更加迫切，对科学知识和卓越人才的渴求比以往任何时候都更加强烈。”[②]国务院办公厅《关于深化高等学校创新创业教育改革的实施意见》（国办发〔2015〕36号）也明确指出，要“加快培养规模宏大、富有创新精神、勇于投身实践的创新创业人才队伍”[③]。在世情、国情、社情发生深刻变革的大背景下，亟须深化高等教育人才培养模式改革，以有效培养大学生的创业精神和创业意识，为培养出更多的高素质创新型人才提供保障。

为了适应知识经济和信息时代的重大变化，我国于20世纪80年代末开始大力倡导开展创业教育，经过快速发展，目前已经形成了由创造教育、创新教育与创业教育三种教育形态共同组成的“中国特色的教育实践活动”[④]。21世纪初，我国逐步强化对高校创业教育工作的支持力度，为创业教育工作的科学发展、深入发展提供了政策保障，凸显了党和政府对创业教育的高度重视。从《面向21世纪教育振兴行动计划》到《国家中长期教育改革和发展规划纲要（2010—2020）》，再到《关于深化高等学校创新创业教育改革的实施意见》，相关政策的密集出台体现了党和政府对于推进高校创业教育科学发展、培养具备创业精神的高素质人才的殷切期望。回顾历史，创业教育理念的产生最早可以追溯到1989年，标志性事件则是联合国教科文组织在中国召开“面向21世纪国际研讨会”并提出“事业心与开拓技能教育”的概念。经过30多年的发展，我国高校创业教育

---

① 习近平．决胜全面建成小康社会，夺取新时代中国特色社会主义伟大胜利——在中国共产党第十九次全国代表大会上的报告［N］．人民日报，2017-10-19（01）．

② 习近平．把思想政治工作贯穿教育教学全过程，开创我国高等教育事业发展新局面——在全国高校思想政治工作会议上的讲话［N］．人民日报，2016-12-09（01）．

③ 国务院办公厅．关于深化高等学校创新创业教育改革的实施意见（国办发〔2015〕36号）．2015-05-04.

④ 冯刚．改革开放以来高校思想政治教育发展史[M]．北京：人民出版社，2018：365．

在培养大学生的创新精神和创业意识等方面取得了显著成效，为国家经济社会建设培养了一大批高素质创新型人才。

但同时，面对时代发展的新形势和大学生群体的新变化，高校创业教育在具体实践中出现了一系列亟待解决的问题，突出表现为创业教育的工作重点放在了创业知识的传授和创业方法的训练上，培育大学生创业精神这一核心内容却被大大地忽略了。从创业教育的实际效果来看，当前高校创业教育的效果并不理想，主要表现在大学生参与创业比例偏低、创业坚持度较差以及创业心理素质与规范意识的现状不容乐观等。例如，根据麦可思研究院联合中国社科院发布的《2018 年中国本科生就业报告（就业蓝皮书）》数据显示，在毕业半年后自主创业的 2014 届本科和高职高专毕业生中，53.1% 的本科生在 3 年后中断或者退出了创业，54.2% 的高职高专学生 3 年后中断或者退出了创业；从创业成功率来看，我国当前的大学生创业成功率普遍偏低，有调查显示，“即使在浙江等创业环境较好的省份，大学生创业成功率也仅仅达到 5% 左右”①，这一数据与发达国家 20% 左右的大学生创业成功率相比仍有较大差距；此外，从国内横向比较看，大学生创业成功率普遍低于社会人员创业的平均成功率，大部分的“大创牌”企业夭折于初创期，熬不过 3 年。②除此之外，伴随大学生创业浪潮的快速推进，校园贷、网络传销等不良创业现象开始出现，激情创业、违法创业的案例屡见不鲜，大学生创业者的创业规范意识明显不足，这些情况给高校创业教育工作的深入开展带来了严峻挑战。

习近平总书记指出：“实现我们的发展目标，不仅要在物质上强大起来，而且要在精神上强大起来。”③这一指导思想对于开展好高校创业教

① 人民网．大学生创业成功率只有 2%？[EB/OL].［2018-01-26］http://it.people.com.cn/n1/2018/0126/c1009-29788154.html.

② 人民网．大学生创业失败率逾九成迷局如何破解 [EB/OL].［2013-07-05］http://politics.people.com.cn/n/2013/0705/c70731-22095661.html.

③ 中华民族伟大复兴的世界意义（治国理政新思想新实践）[N]．人民日报，2016-05-05（01）.

育工作具有重要的指导性意义。可以说，没有精神力量作为支撑的创业难以取得成功，缺乏创业精神培育的创业教育不能称之为完整意义上的创业教育。在创新创业日益成为经济社会发展关键驱动要素的大背景下，除了要对学生进行创业知识、创业技能等方面内容的教育以外，更要注重对大学生进行创业精神的培育，以有效激发大学生的创业热情，调动大学生参与创业的积极性和主动性。当前，要重点帮助他们树立创业报国的宏伟志向，以时不我待、奋发有为的精神状态参与到创新创业之中，将个人梦与国家梦、个人理想与国家理想深度融合，在实现中华民族伟大复兴的征程中书写个人事业的华丽篇章。只有这样，才能真正提高大学生创新创业的实效性，帮助大学生成长为有意愿、有能力服务创新型国家建设的高素质创新型人才。

然而，什么是创业精神？大学生创业精神培育的意义是什么？如何培育大学生的创业精神？对这些问题的回答影响着高校创业教育工作的转型升级发展和高素质创新型人才培养目标的实现，这一问题成为当前和今后一个阶段创业教育理论和实践工作者亟须深入思考的重要议题。基于上述分析，本书以大学生创业精神培育为线索，从概念辨析、内涵界定、发展历程、重要经验等方面对于我国大学生创业精神培育的概况进行研究，并基于问卷调查发现的问题，结合国外经验，提出与我国高等教育发展实际相适应的高校大学生创业精神培育体系。

（二）研究意义

1. 理论意义

马克思主义认为：“批判的武器当然不能代替武器的批判，物质力量只能用物质力量来摧毁；但是理论一经掌握群众，也会变成物质力量。”[①] 可见，理论能够在改造世界的过程中转化为物质力量，它与实践同等重要。创业精神培育是大学生综合素质的重要组成部分，创业精神培育是大学生创业教育的核心内容，开展创业精神培育研究是拓展创业教育研究视域、

① 马克思恩格斯全集（第三卷）[M]. 北京：人民出版社，2002：207.

提升创业教育研究质量的重要一环。从当前研究的实际情况来看，虽然创业教育研究在数量与质量方面均有显著提升，但其中关于大学生创业精神培育的研究却存在明显不足。借助中国知网（CNKI）期刊全文数据库平台，以“创业精神”作为主题在“核心期刊”和“CSSCI 期刊”范围内进行检索（检索时间等其他条件不做限定），共可获得 569 条结果。再进一步将检索条件限定为“创业精神”并含“大学生”，则检索结果只有 133 条。相对于以“创业教育”作为主题检索出的 7143 条结果而言，“创业精神”专题研究的数量不足前者的十分之一，且其中很多还是与企业经济、金融管理以及商业贸易等相关的研究，与大学生创业直接相关的研究成果明显不足。这一情况说明，虽然当前人们已经认识到创业教育的重要意义，但对于大学生创业教育的核心问题并没有达成共识。多数研究侧重于从外部要素入手探讨创业教育问题，从培养大学生创业精神的视角探讨创业教育问题的研究相对不足。

在深入推进创新型国家建设的大背景下，开展大学生创业精神培育的重要性毋庸置疑，但创业精神的本质是什么？创业精神培育的理论基础与意义是什么？创业精神培育的优化路径有哪些？人们对这些理论问题的思考深度对大学生创业教育相关理论体系的建设具有重要的影响。随着创业教育发展目标逐渐由注重规模向注重质量转变，创业教育研究不能仅仅停留在创业经验总结、创业知识传授以及创业技能培训等操作性层面，更应围绕提升大学生的精神境界、拓展大学生思维能力以及帮助大学生形成正确的创业价值观等精神层面开展深入的学术探讨。从某种程度上说，相对于创业知识传授与创业技能培训而言，培育创业精神是真正涉及“人”的培养的教育，不仅能从根本上解决大学生创业面临的各类问题，更有利于加深人们对于大学生创业的理性认识，进而提升创业教育理论研究的层次性和针对性，因此，该研究具有重要的理论意义。

2. 实践意义

麻省理工学院教授大卫·伯奇曾在《工作生产过程》一书中就经济发展和就业相关问题进行了研究，认为创业实践能够有效创造工作机会并推动经济深入发展，这一论断在后来的实践中不断得到证实，创业教育在全世界高校普及开来。进入 21 世纪以来，着眼于推进高等教育人才培养模式改革、培养有助于实现创新型国家建设目标的高素质现代化人才，我国高校创新创业教育在政策制定、机制构建、师资课程建设以及文化氛围营造等方面进行了许多有益的探索，取得了显著的发展成就。在创业教育中，我们将培养大学生的创新精神、创业意识以及创新创业能力作为工作目标，期待通过开展创业教育来推动高校人才培养模式的改革与创新。但在实际工作中，有的地区和高校却偏离了这一预定目标。例如，有的地区和高校将创业教育作为一项临时性的“任务型”工作来看待，导致创业教育工作中普遍存在重视功利价值轻视人才培养、重视理论传授轻视实践训练以及重视能力培养轻视品德塑造等问题，束缚了创业教育的深入发展。在一些地区和高校，虽然创业教育受到了越来越高的重视，但相关工作仍未有效融入高校人才培养的全过程，创业教育与专业教育存在“两张皮”的现象。有学者指出：“大学生的自身创业精神没有得到很好的唤起，从心底里对创业本身还没有认识和共鸣。”[①] 这一描述反映了当前创新创业教育工作中存在的最大问题。

2016 年年底，全国高校思想政治工作会议召开，会议按照全面落实“立德树人”根本任务、着力加强和改进新形势下高校思想政治工作的要求，提出深入推进高校思想政治教育改革的目标要求，创业教育工作也被提升到培养社会主义现代化事业合格建设者和可靠接班人的政治高度，受到教育工作者的广泛重视。作为思想政治教育的重要组成部分，大学生创业精神培育在创业教育和创新人才培养的全链条中具有牵一发而动全身的关键作用，是人才培养不可或缺的重要一环。缺乏创业精神，创新创业实践就将变成失去航向和目标的帆船，容易造成大学生在创新创业的浪潮中迷失航向，就不利于大学生的全面成长成才。培育大学生开展创业精神不仅有

① 王一丁．精神唤起：大学生创业教育的核心问题［J］．黑龙江高教研究，2011（1）：63-65.

利于解决大学生在创业过程中创业意识不强、精神动力不足以及规则意识欠缺等问题，还将对大学生综合素质的提升具有重要的指导意义。面对人们对高校创业教育工作的各类争议，着力分析我国当前大学生创业精神培育工作中存在的突出问题、探索解决大学生创业精神培育问题的有效路径，对于促进创业教育的科学发展、为创新型国家建设提供充足的人才储备具有重要意义。

二、研究现状

（一）相关概念辨析

法国哲学家孔多赛曾说："如果一个词的适用不符合某个特定的概念，它就会在同一个精神当中唤起一些不同的观念，而这就是我们推理出现错误的最大根源。"[①] 可见，概念辨析是研究工作的基础，对研究工作取得实效有着重要影响。本节主要就创业精神培育相关概念进行辨析。

1. 创新与创业

"创新"是一个综合性的概念。《中国大百科全书》将其解释为："现实生活中一切有创造性意义的研究和发明、理论和方法、见解和活动。"[②] 一般认为，这一概念最早是由约瑟夫·熊彼特在其《经济发展理论》一书中首次提出来的，意指"建立一种生产函数"[③]，即履行一个"创造性破坏"的重要功能。"创造性破坏"这一概念的提出影响了当时的整个学术界，以至于这一概念的引用率仅次于亚当·斯密的"看不见的手"的相关理论。[④]20 世纪 60 年代，美国经济学家华尔特·罗斯托在前人研究的基础

---

① 汪怡．理性与启蒙 [M]．北京：东方出版社．2016：18．

② 中国大百科全书（第二版精粹本）[M]．北京：中国大百科全书出版社，2013：206．

③[美] 约瑟夫·熊彼特．经济发展理论 [M]．郭武军，吕阳，译．北京：华夏出版社，2015：12．

④[美] 罗伯特·索贝尔，戴维·B. 西西利亚．企业家：美国人的创业精神 [M]．齐力，译．北京：生活·读书·新知三联书店，1998：2．

上提出了“技术创新”这一概念，而且将其作为创新的核心要素。随着人们对于创新内涵的不断深入思考，科学界又对技术创新的内涵进行了深化加工，并且认为技术创新不仅仅是指操作层面的创新，而且是包括科技、组织、商业和金融等一系列活动的综合过程，是一个复杂的创新系统。技术创新作为知识经济的动力和灵魂，成为其最明显的特征。从不同的学科视角看，创新的内涵就会有所不同：从哲学角度看，创新指的是对简单重复劳动的否定，是对客观物质世界的改造；从社会发展的角度来看，创新是一种新型的观念或者生活方式的选择；从心理学的角度看，创新是一种特殊的思维方式的发生、发展过程，即创造力。

“创业”一词由“创”和“业”两个字组成。所谓“创”一般是指创建、创新、创立、创造，“业”则是指学业、事业、企业等。从词义上看，创业为“开创事业”或“创立企业”之意，《辞海》的解释是“创立基业”，《现代汉语词典》的解释为“创办事业”。对于创业的定义，目前学术界仍然有不同的理解和认识，国内外相关专家基于自身研究领域提出了不尽相同的学术观点。从国外学者对创业的定义来看，目前学者们的相关认识和理解正在趋于日益多元和全面，思考层次也在不断加深。如国外有的学者从心理学角度认为，创业就是察觉机会、追逐机会的意愿及获得成功的信心和可能性。[①] 被誉为创业学之父的杰弗里·A. 蒂蒙斯（1999）则认为，创业已经超越了传统的创建企业的概念，在各种形式、各个阶段的公司和组织中都存在创业活动，创业成为“一种思考、推理和行动的方法”[②]。总体上看，国外学者对创业这一概念的认识正在不断丰富和全面，其中与创业相关的核心概念主要包括“开端、创新、冒险、坚持、不确定性”。

①H.H.Stevenson and J.C Jarillo. A Paradigm of Entrepreneurship: Entrepreneurial Management[J]. Strategic Management Journal, 1990（11）: 17-27.

②Timmons, J. A New Venture Creation : A Guide to Entrepreneurship[M]. Tllinois: R.D.Irwin, 1985: 12.

随着国内创业实践的不断发展，理论界关于创业的认识也在逐渐深化。李家华（2013）认为，“创业是不拘泥于当前的资源约束，寻求机会和价值创造的行为过程。”这一过程既可以指创业者及其团队为孕育和创建新企业或新事业而采取的行动，也可以用以指创业者及其团队在开展创业活动中所表现出来的抱负、执着、坚忍不拔以及创新等品质（精神）。[①]吴伟伟、严宁宁（2016）认为，“创业是一个人们发现和捕捉机会并由此创造出新颖的产品或服务和实现其潜在价值的复杂过程，即从创业意识产生之前到企业成长的全过程。”[②]综合来看，创业就是人们突破主客观各类资源条件的约束，在发现和把握各类机会的基础上进行价值创造的过程以及表现出来的自信、勇敢、创新等优秀品质。创业有广义和狭义之分：广义的创业可以简单理解为“创造新的事业的过程”，即开展有益于人类发展和社会进步的具有创新意义的实践，或带有开拓创新意义的社会活动。目前，它正逐渐发展成为一种思考、推理和行为方式，渗透到生活、工作各个方面和政治、经济、文化、科学、教育等各个领域。狭义的创业则可以理解为“创建一个新企业的过程”，即个人或团体依法登记建立企业，从事有偿经营的商业活动。

从创新与创业的关系来看，不难得出这样的结论，即创新是创业的核心内容与关键要素，而创业是创新内在特质的外显和表征。创业需要以创新作为支撑，创新也需要通过创业来表现自身的功能，二者相辅相成、互不可缺。如我国学者李家华认为，创新是创业的源动力，是创业最为核心的内容，创新和创业有着不可分割的内在联系，二者相辅相成，伴随着个体创业和企业成长的全部过程。

2. 创新精神与创业精神

创新精神与创业精神是一对既紧密联系又相互区别的重要概念，是当前创新创业相关研究中的一对重要范畴。已有研究成果中，既有从宏观角

① 李家华. 创业基础[M]. 北京：北京师范大学出版社，2013：4-5.

② 吴伟伟，严宁宁. 大学生创新创业教育[M]. 北京：经济科学出版社，2016：5.

度对创新精神和创业精神的概括性介绍，也有从微观层面对创新精神和创业精神的要素与机理分析。现结合国内外已有相关研究成果对创新精神和创业精神两个概念的内涵进行阐释和分析。

对于什么是创新精神，不同学者提出了各自的见解。熊彼特于1912年在《经济发展理论》中最早提出了“创新理论”，虽然这一创新理论主要属于技术创新的范畴，但也涉及了管理创新和组织创新等内容，包含了一定的创新精神的内容。国内方面，我国著名教育家陶行知对于创新精神进行了开拓性的研究，明确提出：“要打倒传统的教育，同时要提倡创造的教育。”陶行知的创造教育思想不是在资料堆中冥思苦想的产物，而是在其生活教育思想的基础之上，通过一系列的办学实践而总结出来的。此后，教育学家黄济（1998）在其《教育哲学通论》一书中从教育学角度对理想中具有创新精神的人进行了特征描述，认为创新精神是指“一个具有创造精神的人，一定是敢想、敢干，有勇气独辟蹊径，有能力开拓新的领域，敢于创新，想前人所未想、做前任所未做的事”[①]。

颜晓峰（2001）认为，可以在不同层次、从不同角度、用不同标准对“创新精神”进行分类，如“心理学”视角的创新精神就是根据人在活动中表现出来的心理素质、行为倾向所做出的一种整体性的价值评判；文化人类学角度的创新精神指的是人的创新本质的精神表现，是人在创新活动中表现出的精神素质；哲学角度的创新精神则是指人在处理与外部世界（包括自身）的关系中，勇于开拓创新，不断尝试改变，勤于发现、发明与创造，并且善于把新思想转变为新事物的过程。创新精神既是一种人类精神，又是一种主体精神，同时还是一种实践精神和时代精神。[②]吕俊杰（2004）认为，创新精神共包括四个层面的内容：一是敢于质疑、敢于批判的精神；二是尊重知识、尊重科学的精神；三是勇于探索、不断开拓的精神；四是百折不挠、乐于奉献的精神，这四个层面的内容共同构成了创新精神的内

① 黄济．教育哲学通论[M]．太原：山西教育出版社，1998：456，495．

② 颜晓峰．论创新精神[J]．山西师大学报（社会科学版），2001，（4）：17-22．

容体系。[①] 此外，还有学者认为，创新精神既是指一个综合性的概念体系，又是指具体实践中的行为表现，如秦虹、张武升（2006）认为："对创新精神有两种不同的看法，一是认为创新精神是一个综合的概念，包含了一个人的创新素质的一切因素，即一个人从事创新活动、产生创新成果、成为创新的人所具备的综合素质；另一种看法认为创新作为一种精神，主要是指人的创新勇气、胆识等，是一个人在创新上表现出来的志气、意志力量。"[②]

创业精神是创新精神转化为创业实践的中介，是创业教育的核心内容。从概念演变的历程来看，"创业精神"是对"企业家精神"的发展与延伸。20 世纪初，熊彼特在归纳理查德 · 坎蒂隆（Richard Cantillon）、琼·巴普蒂斯特（Jean Baptiste Say）和阿尔弗莱德·马歇尔（Alfred Marshall）等学者有关企业家内涵的论述之后，明确提出了"企业家精神"这一概念并将其描述为一种"创造性的破坏"。这一"创造性的破坏"并不是一个真正对社会生产与生活的破坏，而是发现、推动新生产要素的组合，是有利于经济社会发展和人类生产生活改善的重要生产力要素。国外有关创业精神的研究早已有之，许多学者对创业精神的内涵进行了阐述，如美国社会心理学家戴维 · 麦克利兰早在 1967 年就对企业家特质进行了研究，是企业激励理论的重要奠基人；杰弗里 · 蒂蒙斯和小斯蒂芬 · 斯皮内利则就创业问题进行了专题研究，并成功出版了创业学的专业著作（目前这一学术著作已经更新到第六版）[③]；另外，社会学、管理学等领域的专家和学者也就创业及创业精神的问题进行了研究，并发表了有关创业精神的论述。表 1 为国外有关"创业精神"内涵的部分代表性观点。

---

① 吕俊杰．论创新精神 [J]．首都师范大学学报（社会科学版），2004：54-56.

② 秦虹，张武升．创新精神的本质特点与结构构成 [J]．教育科学，2006，（4）：7-9.

③[美] 蒂蒙斯，斯皮内利．创业学（第六版）[M]．周伟民，吕长春，译．北京：人民邮电出版社，2008：155.

表 1 国外部分学者关于“创业精神”内涵的阐释统计表

序号	年份	学者	对“创业精神”内涵的阐释
1	1967	戴维·麦克利兰	企业家精神应当包括成就需要、自控能力、高风险倾向和对不确定性的容忍
2	1985	彼得·德鲁克	创业精神是人内心的一种力量，通过利用新技术与新方法，帮助人们更好地认识与探索世界，核心是创新
3	2000	皮特、坎纳梅耶	对不确定性的容忍度、内部控制性以及承担风险的倾向
4	2008	杰弗里·蒂蒙斯、小斯蒂芬·斯皮内利	创业者是乐观主义者，诚实正直，渴望竞争，他们从失败中吸取教训，充满自信
5	2013	约翰·贝赞特、乔·蒂德	创业精神是有激情、有远见的计划，睿智地运用工具，精力充沛地执行战略和有冒险倾向性的判断力相结合的一种人类特征

国内学者也对创业精神进行了深入研究。彭钢（1995）在其《创业教育学》一书中将创业精神等同于创业意识，并将其归为创业基本素质的四大要素之一（其他三大要素分别是创业心理品质、创业能力和创业社会知识结构），认为创业精神是“在创业实践活动中对个体起动力作用的个性意识倾向，主要包括创业的需要、动机、兴趣、理想、信念和世界观等心理成分”[①]。李肖鸣（2011）在《大学生创业精神导论》一书中认为：“从概念上说，创业精神是指在创业者的主观世界中，那些具有开创性的思想、观念、个性、意志、作风和品质等。”[②]同时，创业精神还具有五个方面的行为特征，即自信执着、主动坚强、包容柔韧、激情创新和稳健应变。李家华（2013）认为：“创业精神是创业者在创业过程中具有开创性的思想、观念、个性、意志、作风和品质等重要行为特征的高度凝练，主要表现为勇于创新、敢当风险、团结合作、坚持不懈等。”[③]朱俊伟（2015）创新性地提出了“创业精神蓝图”的概念，并

① 彭钢．创业教育学[M]．南京：江苏教育出版社，1995：87-88.

② 李肖鸣．大学生创业精神导论[M]．北京：清华大学出版社，2011：207.

③ 李家华．创业基础[M]．北京：北京师范大学出版社，2013(6)：14.

且认为创业精神包含观念蓝图、形象蓝图和实践蓝图三个组成部分，而创业精神就是“创业主体在创业观念的指引下，将创业观念蓝图落实到创业实践蓝图的思维转化操作”[①]。

综上所述，创新精神与创业精神是一对相辅相成、互不可分的概念综合体。从内容上看，创新精神是指个体或组织不拘泥于已有条件限制，勇于突破资源、环境以及个体局限性等各类约束，产生创新意识、从事创新活动和产生创新成果的过程中所体现出来的精神品质。而创业精神则是指在创新思想和创新精神的指引下，对各类实践主体起到激发、维持、规范作用的理想信念、价值观念、个性品质、行为取向以及诚信精神等的综合体现，具体表现形式主要有创新精神、冒险精神、拼搏精神、合作精神、诚信精神以及商业精神等。当前，人们对于二者的认识正在逐渐趋于统一，并不断将其整合成“创新创业精神”这一整体性的概念。总体上来说，创新精神与创业精神既有联系又有区别，其中，创新精神是创业精神的核心内容与重要基础，创业精神则是创新精神从思想到实践的必经阶段，是创新精神的具体表现形式。

3. 创业教育与创业精神培育

多数研究认为，科林·博尔（Colin Ball）最先提出了“创业教育”的概念。1988 年，他在《学会关心：21 世纪的教育圆桌会议报告》中提出这样一种理念，即未来社会的人都应该掌握三本“教育护照”：第一本是学术性的，第二本是职业性的，第三本则是证明一个人的事业心和开拓技能的。他把“事业心和开拓技能”作为面向 21 世纪的第三种能力，也称为“第三本教育护照”。1989 年 11 月—12 月，面向 21 世纪教育国际研讨会在阐述“21 世纪的教育哲学”问题时，正式提出了“事业心和开拓技能”教育的概念，并对这一概念的内涵进行了阐释。[②] 会议认为，“事业心和开拓技能”教育（Enterprising Education）的核心在于强调教育要培养学生开拓事业的精

① 朱俊伟．大学生创业精神培养刍议[J]．教育探索，2015（5）：47-49.

② 卢兵，印梅．对创业教育概念的厘清[J]．中国人才，2010（11）：179-180.

神与能力。后来，这一概念被我国学者正式翻译成“创业教育”。[①] 之后，研究者们又对“创业教育”概念进行了深入探讨，并衍生出了内涵更加丰富的“创新创业教育”这一概念。相较于“创业教育”，“创新创业教育”增加了“创新”的元素，实质上是明确了创新的应用性价值，即创新应当是指向创业的创新和重在应用的创新；同时，创新又统领创业的方向，要求创业应当是建立在创新基础上的创业、是高水平和创造性的创业。这一概念是我国对于创业教育内涵的新扩充，标志着创业教育本土化水平的逐渐增强。

在相关研究方面，彭钢（1995）在其所著的《创业教育学》中较早地对创业教育的概念进行阐释。他认为：“所谓创业教育，是指以开发和提高青少年的创业基本素质，培养具有开创性的社会主义建设者和接班人的教育。”[②] 侯锡林、西凤茹（2006）在简要回顾国内外高校创业教育发展历程的同时，提出创业教育的核心是企业家精神教育，并对企业家精神的本质与特征进行了剖析，同时还分析了高校实施企业家精神教育的重要意义。[③] 李亚员（2016）通过对“创新创业教育”这一概念的发展演化过程进行研究认为，人们对创新创业教育的内涵经历了“替代论”“整体论”“综合论”以及“融合论”四个阶段，创新创业教育日益成为超越创新教育和创业教育的一个“升级版”概念。[④] 所谓创业精神培育，从字面上理解，指的是基于个体的创业实践需要，结合其自身开展创新创业实践的基本条件，对其进行创业思想塑造、心理素质锻炼、道德品质培养以及规范意识教育的过程。创业教育是培养大学生创业精神的重要形式，但创业精神的培育渠道却并不仅仅局限于创业教育，创

---

① 唐德海，常小勇．从就业教育走向创业教育的历程 [J]．教育研究，2001（2）：30-33，72．

② 彭钢．创业教育学 [M]．南京：江苏教育出版社，1995：71．

③ 侯锡林，西凤茹．企业家精神教育：高校创业教育的核心 [J]．科技进步与对策，2006（12）：178-180．

④ 李亚员．创新创业教育：内涵阐释与研究展望 [J]．思想理论教育，2016（4）：83-87．

业型社会文化建设、家庭教育与基础教育中渗透创业内容等都是创业精神培育的重要渠道。相对于创业教育，创业精神培育虽然也要涉及创业融资、创业技能以及创业知识等必要的基础性知识的内容，但其侧重点在于“创业精神”“创业思想”以及“创业心理品质”等内容，这些内容虽摸不着看不见，却无时无刻不在深刻影响甚至决定着创业者的创业行动，进而决定着创业实践的成败。

从方法论角度看，创业精神培育所采用的方法和手段主要是“培育”而非“教育”，相对于“教育”而言，“培育”这一概念更加突出教育方法的“感性色彩”，强调对受教育者要具有更大的包容性和更多的人文关怀。从已有研究的题目来看，涉及创业精神的内容时，所使用的概念多为“培育”“培养”而非“教育”，这既体现了“精神”相对于能力、知识等的特殊性，也体现了教育者在讨论这一问题时的观察角度与思考深度。从创业者素质结构的角度来看，创业知识、创业能力、创业精神、创业心理准备等都是开展创业实践的必备能力品质，其中，创业精神是创业者整个素质结构的核心。创业者素质结构如图 1 所示。

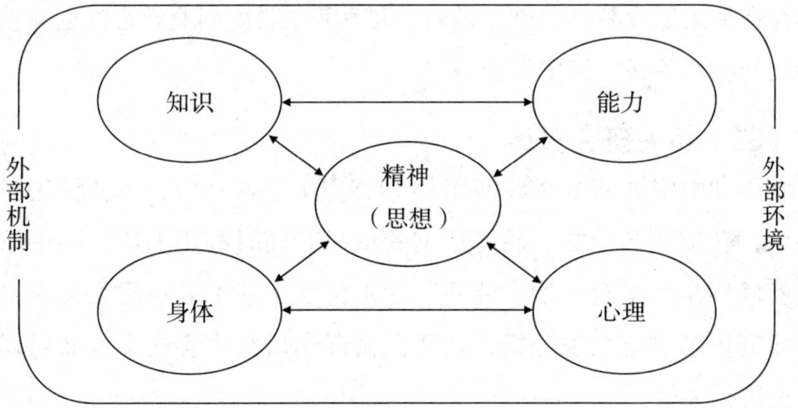

图 1　创业者素质结构示意图

创业精神培育与创业教育既有一致性又有差异性，是一对相辅相成的概念。从一致性方面看，创业精神培育和创业教育均以培养高素质创新型人才为工作目标，以提高大学生的创新意识、创业精神和创业能力为主要内容；从差异性方面看，创业精神培育和创业教育的工作重心与关注点有所不同，创业精神培育主要侧重于创业意识的激发、创业观念的提升以及创业个性心理品质的培养等，而创业教育则更加侧重于创业基础知识的传授、创业技能的培养以及创业成果的培育等。当然，创业精神是创业素质的重要内容，创业精神培育是创业教育的主要组成部分，创业精神培育与创业教育之间具有相辅相成、密不可分的关系。具体来看，创业精神培育是创业教育的重要内容和形式，“缺乏创业精神的培养，创业教育就成了无源之水，无本之木，是不可能持续发展下去的，也不能够真正培养出社会需要的高素质创业型人才。”① 而创业教育反过来也为创业精神培养提供了必要的保障，没有创业教育的深入发展，大学生创业精神的培养也将无从谈起。需要特别强调的是，虽然创业教育应当包括创业精神的培育，创业精神培育的相关研究要在创业教育的概念框架之下进行，但这并不意味着创业精神培育相关研究等同于创业教育的研究，这是之所以要对“创业精神培育”和“创业教育”两个概念进行区分的重要目的之一。与此同时，创业精神培育与创业教育相互依存，既不存在缺乏创业精神的创业教育，也不存在脱离创业教育的创业精神，二者之间相互关联、高度融合。

（二）相关研究概述

利用“中国知网全文数据库”（CNKI）学术平台，按照预定条件进行检索，获取期刊论文、硕博论文等成果，同时利用书店、图书馆以及各类互联网学术平台（如“读秀”学术搜索引擎）等查阅相关学术著作并对研究内容进行归类分析，从研究概况和研究内容两个方面对现有研究状况进行评析。

1. 研究概况

一是有关大学生创业精神培育研究的期刊论文成果。利用中国知网（CNKI）期刊全文数据库获取相关研究期刊论文，检索条件设定为“创业

---

① 谷力群．论大学生创业精神的培养[D]．沈阳：辽宁大学，2013：10．

精神”并含“大学生”，检索时间范围为1989—2018年，期刊来源不做限定，共获得检索结果624条，进一步将来源期刊类别限定为“核心期刊”和“CSSCI”，检索时间范围不变，可以获得检索结果为133条。同时，基于创业精神培育研究与创业教育研究存在交叉关系这一客观事实，为了保证收集资料的完整性，特以“创业教育”和“创业精神”同时作为主题词进行检索，检索时间范围为1989—2018年，期刊来源不做限定，共获得检索结果1149条，进一步将来源期刊类别限定为“核心期刊”和“CSSCI”期刊，共获得259条检索结果。将两种检索方式获得的结果分类相加，对期刊类别不做限定的情况下，共获得检索结果为624+1149=1773；在将期刊类别限定为“核心期刊”和“CSSCI”期刊的情况下，共获得检索结果为133+259=392。再将重复性和相关性较低的检索结果剔除之后，分别可获得检索结果1662条和362条。通过对上述期刊论文发表的时间进行整理分析，整理出从1993年以来创业精神培育相关论文发文数量趋势如图2所示。

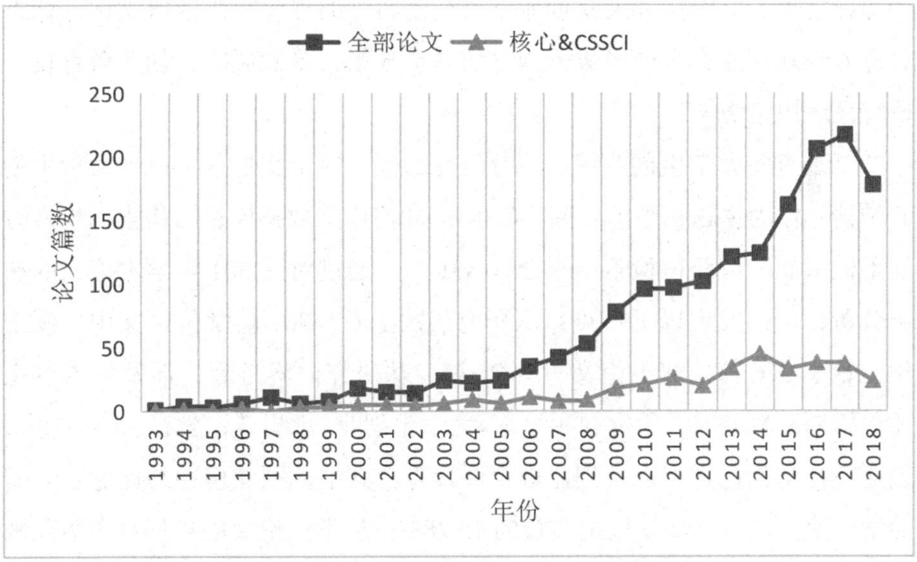

图2　大学生创业精神培育研究论文增长趋势示意图

从上图可以看出，有关大学生创业精神培育的期刊论文从20世纪90

年代初期开始出现并呈现缓慢增长的趋势，显示出人们对大学生创业问题的关注度越来越高，对创业教育和创业精神培育问题越来越重视。尤其是2000年以来，关于大学生创业精神培育的论文数量呈现快速增长趋势，至2017年达到最高峰。通过分析发现，创业教育与大学生创业精神培育研究受国家政策倡导的影响较大，相关研究成果的增长与国家的创业教育政策导向具有同步性。《关于深化教育改革全面推进素质教育的决定》要求："高等教育要重视培养大学生的创新能力、实践能力和创业精神，普遍提高大学生的人文素养和科学素质。"① 这一政策导向强化了人们对于高校创业教育的关注，相关研究成果也呈现增多的趋势。2010—2012年，国家又先后颁布了《关于大力推进高等教育创新创业教育和大学生自主创业工作的意见》《国家中长期教育改革和发展规划纲要（2010—2020）》以及《普通本科学校创业教育教学基本要求（试行）》等文件，对开展高校创业教育、培养大学生的创业精神提出了更加明确的要求，做出了更加详细的规划与部署。2015年5月，国务院办公厅《关于深化高等学校创新创业教育改革的实施意见》首次将"大众创业、万众创新"的理念写入政府文件，标志着深入创新创业教育已经成为国家的基本政策，受此影响，创业教育相关研究呈现快速增长。

二是有关大学生创业精神培育研究的硕、博论文情况。以"大学生创业精神"作为主题在中国知网（CNKI）硕博论文数据库进行检索，检索时间不做限制，可获得检索结果合计301篇。通过对这301篇学术论文的初步分析，可以发现以下特点：从研究层次上看，301篇学位论文中，硕士学位论文276篇，博士论文只有25篇；从研究内容上看，涉及的内容主要包括创业教育与大学生创业教育、大学生创业、思想政治教育、创业能力、创业精神与创业意识以及创业教育课程等。其中，创业精神与创业意识类的学位论文数占全部学位论文数的15.28%；从学位论文的年份分布情况来

① 中共中央国务院．关于深化教育改革全面推进素质教育的决定（中发〔1999〕9号）．1999-06-13.

看，相关论文数量总体上呈现逐年递增的趋势，且在2011年和2017年呈现出两个“高峰”。2018年以来，相关学位论文的数量有所回落（如图3所示）。

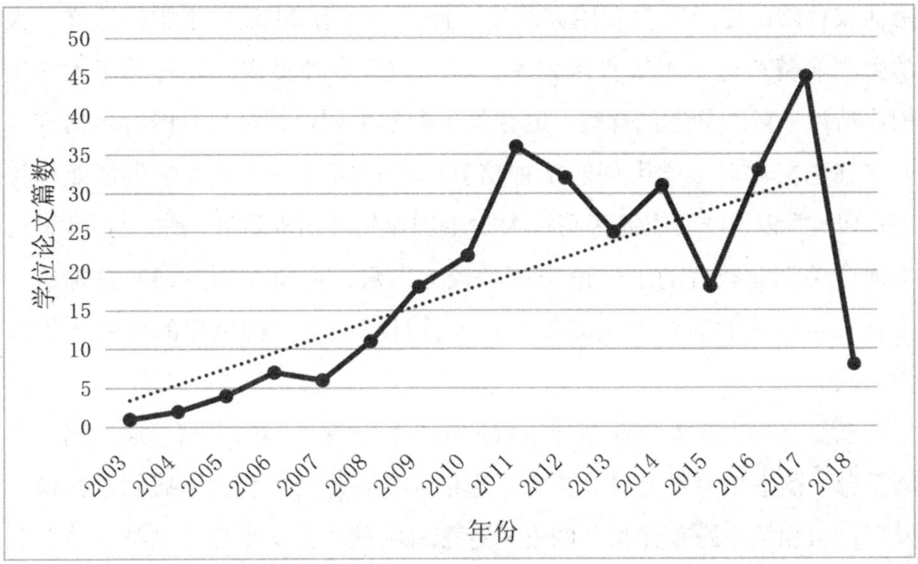

图3　“大学生创业精神”相关硕博论文情况趋势图

通过进一步的分析发现，这301篇硕博论文大部分是关于创业教育或者大学生创业教育的，在论文中虽然涉及创业精神的相关内容，但对于创业精神培育问题的探讨均不够深入。在以“创业精神”作为主题检索获得的24篇学位论文中，博士论文中只有谷力群的《论大学生创业精神的培养》和林文伟的《大学生创业教育价值研究》以及孔洁珺的《大学生创业价值观教育研究》与大学生创业精神这一主题相关性较大。其中，林文伟（2011）从价值层面探讨了创业教育的相关问题，与创业精神的主题相关性较高。他将创业教育看作是帮助人达到并延续美好生活的教育形式，并且解释了创业教育的价值内涵和教育真谛在于促进人的全面发展；谷力群（2013）从思想政治教育、心理学以及管理学的视角出发，重点就创业精神的内涵、创业精神培养存在的问题以及教育目标与教育模式等内容进行了研究，并提出了激发创业理想、营造创业文化环境、开发创造性思维以及塑造创业心理品质等对策和建议；孔洁珺（2017）从价值观视角分析了大学生创业教育问题，通过对创业价值观教育的发展历程、现实状况的思考，提出了大学生创业价值观教育的显性教育路径、隐性教育路径以及教育者培养路径。此外，还有21篇硕士学位论文与大学生创业精神这一主题直接相关，研究内容多种多样，既有关于大学生创业精神一般性问题的探讨，也有关于大学生创业精神培育的特色研究，如“红色文化对大学生创业精神培养的作用研究”“女大学生创业精神培育研究”以及“民族地区高校大学生创业精神培养研究”等。由此可见，当前有关创业教育的学位论文数量较为丰富，但与大学生创业精神这一主题直接相关的学位论文却相对较少，且高质量、特色化的研究成果较为欠缺。

三是有关大学生创业精神培育的出版物情况。国内方面，通过网上查阅平台、图书馆等平台对有关大学生创业精神培育的相关出版物进行检索发现，与相关主题直接相关的书籍有李肖鸣的《大学生创业精神导论》和曹俊娜等学者的《当代大学生创业精神培育研究》等。其中，《大学生创业精神导论》一书主要分析了创业精神五个方面的特征，并用丰富的创业案例对于创业精神的特征进行了分析和解读。同时，该书还配有供学生思考的习题和训练项目，以方便学生加深对于创业精神内涵的理解。《当代大学生创业精神培育研究》是曹俊娜等学者于2018年出版的一本学术著作，该著作综合运用思想政治教育学、心理学、管理学以及社会学的理论和观点，对大学生创业精神的内涵、特征以及创业精神培育存在的问题进行了分析。上述两本著作是当前与大学生创业精神这一主题直接相关的学术性著作，对于当前大学生创业精神培育相关理论与实践的发展均具有一定的指导意义。此外，还有一些著作与本书主题有一定相关性，如夏洪胜、张世贤主编的《创业与企业家精神》，顾庆良编著的《企业家和创新创业精神》，李师东主编的《大学生艰苦创业精神教育》和《大学生创业精神教育》等。其中，《创业与企业家精神》和《企业家和创新创业精神》属于经济管理类著作，而《大学生艰苦创业精神教育》和《大学生创业精神教育》则带有明显的行业色彩，不能看成是学术著作。

基于创业精神培育研究与创业教育研究在内容上相互交叉的情况，为了在更大范围内搜索创业精神的相关著作，特以“创业教育”或“创业基础”等作为书名或关键词进行搜索，可以获得较多的研究成果。例如以“创业教育”作为书名在“读秀网”学术平台进行检索，共找到相关中文图书130本，经过初步筛选，遴选出相关著作56本，可分为学术类、教材类以及论文集与其他三类。其中，具有代表性的学术著作主要有彭刚（1995）主编的《创业教育学》、徐小洲等人（2010）主编的“创业教育系列丛书”、张昊民与马君（2012）主编的《高校创业教育研究》以及王占仁主编的《“广谱式”创新创业教育导论》等；创业教育相关教材则有雷家骕（2014）主编的《创新创业管理学导论》、李家华（2015）主编的《创业基础》以及吴勇等人（2017）主编的《大学生创新创业教育》等（参见表2）。这些创业教育类著作中或多或少都对大学生创业精神的问题进行了研究和论述，但大多是对创业精神的概括性认识，对于创业精神的深刻分析较少。

表2 我国有关创业教育的代表性著作情况统计表

序号	著作	作者	出版年份	研究特点
1	《创业教育学》	彭钢	1995年	国内最早系统论述创业教育问题的学术著作
2	创业教育系列丛书	徐小洲等	2010年	对中国、日本、美国的创业教育进行了系统分析和研究
3	《高校创业教育研究》	张昊民等	2012年	全球视角与本土实践的比较研究
4	《大学生创业教育转型发展研究》	谢志远等	2012年	具有地域特色的创业教育研究
5	《“广谱式”创新创业教育导论》	王占仁	2012年	提出“广谱式”创业教育的概念
6	《大学生创业教育理念与实践研究》	李德平	2013年	系统论述了创业教育的理念与实践问题
7	《中国创新创业教育史》	王占仁	2016年	国内第一本创业教育史著作

近两年来，随着国家对创新创业的大力倡导，国内有关创业教育的著作正在呈现不断增多的趋势，显示出创业教育研究正在成为当前学术界的热门研究领域。同时也可以发现，虽然创业教育类著作逐渐增多，但其中有相当一部分是有关大学生创新创业的指导性教材而非学术著作，且许多研究只是停留在对于创业教育基本理论或者案例的概括性分析上，缺乏对于创业教育的深层次学理探究。可以看出，当前有关大学生创业精神培育的专题类研究相对缺乏，相关著作并没有呈现出逐渐增多的趋势，说明大学生创业精神培育问题还尚未引起学者们的广泛关注。

在国外研究方面，以美国的创业教育研究成果最为丰富。利用中国知网（CNKI）平台，以“Entrepreneurship”作为主题进行外文文献检索，可获得 1700 余条相关图书的检索结果和 6000 余条相关研究论文的检索结果，显示出研究成果的丰富性。从研究成果的时间分布上看，国外相关研究的时间跨度长达 80 年。搜索结果中，最早出现“Entrepreneurship”这一单词的研究论文是 1942 年的两篇文章，题目分别为“A Theory of Entrepreneurship” 和“Entrepreneurship as an Area of Research”，而最早的创业教育著作则是 1962 年由宾夕法尼亚大学出版社出版的 Entrepreneurship in Argentine Culture；从研究成果的增长趋势看，美国创业教育的研究呈现缓慢增长的趋势，如 2008 年创业教育的研究论文数为 278 篇，2018 年为 445 篇，10 年间同比增长 60%，而我国同期创业教育相关研究论文数量同比增长 170%，这一对比说明美国的创业教育已经基本趋于成熟，而我国的创业教育研究还处于快速上升阶段；从研究内容上看，美国创业教育研究既有关于创业教育基本理论研究，也有关于创业教育的管理体制、教育模式以及问题分析与对策研究，还有关于少数族群以及特殊群体的创业教育研究。总体上看，美国创业教育研究更多关注创业教育与经济学和管理学之间的关系，关注焦点在于“企业家精神”，从思想教育和道德教育层面探讨创业精神培育的研究相对较少；在研究特点上，美国创业教育研究的问题意识较强，且对大学生个体微观层面的分析较多，凸显了其实用主义特点；在代表性研究成果方面，美国出现了一批创新创业领域的研究专家，如约瑟夫·熊彼特最早提出了创新理论，其代表作品为《经济发展理论》（1911年出版）、《资本主义、社会主义与民主》（1942年出版）以及《经济分析史》（1954年出版）等；彼得·德鲁克则被认为是现代管理学之父，他对创业精神（也被称为企业家精神）的理解在《创新与创业精神》一书中得到了集中阐释；此外，杰弗里·蒂蒙斯被誉为创业教育和创业学研究领域的领军人物，其出版的《创业学》已经再版6次。

2. 研究内容分析

对搜索到的期刊论文、硕博论文以及书籍进行归类整理，并着重从362篇核心期刊（包括CSSCI）论文中选取代表性论文进行认真研读和归类分析发现，已有关于大学生创业精神培育的研究主要围绕创业精神基本理论问题、创业精神培育的问题与对策、创业精神培育的模式与路径以及创业精神培育的比较研究等主题展开。其中，基本理论类研究约占总体研究成果的18.51%；模式、路径与体系探索类研究约占总体研究的27.07%；现状、问题分析与对策类研究占总体研究的约29.28%；比较分析类研究约占总体研究的12.71%；特色类研究约占6.35%。此外，有约6.08%的研究属于其他不便于明确分类的研究。（参见表3）

表3　大学生创业精神培育研究的内容分类情况统计表

序号	类别	论文篇数	所占比率
1	基本理论问题研究	67	18.51%
2	模式、路径、体系类研究	98	27.07%
3	问题分析与对策研究	106	29.28%
4	比较分析类研究	46	12.71%
5	特色类研究	23	6.35%
6	其他研究	22	6.08%

一是有关大学生创业精神培育基本理论问题的研究（文献综述类研究归于此类）。这部分研究涉及创业精神研究综述、创业精神相关概念辨析以及创业精神的构成要素、基本特征及重要意义等。侯锡林、西风茹（2006）提出创业教育的核心是企业家精神教育，并将企业家精神的特征归结为“机

会敏感性行为特征”“创新性行为特征”以及“承担风险的行为特征”三个方面[①]。郭景森（2009）在研究中提出了“核心创业精神”的概念，认为：“核心创业精神是一种组织和管理方法，它能够帮助一个人在任何情况下从容面对并且努力去解决问题。包括积极的态度、正确的观念、知识、技能、特质和付诸行动。”郭景森认为，核心创业精神能够帮助大学生实现从“成人”向“人才”的转变，满足国家对创新人才的需求。[②]王一丁（2011）认为，当前的相关研究“过于重视大学生就业与创业的外在条件，而对大学生就业与创业的主观能动性不够重视”。王一丁在对韦伯“精神唤醒”相关理论进行介绍的基础上，提出应对大学生从改变传统教育理念、进行培养方案和教育手段的改革以及推崇系统化的创业生活方式等方面进行创业精神的唤起。[③]

此外，王辉（2011）采用文献归纳法和小组焦点座谈法对大学生创业精神的内涵进行了界定，提炼出创业精神的核心维度为“创新精神”“市场机遇敏锐性”“冒险精神”“勇于实践”“团队合作精神”以及“成就渴望”。研究显示，创新精神是大学生创业精神的一个短板，“冒险精神”和“勇于实践”虽然得分不是最低，但缺乏实践能力和不敢冒险仍然是大学生创业的主要障碍。在此基础上，王辉提出了影响大学生创业精神三个因素，分别是个人、家庭和社会。[④]刘莲香（2013）从“知、情、信、意、行”相统一的视角将大学生创业精神划分为知识、情感、信念、意志以及行为五个部分，创业精神培育主要是以激发愿望、凝聚理想、

---

①侯锡林，西凤茹．企业家精神：高校创业教育的核心[J]．科技进步与对策，2006（12）：178-180.

②郭景森．关于大学生核心创业精神培养的思考[J]．教育与职业，2009（30）：165-166.

③王一丁．精神唤起：大学生创业教育的核心问题[J]．黑龙江高教研究，2011（1）：63-65.

④王辉．大学生创业精神的内涵、现状与影响因素[J]．高教发展与评估，2011（4）：83-87.

磨炼意志、增强能力以及催生成就感为主的教育。[①] 王鸣（2014）认为，我国的创业教育还不成熟，创业教育仍然倾向于创业知识的传授，创业精神的普及和培养尚未在整体体系中得到贯穿和渗透。认为创业精神的内涵是创新、实践和拼搏，提出以创业精神培养为主线，通过开设课程、聘请导师、树立榜样、举办赛事、提供孵化以及重视人格心理训练等方式构建系统、综合的培养体系。[②] 王琦（2017）认为创业精神培育是创业教育的核心，而创业教育的持续开展就是不断深化和培育大学生创业精神的过程。王琦在论述创业精神意义的基础上，提出应围绕营造社会创业精神氛围、提升创业教育质量以及转变家庭关于创业的固化思维观念三个方面开展创业精神的培育。[③]

二是关于大学生创业精神培育的模式与路径的研究。谢志远（2004）较早地提出了结合地方特点开展大学生创业教育的观点。他在对温州地区创业精神特点进行分析的基础上，提出通过制定具有地方特点的人才培养方案、充分利用地方的社会资源以及以勤工俭学培养学生的自强意识等方式培养大学生艰苦创业的意识、敢闯敢试的冒险意识以及创新意识。[④] 赵薇、马彩霞（2010）从企业家创业精神的视角探讨了高校的创业人才培养模式，提出建立由政府、社会、高校、大学生组成的四维立体统一体的发展模式。[⑤] 吴钦伟等人（2015）认为大学生创业素质包括创业意识、创业精神、创业能力和创业知识四个维度，基于高职院校大学生存在的创业意识比较淡薄、创业精神不能持久、创业能力参差不齐以及创业知识储备不足等问题，需

---

① 刘莲香．“知、情、信、意、行”视域下大学生创业精神的培育 [J]．理论导刊，2013（11）：90-92．

② 王鸣．创业教育视域下大学生创业精神培养研究 [J]．黑龙江高教研究，2014（10）：122-124．

③ 王琦．创业精神培育：大学生创业教育工作的核心 [J]．中国成人教育，2017(4)：85-87．

④ 谢志远．利用地方优势开展大学生创业教育 [J]．教育发展研究，2004（4）：30-31．

⑤ 赵薇，马彩霞．企业家创业精神视角下高校创业人才培养模式研究 [J]．东岳论坛，2010（12）：38-42．

要政府、社会、高校、家庭以及学生个人共同努力，形成“五位一体”的创业素质培养体系。[①]沈鑫泉（2015）从生态环境视角对大学生创业能力的培养进行了研究，提出内部生态环境要包括创业理念、创业素养以及创业心态等，认为“影响创业成败的关键因素是内部生态环境”[②]。段辉琴、陆俊（2017）认为，创新创业精神是创业者激情和动力的源泉，是把职业要求内化为信念、道德和心理的力量，创新创业人才除了要具备必备的专业知识和技能，还需要自信、激情和敢于冒险的精神，而且要掌握一套创新创业的思维、流程和方法。在此基础上，从明确宗旨、创新起点、培养方式、价值导向和支持条件等角度探讨了大学生创新创业精神培育的有效路径。[③]

三是有关大学生创业精神培育存在的问题分析与对策研究。钟建华（2006）等学者认为：“所谓创业精神，主要指通过兴办实业、追求物质、精神财富增长，推动社会进步的思想意识。创业精神体现于整个创新过程中，从提供新产品、新服务的机会被确认直至最后产生新财富。”钟建华等人在对创业精神的内容进行分析的基础上，结合当前学生群体中存在的唯财富论、好高骛远、动力不足等问题进行了分析，从坚定信念、营造环境以及提升心理承受能力等五个方面提出对策。[④]张良红（2013）认为，创业精神匮乏是大学生创业面临的首要问题，只有解除思维束缚，打造学生、高校、社会的合力体系，才能真正解决大学生的创业难问题。[⑤]刘莲香（2013）认为当前大学生创业精神的现状不容乐观，主要有五个

① 吴钦伟，李明霞，张家国．提升高职院校大学生创业素质的路径分析 [J]．中国成人教育，2015（20）：75-77.

② 沈鑫泉．生态环境视角下大学生创业能力提升策略 [J]．中国青年研究，2015（12）：77-81.

③ 段辉琴，陆俊．大学生创新创业精神培育路径 [J]．继续教育研究，2017（2）：16-18.

④ 钟建华．大学生创业精神培养探析 [J]．教育与职业，2006（26）：174-175.

⑤ 张良红．解放思维束缚：探析大学生创业问题的解决之道 [J]．中国成人教育，2013（1）：92-93.

方面的问题，分别是创业知识缺乏、创业情感消极、创业信念不坚定、创业意志不强以及创业行为不足。[①] 周勇、杨文燮（2014）认为，创业主动性是指创业者的创业欲望和创业行为的意愿强度，而大学生创业主动性有利于“推动知识创新和转化”。该研究通过问卷调查发现，创业主动在不同性别、不同成长环境、不同学历学生以及不同创业竞赛经历学生之间的差异明显。研究认为，当前大学生创业主动性呈现出“创业认同度高但创业意向低”“创业自信心不足”以及“学校对认知创业的意义和价值的引导不足”等问题。[②] 王吉春（2015）从创业文化的视角对江苏省连云港市高校大学生创业精神培养的问题进行了探讨。王吉春在提出创业文化和创业素质两个概念之后，基于对江苏省连云港市创业氛围缺失的分析，从物质文化、制度文化、行为文化以及精神文化四个方面提出了推进创业文化建设的策略。[③] 刘骞、张宝国（2017）从大学生创业意识淡薄、创业心理脆弱以及创业教育体系有待完善三个方面对当前创业精神培育的现状进行了分析。[④]

从整体情况来看，这部分研究主要呈现出三个方面的特点：部分研究只提出了培育大学生创业精神的重要性，但对于具体培育工作中的问题分析不够深入；一些研究从创业心理品质、创业思维以及创业机会识别等角度对大学生创业的行为进行分析，但往往以偏概全；此外，许多研究混淆了创业精神培育与创新创业教育之间的区别，导致研究目标偏离方向。例如，在以“大学生创业精神培育”作为主题搜集到的相关硕博论文中，虽然均有部分章节的题目是有关大学生创业精神培育的问题

① 刘莲香．“知、情、信、意、行”视域下大学生创业精神的培育[J].理论导刊，2013（11）：90-92.

② 周勇，杨文燮．大学生创业主动性的现状及对策研究[J]．中国青年研究，2014（10）：78-82.

③ 王吉春．基于创业文化视角的大学生创业精神培养探讨——以连云港市高校为例[J]．中国成人教育，2015（22）：76-78.

④ 刘骞，张宝国．论创业精神培养在大学生就业教育体系构建中的重要性[J]．黑龙江畜牧兽医，2017（3）：258-260.

分析，但实际内容却往往变成了对于创业教育问题的分析，这种“急拐弯”的现象忽视了“创业精神培育”与“创新创业教育”之间的区别，应引起学者们的重视。

四是关于大学生创业精神培育的比较研究。牛金成、陆静（2013）对美、英、德、澳四国的创业教育进行了深度分析，对各国开展大学生创业精神培育的做法和经验进行了介绍；重点介绍了美国的大学生创业精神培育工作，认为美国的创业教育是着眼于为大学生设定“创业遗传代码”和造就“最具革命性的一代”的教育[①]。卢亮等人（2014）对美国、德国、英国的大学生创业精神培育进行对比研究发现，美国的大学生创业精神培育呈现出以社会为主、高校和政府作为辅助的特点，这是基于其特殊的社会制度和历史传统而形成的。德国学者认为大学生并不缺乏创业知识和创业能力，而是缺乏创业精神，建议高校成立创业教育中心，对具有创业潜质的学生进行培育。英国政府在大学生创业精神培育工作中发挥着主导性的作用，主要通过组织创业项目、制定创业计划以及成立创业基金来鼓励大学生开展创业实践。[②]胡娜（2015）在对美国、英国、日本、韩国以及印度各具特点的创业精神培育工作进行分析的基础上认为，西方国家的创业教育发展时间较长，高校鼓励在校大学生的创业精神，并创造条件营造有利于创业精神培育的校园环境；认为我国应从“教育系统重视学生创业精神培育工作”“建立健全创业教育和创业支持服务体系”以及“全民参与的创业行动”三个方面开展尝试和探索。[③]

五是关于大学生创业精神培育的特色类研究。当前，有一些研究在创业精神基本概念分析、中国传统文化对大学生创业精神培育的影响以及红色文化与创业精神培育的关系等方面进行了深入思考，拓展了大学生创业

---

① 牛金成，陆静．发达国家的创业教育及其启示——基于美、英、德、澳大利亚四国的比较 [J]．黑龙江高教研究，2013（1）：46-49．

② 卢亮，胡若痴，但彬．发达国家大学生创业措施及对中国的借鉴 [J]．中国高教研究，2014（8）：55-60．

③ 胡娜．当代大学生创业精神培育研究 [D]．济南：山东大学，2015：33-38．

精神培育的研究角度。胡友旺（2012）和谢文庆（2013）等学者围绕“儒家思想对大学生创业精神的影响”这一议题分别撰文阐述观点。胡友旺等学者主要论述了儒家思想对大学生创业的消极影响，提出了消解传统文化的消极影响以优化大学生创业精神培育效果的策略。[①] 而谢文庆则认为儒家思想内涵丰富和深刻，有助于培养大学生的创业精神，并从“为提供精神动力”“提供创业智慧”以及“提供道德基础”三个方面论述了儒家思想对大学生创业精神培育的重要价值。[②] 李月娥等人（2017）认为：“传统文化是中国大学生创业教育的重要基础、立足点与出发点。”只有基于中国传统文化来寻找和发现创业教育的生长点，创业教育才能深入人心，才能茁壮成长。李月娥等人还认为，创业精神是创业、创新实践的坚实支撑和强力推动，开展创业教育不能只定位于培养大学生的创业能力，更要以传统文化的精神力量为载体，通过一个长期的、系统的、完整的教育、引导过程，培养学生的创业精神和创业意识。[③]

此外，阚兴辉、王刚（2014）对传统文化中的创业教育要素进行了分析，认为传统文化中的“爱国”文化有利于增强主体认同，强化创业自信；“和”文化有利于促进社会和谐，夯实创业文化基础；“信”文化崇尚诚实守信、合法经营，有利于构建创业的核心文化。提倡通过转变就业观念、汲取传统文化力量以及完善创业教育体系等方式加强大学生创业教育，培育大学生创业精神。[④] 万煜川（2017）就红色文化对大学生创业精神培养的作用进行了研究。万煜川在对“红色文化”“创业精神”等关键概念进行分析的基础上认为，红色文化对大学生创业精神培养具有四个方面的

① 胡友旺，孙艳宝，孙小燕．儒家思想对大学生创业精神的消极影响及其对策[J]．湖南师范大学教育科学学报，2012（9）：122-125.

② 谢文庆．儒家思想对大学生创业精神的积极影响——兼与胡友旺等先生商榷[J]．湖南师范大学教育科学学报，2013（1）：116-119.

③ 李月娥，刘伟，晁玉方．传统文化对大学生创业教育的影响及对策[J]．中国成人教育，2017（14）：68-72.

④ 阚兴辉，王刚．传统文化视域下的大学生创业教育[J]．教育与职业，2014（32）：109-111.

作用，即理想信念的导向作用、思想道德的教化功能、创新素质的锻造功能以及实践能力的激发功能；提倡发挥红色文化在激发大学生的创业精神与创业意识、磨炼大学生的创业意志以及增强大学生创业自信心等方面的作用。①

（三）对已有研究成果的分析

分析发现，随着高校创业教育改革的逐步深入，大学生创业精神培育研究也开始逐步增多，为我国创业教育理论体系的构建与完善打下了坚实基础。但同时，我国大学生创业精神培育相关研究在创新性、实用性以及本土化等方面尚有一定的欠缺，已有研究成果难以满足蓬勃发展的创业教育实践需要。总体上看，当前大学生创业精神培育研究的不足主要体现在专题类研究成果较少、本土化研究深度不够以及相关研究对大学生群体的特点分析不足等。

1. 专题类研究明显不足

由于创业教育本身具有跨学科特征，相关研究的开展往往需要多学科知识的共同介入与支持，从已有研究看，学者们多从哲学、社会学、管理学、教育学、心理学等视角研究创业精神问题，进而出现了经济学视角的创业精神、心理学视角的创业精神以及管理学视角的创业精神等研究领域。一般而言，经济学和管理学学者视野中的“创业精神”更加偏向于“企业家精神”，涉及对象主要是企业家或企业管理人员，其研究成果更多的是如何培养企业人员的开拓能力与创新素质，以更好地推进企业的发展。从这个角度上来看，经济学和管理学视角下的创业精神培育研究不能归属为大学生创业精神培育研究。另外，一些政治学、文学和历史学的研究中也往往会涉及创业精神的论述，但这些研究中所论及的创业精神概念大多是一种对于创业精神的“泛化”理解，这类研究的内容与大学生创业精神的相关性较低，不能算作创业精神培育研究的学术范畴。

---

① 万煜川．红色文化对大学生创业精神培养的作用研究[D]．南昌：江西财经大学，2017：1-35．

从内容上分析，培育学生的创业精神是创业教育的重要目标，创业教育与创业精神培育有着不可分割的密切联系。但是，创业精神与创业教育毕竟不属于同一个概念范畴，创业精神培育研究与创业教育研究也存在着明显的差异，明确二者的辩证关系是开展好相关研究的重要基础。当前，有关创业教育的研究成果越来越多，但有关大学生创业精神培育的研究却明显不足，这构成了当前有关大学生创业教育研究的一个特殊现象，应该引起学界的深入思考。以“中国知网”所收录的相关研究成果为例，分别以“创业教育”“创业精神”以及“大学生创业精神”作为主题在“中国知网（CNKI）期刊全文数据库”进行检索，来源期刊限定为“核心期刊”和“CSSCI 期刊”，检索时间等其他条件不做限定，分别可以获得检索结果的数量为 8012 篇、579 篇和 102 篇。所获得的检索结果如表 4 所示。

表 4 大学生创业精神相关研究成果检索数量统计表

检索主题	论文数量（篇）				
	1993—1998 年	1999—2003 年	2004—2008 年	2009—2013 年	2014—2018 年
创业教育	24	191	845	2724	4228
创业精神	83	57	95	160	184
大学生创业精神	1	1	10	37	53

从表中的数据可以看出，除 1993—1998 年间以“创业精神”为主题检索获得的论文数量多于以“创业教育”作为主题的论文数量之外（这与 1993 年江泽民同志在第八届全国人大一次会议上提出“新时期创业精神”① 有关），1999 年至今的 20 年的时间里，以“创业教育”作为主题的研究均多于以“创业精神”作为主题的研究，且数量差距非常明显。经分析发现，造成这一现象的原因可能在于两个方面：一是因为大学生创业精神培育研究还没有引起人们的足够重视，许多教育工作者和相关学者认为创业精神

① 江泽民．在八届全国人大一次会议闭幕式上的讲话［N］．人民日报，1993-04-01（01）．

是创业教育的应有之义，对创业精神相关问题进行单独研究和探讨的必要性不大；另外一个可能原因则是，人们当前对于创业精神问题的思考和研究大多附着在创业教育类研究之中，相关内容被当成了创业教育研究的一部分，从而丧失了独立性。

诚然，创业教育研究应当包括对于创业精神的探讨，创业精神研究也不应脱离创业教育而进行，但随着创业教育工作的不断深入推进，专门而深入地讨论大学生创业精神及其教育问题已经变得非常紧迫，相关研究的开展对于推进创业教育的转型升级发展具有重要意义。因此，大学生创业精神是大学生创业综合素质的重要组成部分，研究创业教育问题必须要首先研究大学生创业精神的问题，从这个角度来说，应将对大学生创业精神的研究从高校创业教育研究中单独剥离出来，对其进行更加深入而细致的分析和研究。

2. 本土化研究相对欠缺

我国文学家鲁迅说："只有民族的，才是世界的。" 作为民族意识、民族文化、民族性格等民族价值观念和价值追求的集中体现，民族精神是一个民族在长期的发展过程中积累下来的思想观念、认知方式以及行为习惯的统一体，对于推动国家的发展与进步起着重要的基础性作用。基于中华民族源远流长的历史与文化，中华民族和中国人民在实践探索中形成了独特的文化特质、积累了宝贵的精神财富，对于本民族各项事业的发展具有重要的推动作用。因此，我们不仅要在创业教育的研究中积极借鉴国外的先进经验和做法，更要注重发掘和借鉴本民族的优秀传统文化并在此基础上开展深入思考，只有这样，才能将创业教育实践深深植根于中华文明的沃土之中，并为世界创业教育的发展贡献出独具特色的中国智慧和中国力量。

但从已有研究来看，基于我国特殊的制度、国情以及文化特点开展的高质量研究相对较少，不能较好地满足我国高校创业教育和大学生创新创业实践的需要。首先，结合特殊社会制度与各地区特点开展的大学生创业精神培育研究相对较少。许多研究大量借鉴西方经验，却缺少对于我国基本国情和各地区特点的分析，没有将西方有益经验进行有效的消化和吸收，研究成果不能有效地用于指导我国各地区各高校创业教育工作的开展。其次，结合中国传统文化进行的大学生创业精神培育研究有待进一步加强。中华文化博大精深，其中蕴藏着数也数不清的思想和智慧，在创业精神培育的研究中，必须要深入挖掘这些传统文化和思想的有益成分，认真提炼，以促进我国创新创业教育的深入发展，有效培育和激发大学生的创业精神和创业意识。但在搜集到的有关大学生创业精神培育的研究成果中，结合中华民族精神和优秀文化开展的研究相对较少，相关成果数量不及全部成果数量的7%，而且其中许多研究只是停留在对于民族精神借鉴的初步理论思考，对于民族精神如何有效融入创业精神培育的路径探索类研究则相对欠缺。

可喜的是，目前已经有一些学者开始关注创业教育本土化的问题，并在这一方面进行了一定的思考与探索。例如，东北师范大学王占仁教授通过对胡晓风等学者的研究文献进行分析认为，中国学者较早提出了创业教育的概念。王占仁在研究中指出："1988年3月已有中国学者明确提出创业教育的概念，并在这一教育思想的指导下，开展了一定范围的教育试验活动。"① 在此基础上，王占仁进一步对陶行知的生活教育思想进行深度分析，并将其纳入我国创业教育的发展脉络之中，对中国创新创业教育研究的本土化做出了积极探索。另外，温州大学与温州医科大学的黄有信、谢志远等学者结合温州的区域文化特点开展了关于大学生创业精神培育的研究。此外，北京师范大学冯刚教授从"大思政"的视角对创新创业教育进行了研究，明确了中国高校创新创业教育的发展阶段，将创新创业教育视为思想政治教育的"新内容新载体"②。除此之外，还有其他许多学者对于我国创业教育本土化的问题进行了深入思考和研究，对于构建中国特色的创业教育体系做出了积极努力。

① 王占仁．中国创新创业教育史[M]．北京：社会科学文献出版社，2016：23．

② 冯刚．改革开放以来高校思想政治教育发展史[M]．北京：人民出版社，2018：365．

3. 对大学生特点的分析不够

大学生是创新创业活动的主体，是创新创业能够取得成功的决定性因素。因此，讨论大学生创业精神培育问题离不开对于大学生本身的深入研究。但从实践方面看，我国高校创业教育工作更多地体现为一种自上而下的国家行为，强调的是国家对这项事业的重视，无意中却忽略了对于个体因素的关注。众所周知，创业者是创业活动的责任主体，创业者的个性特征、自我认知以及自我激励等因素对创业活动的成效起着至关重要的作用，不对创业者进行研究和分析，创业教育的实效性必然难以保证。需要层次理论认为，自我实现的需要是人的最高层次的需要，是推动一个人创造性开展工作的重要内部动力。如果从这一视角来分析大学生创业，不难得出这样的结论，即大学生参与创业实践客观上是实现经济社会发展的需要，但在主观上却是大学生个人实现自我价值的需要，是社会价值在大学生个体身上的反映和体现。马克思认为："'思想'一旦离开'利益'，就一定会使自己出丑。"[①] 从这个角度来说，大学生创业本质上是大学生通过开展创新型的实践活动进而实现人生价值的过程，是个人价值与社会价值深度融合的过程。在创业教育过程中，如果不了解创业者本身，不对创业者的群体特征、心理特征以及行为习惯等进行认真分析，创业教育研究对实际工作的指导意义必将大打折扣。

但从实际情况来看，当前研究多从宏观视角讨论创业教育的发展，关注点多在政府、社会与高校，研究视角偏向于"宏大叙事"，基于大学生创业者开展的研究相对缺乏。例如，在对已有研究内容分析时发现，大学生创业精神培育模式类研究、大学生创业精神培育的问题分析与对策类研究以及有关大学生创业精神培育的比较研究约占全部研究的70%，而对于大学生的特点进行专门分析的研究成果相对较少。在模式类、问题分析类以及对比研究中，大多数研究内容属于创业教育理论的探讨或者高校教育模式的构建，而对于当今大学生的心理特点、行为特征的

① 马克思恩格斯文集（第 1 卷）[M]. 北京：人民出版社，2009：286.

分析相对较少。虽然各类研究都对于大学生的特点进行了一定篇幅的介绍，但研究的深度和广度还明显不够，经验性、概述性研究较多且内容大同小异，对当代大学生思想特征、认知特点以及心理特点的分析明显不足。众所周知，当代大学生已经从之前的“80后”变成了现在的“90后”和“00后”，一代人有一代人的心理特点与行为方式，一代人有一代人的理想追求与目标定位，关注和了解这一变化趋势是开展好大学生创业精神培育研究工作的重要基础。从这个角度说，有关大学生创业精神培育的研究必须要深入分析当代大学生的认知特点和思想状况，只有这样，才能避免研究工作流于形式，研究成果对大学生创业的指导和帮助才能更有针对性、更有效。

三、研究方法与研究思路

（一）研究方法

方法问题是学术研究的基本问题，对于研究方法的自觉反思是一门学科从稚嫩走向成熟的重要标志。基于创业精神所具有的复杂性、系统性特点，要始终坚持“返本与开新、守正与创新的辩证法”[①]，坚持理论与实践相结合、宏观与微观相结合、定性与定量相结合，运用多种研究方法并互为补充以对所研究的问题有更为全面、深入、准确的认识。

1. 文献研究法

文献研究法主要是指搜集、整理与分析各类与某一特定主题相关的研究文献，并在对相关文献进行阅读、分析、辨别的基础上形成对研究对象的科学认知的方法。这一研究方法一般包括提出研究假设、研究设计、搜集文献、整理文献和进行文献综述五个部分。文献研究方法的优点主要有超越时间和空间限制、非介入性以及研究效率较高等优点，是多数学术研究普遍使用的研究方法。当前关于大学生创业教育和创业精神培育的各类

① 冯刚，王树荫．思想政治教育研究热点年度发布（2018）[M]．北京：团结出版社，2018：115.

文献资料大量涌现，研究成果大量分布于书籍、报刊以及网站上，这为研究工作的开展提供了较大的便利。在本研究中，主要利用图书馆、互联网等渠道，通过检索、收集大学生创业精神培育相关文献资料，对其进行分类整理和深入分析，了解大学生创业精神培育的现状，为搭建本研究的理论框架打下基础。

2. 案例研究法

案例研究法也可以称之为个案研究法，是指“提供一个或多个案例的详细解释和分析的研究”[①]。作为实地研究的一种，案例研究以客观呈现有关事物的整体印象为目标，通过选取对象、收集资料以及深刻分析等方法了解案例的特点、呈现案例的内容，具有较强的实用性。案例研究法最初由美国哈佛大学法学院在商业教育领域使用，之后逐渐推广到社会学、教育学等研究领域，目前已经成为各类学术领域研究中的一类重要方法。案例研究法中的案例既可以采用实地观察进行获取，也可通过相关文字资料进行获取。案例选择的标准主要依据研究目标而定，既要兼顾到案例的代表性，又要考虑获取案例资料的便捷性。这一研究方法的显著特点在于生动和直观，有利于提升研究工作的科学性与实效性。

3. 问卷调查法

问卷调查法是指研究者根据研究需要来编制问卷，并用于获得研究参与者的想法、感受、态度、信仰、价值观以及行为意向等信息的方法，问卷的内容与结构取决于研究者所要追求达到的研究目标。按照填答问卷的方式不同，问卷调查法可以分为自填式问卷调查和代填式问卷调查；按照问卷发放途径的不同，又可以分为报刊问卷调查、邮件问卷调查以及电话问卷调查等。随着信息技术的日益发展，运用网络平台开展问卷调查已经成为当前问卷调查的重要方式。问卷的编制要尽量使用自然平和的语言，撰写每个问题要清晰准确而且相对简短，同时还要注意不能使用“诱导式

①[美]伯克·约翰逊，拉里·克里斯滕森．教育研究：定量、定性和混合方法（第4版）[M]．马建生，等译．重庆：重庆大学出版社，2015：366．

问题”或者“暗示性问题”，以确保研究结论的准确性。本研究的问卷施测主要依据问卷星网上平台进行。

4. 深度访谈法

深度访谈法也可以称之为定性访谈，是指研究者深入地访谈一个被调查者，以揭示对某一问题的潜在动机、信念、态度和感情。这种研究方法属于质性研究方法的一种，主要用于获取对问题深层次的态度和观点。其特点体现在对于研究对象的深度观察，通过与被调查者建立信任与和谐的关系，了解受访者的思想、信仰、理智等。这一方法有助于将隐藏在受访者内心里的故事娓娓道出，能够有效保持叙事的完整性和研究的真实性，是当前教育类研究广泛使用的一种方法。本研究将在运用问卷调查法的同时，在涉及创业思想、创业意识以及创业道德等价值观问题时使用这一研究方法，确保研究结果的准确、客观、真实。值得一提的是，创业精神研究本身是对创业者或者大学生进行思想意识与价值观的深层次的挖掘与分析，深度访谈法对于辅助挖掘受访者的内心真实想法具有独特优势。

（二）研究思路

本研究以马克思主义相关理论和习近平新时代中国特色社会主义思想为统领，以大学生创业精神培育为主线贯穿始终，整体上按照研究问题提出、研究问题分析和研究问题解决三个步骤进行，三部分之间前后衔接、逐级递进，形成研究工作的整体结构。这一研究设计有利于保证研究工作的逐步深入，以提高研究效率和研究水平。

研究问题提出主要是绪论部分。运用文献分析方法和逻辑分析方法，在客观分析当前国家发展形势及其对高素质创新型人才迫切需求的基础上，基于高素质创新型人才的特点，围绕培养高素质创新型人才的教育需求与已有教育供给之间的矛盾展开论述，引出大学生创业精神培育这一研究主题。在此基础上，阐明开展大学生创业精神培育的意义与可行性，并就大学生创业精神培育的影响因素进行分析。同时，基于当前大学生创业类研究相关概念较多以及概念之间关系较为复杂的情况，着重对创新与创业、创新精神与创业精神以及创业教育与创业精神培育等概念的内涵与外延进行界定，对概念之间的关系进行辨析，纠正概念使用的随意性。

接下来是研究问题分析这一主体部分。第一，为了打下扎实的研究基础，运用逻辑分析方法就创业精神的本质、大学生创业精神培育的意义以及可行性和影响因素三个基本问题进行阐释和分析；第二，为了总结我国开展大学生创业精神培育的经验，运用文献分析方法和内容分析方法对我国大学生创业精神培育的发展阶段进行划分，并就创业精神培育取得的阶段性成果进行梳理；第三，为了加深对于我国大学生创业精神培育现状的认识，结合我国高校创业教育的开展情况，对现阶段的几类大学生创业精神培育模式进行归纳和总结，并辅之以案例介绍，以提高对于我国大学生创业精神培育现状的直观认知；第四，基于我国创业教育的发展演变，对我国开展大学生创业精神培育的经验进行总结和梳理，以提高研究的本土化；第五，综合运用问卷调查法和深度访谈方法对部分北京地区高校的大学生和指导教师进行调查研究，以此了解我国当前大学生创业精神培育的现状，分析存在的问题及原因。最后，通过比较研究方法对美国、英国及日本大学生创业精神培育的理论与实践进行介绍，探讨其有效做法，以期对我国的大学生创业精神培育工作提供有益借鉴。

在研究问题解决阶段，运用逻辑分析方法，以马克思主义相关理论、习近平新时代中国特色社会主义思想为指导，综合教育学、心理学以及思想政治教育的相关理论成果，从社会层面、高校层面与个人层面入手，探索构建由国家创业服务支持系统、高校创业教育系统以及个体创业素质自我养成系统三个部分组成的大学生创业精神培育三级体系。其中，国家层面突出政策和文化的引导作用；高校层面重点强调通过“四个结合（引领）”来推动创业教育的转型升级，提升创业教育的育人效果；个体层面强调增强社会责任与担当意识，增强创新精神与自我效能感。本书的研究框架如图 4 所示。

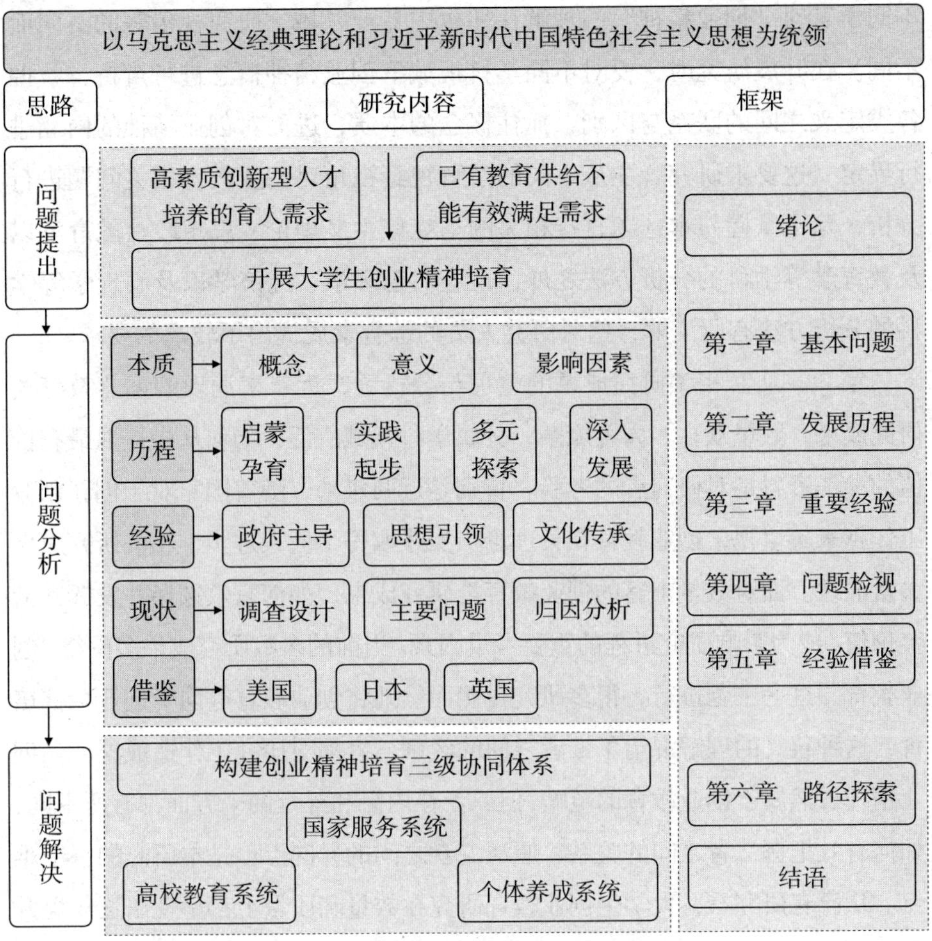

图 4 研究框架示意图

四、研究难点与创新点

（一）研究难点

第一，从对创业精神培育相关概念的分析与把握看，当前人们对于创业相关概念的宽泛理解容易影响研究目标的针对性，有效辨析概念之间的区别与联系对于强化创业精神培育研究的针对性至关重要。例如，“创业精神”本身是一个涉及经济学、管理学、教育学以及心理学等多个学科的综合性概念。正如针对“创业”一词人们往往会有广义和狭义的理解一样，不同学者对“创业精神”的理解往往也因专业领域、研究视角等的不同而不同。在开展研究时，要对不同学科视域下创业精神概念进行辨析，掌握各类定义之间的联系与区别，抓住概念的本质，进而对创业精神的内涵进行界定。这要求研究者能从不同的学科视野视角对创业教育相关问题进行分析，除了掌握与本选题直接相关的马克思主义理论、思想政治教育学以及教育学等学科的分析方法之外，还应对管理学、经济学以及心理学等学科的分析方法有所了解，这对研究人员的综合素质提出了较高的要求。

第二，从对相关研究成果的整理与分析看，近年来涌现的创业教育类研究成果，数量众多、内容庞杂，分属学科领域广泛，如何从中提取最有价值的参考资料是对研究者的考验。特别是近两年来，随着国家对于创新创业工作越来越重视，创业教育相关理论与实践取得了极大进步，相关研究成果大量涌现。面对数量丰富的创业教育类研究成果，如何有效选择并发挥其借鉴价值，成为影响研究进程的重要考量因素。当前的多数研究成果多围绕“创业教育”这一主题进行，很多研究自然而然地将创业教育等同于创业精神培育，这种狭义的理解混淆了二者之间的区别，容易对研究工作造成误导。创业精神虽然属于创业教育的范畴，但二者在内涵和外延两个方面都有所不同，如何有效把握二者之间的关系、厘清二者之间的异同点也是本研究的一个难点。从已有研究看，大学生创业教育研究在数量和质量上都呈现出逐年提升的趋势，但有关大学生创业精神培育的专题性研究却相形见绌，其中一个重要原因是人们大多将创业精神的研究渗透于创业教育研究之中，这就需要研究者对创业教育研究有广泛的了解，并能在研究过程中灵活把握创业教育和创业精神培育之间的关系。

第三，从创业精神培育研究的定位看，如何将思想政治教育的理论、观点和方法有效整合到研究工作之中，是提高研究质量和研究效果的一个重要方面。从研究定位上看，本研究属于思想政治教育类研究，因此，研究工作要建立在思想政治教育大框架之下，研究的出发点和着眼点都要与思想政治教育的相关要求相契合。但同时，由于西方在创业教育的理论与实践方面较为领先，积累了一定的理论成果与实践经验，因此，如何保证既有效借鉴西方的先进经验又摒弃其糟粕成分，需要研究者进行深入的辨析和思考。同时，由于创业教育类研究的跨学科特性，如何在确保借鉴其他学科理论与观点的同时又保证思想政治教育研究的本色，也将考验研究者的平衡能力与把握能力。总之，最终目的是要将该研究扎根于中国大地和中国国情，充分发挥习近平新时代中国特色社会主义思想对于研究工作的指导性作用，发挥思想政治教育对于创业精神培育的引领性作用，兼顾研究方向的正确性、研究方法的科学性以及研究结论的实用性，有效提高研究工作的质量与水平。

（二）创新点

整体上看，本研究是关于大学生创业精神培育的专题类研究，这一研究主题的选定源于对当前“创业精神专题类研究相对匮乏”这一事实的理论回应。相对于许多人将创业精神培育研究融入创业教育类研究或将创业精神培育研究等同于创业教育研究的情况，本研究突出强调培育大学生创业精神对于推进创业教育科学发展的重要意义，发挥创业精神在创业教育中的核心地位，对于创业教育的转型升级发展具有重要意义。

一是研究视角方面的创新。首先，本研究是关于大学生创业精神培育的专题研究。从已有相关研究的情况来看，近年来关于创业教育的研究数量增长较快，但创业精神培育专题研究明显不足。基于此，本研究主动避开研究热点，专门从精神培育的角度讨论创业教育问题，突出“创业精神”在创业教育中的核心地位。这一做法与国家提倡的“培养大学生的创新精神与创业意识”这一要求高度契合，在研究理念方面具有一定的前瞻性与创新性。其次，本研究注重构建立体化的研究视角。与当前多数研究仅从单一视角研究创业精神培育不同，本研究注重从历史维度（发展阶段）、文化维度（传统文化）与比较视角（经验借鉴）三个方面对我国大学生创业精神培育的状况进行分析，既有纵向的创业精神培育历程回顾，也有横向的创业精神培育比较研究；既有宏观的创业精神培育背景分析，也有微观的创业精神心理机制研究；既有创业精神培育的理论借鉴，也有创业精神培育的实践总结。这种立体化的研究视角有利于提高研究工作的科学性，促进研究工作深入开展。

二是研究内容方面的创新。首先，厘清创业精神的基本概念，明确创业精神的基本范畴。重点就创业精神与相关概念之间的联系与区别进行分析，将创业精神界定为“对于创业者（组织或者个人）起到激发、引导、推动、规范作用的理想信念、价值观念、思想品质、行为取向以及职业操守等构成的综合性的思想体系和心理认识过程”，总结了创业精神的四个构成要素，明确了创业精神的五种表现形式。其次，本研究将我国创业精神培育工作划分为启蒙孕育、实践起步、多元探索和深入发展四个阶段，明确了阶段划分的时间节点和标志性事件。再次，总结了我国开展大学生创业精神培育取得的成果以及主要经验。其中，突出强调了“思想引领”“政府主导”以及“文化传承”对于培育大学生创业精神的价值，并归纳出我国当前的创业精神培育模式主要是“高校主导式”“产教融合式”以及“内合外联式”。最后，探索构建了以国家创业精神培育服务系统、高校创业教育系统以及大学生创业素质自我养成系统为主要内容的创业精神培育三级体系，采取营造创业型文化、开展“创业教育课程思政”以及强化自我效能感等方式，以形成层次鲜明、分工具体的大学生创业精神培育体系，有效提升大学生创业精神培育的效果。

三是研究方法方面的创新。首先，运用文献分析法对大学生创业精神培育的基本思想、基本理论以及基本概念进行分析整理，搭建研究的基本逻辑框架；其次，运用问卷调查法对北京地区 6 所高校的 1032 名大学生进行问卷调查，运用描述性统计和相关性分析（主要指卡方检验）对数据进行统计分析，以得出对于大学生创业精神培育现状的宏观认识；最后，运用深度访谈方法和关键词提取法对访谈资料进行整理，挖掘受访者对于创业问题的认知与理解。通过调查研究发现，当代大学生创业精神主要存在“创业理想教育相对不足”“创业意向教育亟待优化”“创业心理素质教育有所欠缺”以及“创业规范意识教育明显滞后”四类问题，且性别、家庭经济条件等因素对于大学生的创业态度、创业认知以及创业挫折应对方式等具有显著影响。这种综合化研究方法的运用弥补了单用一种研究方法的不足，有利于得出科学、可信的研究结论。

第一章　大学生创业精神培育的基本问题

创业精神的本质、培育大学生创业精神的意义及可行性是大学生创业精神培育研究的基础性问题，对于研究工作取得实效具有重要影响。本章主要围绕着三个方面开展研究，厘清基本概念，明确基本范畴，为后续研究打下基础。

第一节　创业精神的本质

一、创业精神的内涵

对“精神”内涵的分析是探讨创业精神问题的重要前提。“屈平辞赋悬日月，楚王台榭空山丘”，世界上的所有生物都有自己的生命周期，唯独精神能够永恒不变。正是基于对精神特性的好奇心以及精神与人的密切联系，自古以来，人们对于精神的探索从未止步。根据《中国大百科全书》的解释，“精神”（Mind）是一个哲学范畴，同物质相对应，与意识相一致。马克思主义理论认为，人的生命活动与动物的生命活动有着本质的区别，这一区别体现在人的生命活动的意识性，即将“自己”同“自己的生命活动”区分开来。人不但通过实践进行着改造无机界的物质劳动，而且也进行着改造自己精神的劳动，从而确认自己是类的存在物。随着生产力的提高，物质生产与精神生产相对分离，人的精神和意识就可以摆脱狭隘的物质世界的束缚而达到一个更加广阔的领域，从而创造出科学、哲学、宗教、艺术等精神文化，形成人类的文明世界。所以，“从人类社会发展的历史进程来看，精神及其生产在人类历史发展中的作用是非常巨大的。”①辩证唯物主义把精神作为由社会存在决定的人的意识活动及其内容和成果的总称，认为精神是由物质派生而来的，是高度组织起来的人的大脑的产物，能够在反映客观存在的同时又对客观存在具有极大的能动性，即通过社会实践，精神可以强有力地反作用于物质世界。正如习近平总书记指出的那样：“我们党始终把思想建设放在党的建设第一位，强调‘革命理想高于天’，就是精神变物质、物质变精神的辩证法。”②这对于我们深刻理解精神的价值与意义具有重要的指导意义。

创业精神最初是由“企业家精神”发展而来的，意指在创业者的内心或意识里，那些具有开创性的思想、观念、个性、意志、作风和品质等，是代表着一个人勇于开拓创新、不断迎难而上的可贵精神品格。哈佛商学院对其定义是：“创业精神就是一个人不以当前有限的资源为基础而追求商机的精神。”由于创业精神的多学科交叉的特点，不同领域学者眼中的创业精神代表着不同的含义：经济学家倾向于将创业精神称之为企业家精神，意指创业者通过创新手段将资源进行有效利用，为市场创造新的价值。在他们眼中，创业精神既是一种思维方式，也是一种实践方式，其主要目标是实现经济效益的最大化。如熊彼特认为，创业精神是一股“创造性的破坏”力量，创业者采用创新手段淘汰落后产能，促进生产力的不断提升。教育和心理学家主要从特质论角度对创业精神进行研究，他们主要关注创业者与非创业者在人格特质、心理特征等方面的区别，并将这些区别进行分类和归纳，概括出一般性、普适性的创业人格特质，并将其作为重要培养目标整合到创业教育内容之中。社会学家和管理学家则从社会发展和组

① 赵志红．论马克思“精神生产”理论及其意义——回到社会发展和人的发展中[J]．四川师范大学学报（社会科学版），2004，（1）：12-17．

② 求是网．精神变物质、物质变精神的辩证法[EB/OL]．[2015-02-04] http://www.qstheory.cn/laigao/2015-02/04/c_1114252109.htm．

织管理的视角对创业精神进行考察，他们高度重视获取资源对于创业目标达成的重要意义，如创业管理大师拉里·法雷尔（Larry C. Farrell）认为创业精神适用于三大经济领域，即个人成就、组织成功以及国家经济发展。

随着知识经济的飞速发展，我国已经认识到培育国民创业精神对于促进国家进步和社会繁荣的重要意义，大学生作为社会发展的重要后备力量和智力资源，其创新能力和创业精神决定着社会发展的速度和质量，大学生创业精神培育工作正受到越来越多理论工作者和实践工作者的广泛重视。1993 年，江泽民同志对新时期创业精神的内容作了详细介绍，64 字的新时代创业精神是："解放思想、实事求是，积极探索、勇于创新，艰苦奋斗、知难而进，学习外国、自强不息，谦虚谨慎、不骄不躁，同心同德、顾全大局，勤俭节约、清正廉洁，励精图治、无私奉献"[①]。此后，国家颁布的《中共中央国务院关于深化教育改革全面推进素质教育的决定》（中发〔1999〕9 号）提出："高等教育要重视培养大学生的创新能力、实践能力和创业精神。"[②] 这是"创业精神"这一概念首次在国家正式文件中被提出，标志着人们对大学生创业精神的重视程度日益增强。从广义角度来看，培养大学生的创业精神，就是要帮助大学生勇立时代潮头，以舍我其谁、时不待我的胆识和魄力开拓个人发展新境界，以个人发展来推进国家进步和社会发展，从这个角度上来看，无论是个人发展还是国家进步都离不开创业精神。

当前，学术界尚未就"创业精神"给出一个普遍认可的定义，不同学者往往基于自己的理解对创业精神的概念进行界定。如有的学者将创业精神看作是创业者在·创业过程中具有的开创性的思想、观念、个性、意志、作风和品质等重要行为特征的高度凝练，主要变现为勇于创新、敢当风险、

① 江泽民 . 在八届全国人大一次会议闭幕式上的讲话［N］. 人民日报，1993-04-01（01）.

② 中共中央国务院关于深化教育改革全面推进素质教育的决定(中发〔1999〕9号）. 1999-06-13.

团结合作以及坚持不懈等。[①] 有的学者认为创业精神是以创新精神为指导把创新观念转化为创新实践蓝图的思维操作意识。[②] 还有的学者强调创业精神这一概念是历史的、具体的和发展着的，是同风险、创新、机会等联系在一起的，是善于在发现机会的基础上去创造某种新的价值，进而达成创新目标的文化心理过程。此外，还有的学者从思想政治教育的视角出发，认为创业精神是指能够对创业者起到引导、推动和规范作用的理想信念、观念意识、个性品质、行为取向以及职业操守等，体现着创业者对于创业的功能与价值的主观认识与思考，规范着创业者的职业操守，激励着创业者实现创业的目标和理想。[③]

通过分析发现，学者们对于创业精神的理解大致存在广义和狭义两种观点：广义的理解大都从社会学或教育学视角进行分析，将创业精神视为一种不断开拓创新的精神状态或“人类特征”，其表现主体是创业者个人、组织或者民族与国家；而狭义的理解大多从心理学角度出发，将创业精神视为对创业者起到引导、推动和规范作用的理想信念、价值观念以及职业道德等价值观念，其表现主体主要是有意向参与创业或者正在创业的创业者。为了防止将创业精神过度泛化为创新精神或过度窄化为创业意识，本研究在参考已有定义的基础上，特将创业精神的概念界定如下：创业精神是指对于创新创业者（组织或者个人）起到激发、引导、推动、规范作用的理想信念、价值观念、思想品质、行为取向以及职业操守等内容构成的综合性的思想体系和心理认识过程。从哲学层面来看，创业精神是人们对于创业问题的思想性认知；从心理学层面来看，创业精神指创业心理素质与意志品质；从行为学层面来看，创业精神是指人们在创业实践中表现出来的创业的个性与风格，是人们对于创业心理认知的外在表现方式。在这里需要特别指出的是，创业精神既不等同于创新精神，也不等同于创业意

① 李家华．创业基础[M]．北京：北京师范大学出版社，2013：14．

② 钟玉泉，彭健伯．大学生创业精神和创业能力培养研究[J]．科技进步与对策，2009，26（15）：151-153．

③ 谷力群．论大学生创业精神的培养[D]．沈阳：辽宁大学，2013：21．

识，它有着自己独特的内涵和外延，在创新创业者个人或组织的成长和发展中发挥着关键的作用。

二、创业精神的构成

创业精神不只是一个精神象征或者符号，它是由若干内容构成的一个实实在在的动力系统，这些内容之间相互联系、互相交叉，共同作用于推动创业组织和个人的开拓创新。经济学和管理学家从经济发展和组织管理的角度对创业精神进行剖析，认为创业精神主要表现为创新精神、冒险精神（或称之为对不确定性的容忍）以及创业者个体解决困难和问题的积极主动性等要素。例如管理学大师德鲁克（Peter F. Drucker）认为："创业就是要标新立异，打破已有的秩序，按照新的要求重新组织。""正如管理已经成为所有现代机构的特有机制，创新和创业精神也必须成为维持我们组织、经济和社会之生存不可或缺的活动。"[①] 持特质论观点的学者则从企业家个性特质的角度对创业精神的构成要素进行探究，特质论的研究从麦克利兰（McClelland）开始，此后众多学者试图寻找企业家特有的个性特点。如米勒（Miller）认为，富有企业家精神的企业应具备三种特性：产品或制程的创新，企业的关键决策者应具备风险承受能力，敏锐察觉环境变化而能采取事前因应策略的能力。[②]

国内一些研究对创业精神的构成要素进行了分析，将创业精神分为个体层面和团队层面（individual and team levels）的创业精神、公司层次（firm level）的创业精神以及区域和国家层次（regional and national level）的创业精神三个部分，每个层次的创业精神因所处理对象的侧重点不同而相应表现出不同的要素构成。其中，个体层次上的创业精神主要关注成功企业家的心理特质，指的是以个人力量，在个人愿景引导下从事创新活动，进而

①[美]彼得·F.德鲁克. 创业精神与创新[M]. 北京：工人出版社，1989：30，308.

②Miller, D. The Correlates of Entrepreneurship in Three Types of Firms[J]. Management Science, 1983, 29(7): 770-791.

创造一个新企业；公司层面的创业精神则不仅关注企业家的个人特征，还关注群体力量和组织创新，进而给公司（大组织）的发展带来新的面貌；区域和国家层次的创业精神则从更加广阔的视角出发，认为创业精神不仅包括个人特质和公司组织，还应包括由小公司主导的“企业组织群”、创业型大学、创业型社区以及创业型国家等。

在参照前人相关研究的基础上，本研究从思想政治教育的角度将创业精神的构成要素划分为创业理想、创业意向、创业心理品质以及创业规范意识四个方面。其中，创业理想主要是指创业者的理想信念和价值观，是创业精神的导航系统，决定着创业的目标和质量；创业意向是将创业者的注意力、潜力和行为引向某一特定创业目标的心理状态，它是创业活动的激发系统；创业心理品质可以有效维护创业过程的稳定性和可持续性，是创业过程的调节系统；创业规范意识则能够帮助创业者规避风险，提高创业品质，是创业实践的质量保障系统，这四个方面相辅相成，共同构成创业精神的完整“内核”，成为每一个创业者在创业过程中必须具备的四个方面的重要品质。除此之外，由于创业精神的培育需要以创业知识和创业能力为基础，因此，创业知识与创业能力可以看作是创业精神的辅助成分。

三、创业精神的表现形式

作为一种奋发向上、积极进取的精神状态，创业精神充分体现着个人、集体甚至国家追求卓越、自强不息的坚定意志，展现着一个社会蓬勃发展的强劲势头，逐渐成为一个民族和国家追求富强、民主、文明的强大动力，并不断内化为一种性格特质，影响着社会中的每一个人。纵观创业精神的相关研究，大多数学者认可将“创新”“团队合作”“坚忍不拔”“自强不息”“诚实守信”以及“对商机的把握”等作为其重要表现形式，为了研究方便，本书将创业精神的表现形式分为创新精神、冒险精神、拼搏精神、合作精神、诚信精神以及商业精神六个部分进行分别介绍，这六个部分之间相辅相成、互不可缺，共同反映了创业精神的独特价值。

（一）追求卓越、永不止步的创新精神

“创业教育的核心是培养企业家精神。所谓企业家精神，主要是指企业家的创新精神。”[①] 长期从事创业研究的美国学者加特纳曾调查了36位学者和8位商业领袖，归纳出90个创业属性，最终发现对创业活动强调最多的属性是创新。[②] 由此可知，创业的关键在于创新，创新精神是创业精神的核心内容。这里所谓的“创新”和“创新精神”并不仅仅指技术性创新，如果从广义上看，它同时还是一种包含“知识”和“思想”等的制度性创新。历史上，马克思、熊彼特等经济学家对于创新的重要意义均有深刻的洞察，正如约翰·伊特维尔（John Eat-well）等学者认为的那样，“马克思（1848）恐怕领先于其他任何一位经济学家把技术创新看作为经济发展与竞争的推动力……，然而到了20世纪上半叶，著名经济学家中差不多只有熊彼特自己一个人还在继承和发扬这一古典传统。”[③] 在马克思之后，熊彼特把创新定义为“建立一种新的生产函数”，即“生产要素的重新组合”，就是要把一种从来没有的关于生产要素和生产条件的“新组合”引进生产体系中去，“实际上，生产要素的重新组合正是知识创造的具体体现。”[④]

从广义的视角来理解创新，就容易帮助我们对创新的本质有更深的把握。创业活动本质上是一项开拓性的实践活动，创业精神内在地蕴含了对于未知世界的探索精神。在创业精神众多的组成内容之中，创新精神是其最为核心和关键的组成部分，离开了创新精神，创业精神就将成为无源之水、无本之木，创业精神培育自然也无从谈起。尤其是伴随知识经济时代的到来，诸多经济、社会问题的解决已经很难再沿用旧的解决方案，创新

---

① 张桂春．高等学校学生创业教育的若干问题探析[J]．教育科学，2011，27(4)：58-62．

② 李家华．创业基础[M]．北京：北京师范大学出版社，2013：17．

③ 约翰·伊斯韦尔等．新帕尔格雷夫经济学大辞典（第2卷）[M]．北京：经济科学出版社，1996：925．

④ 周呈奇，冯杨．中小企业创新与政府角色的转换——兼谈台湾创新育成中心的成功经验[J]．东岳论坛，2013，34（7）：62-67．

作为一种无形的生产要素，日益成为经济、社会发展的重要动力，创新精神成为衡量一个国家和社会创业能力与发展质量的关键指标。

（二）敢为人先、勇于开拓的冒险精神

哈佛大学认为，创业精神代表着一种突破资源限制，通过创新来创造机会的行为。在这一过程中，必然充满着各种不确定的因素，要求创业者要具备突破资源束缚、寻找更多可能的“冒险”精神。这里所谓的“冒险”与人们一般意义上的理解具有一定差异。一般意义上的理解认为，“冒险”除了包含“勇敢”“果断”等积极成分之外，还包含“鲁莽”“不计后果”等消极成分，而此处的“冒险”或“冒险精神”除了包含“勇敢”“果断”等积极成分外，还包括“对不确定性的容忍甚至崇拜”。众所周知，创新创业本身是一项风险性极高的事业，创业实践往往意味着对于未知世界的探索与挑战，意味着对已有规则与平衡的突破，如果一个人或一个组织只是追求确定性和可靠性，则他们所从事的事业就很难取得大的进步。同时，创业精神还表现为一种对未知世界或未来发展的深刻的忧患意识，“忧患意识是企业家精神的催化剂，植根于忧患意识的危机感和紧迫感最能使企业家警醒，对于陈旧观念的顽固堡垒最具摧毁力。”① 大到一个国家和民族，小到一个个体生命，只有对未来饱含热情，主动认可并将自身发展融入不确定性之中，才能在飞速发展的时代浪潮中保持定力，无往不胜。

1993 年，江泽民同志在八届全国人大一次会议上提出：“我们的社会主义现代化建设还处在艰巨的创业时期。伟大的创业实践，需要有伟大的创业精神来支持和鼓舞。解放思想、实事求是，积极探索、勇于创新……，这些都应该成为新时期我们推进现代化建设，所要大加提倡和发扬的创业精神。”② 我们曾经在社会主义事业的各个阶段凭借敢为人先、开拓进取

---

① 丁栋虹．企业家精神 [M]．北京：清华大学出版社，2010：4.

② 江泽民．在八届全国人大一次会议闭幕式上的讲话 [N]．人民日报，1993-04-01（01）.

的精神取得了一个个伟大的胜利，这些思想财富必将成为激励我们进一步拼搏奋斗的强大精神动力。

（三）坚忍不拔、自强不息的拼搏精神

《孟子》云：“故天将降大任于是人也，必先苦其心志，劳其筋骨，饿其体肤，空乏其身，行拂乱其所为，所以动心忍性，曾益其所不能”（《孟子·告子下》）。说明了“毅力”对于做事创业的重要作用。世界上没有什么事情是可以轻轻松松就取得成功的，创新创业更是这样。从本质上来看，创业过程是一个探求未知的艰辛过程，其间必然充满艰难困苦、潜伏着风险、隐藏着失败，只有意志坚定，不惧困难，始终不渝地坚持到底，才有可能抵达成功的彼岸。创新创业从本质上看是一项具有开拓性特征的事业，创业者不能奢望轻轻松松地就取得成功。基于创业本身所具有的挑战性和创新性特点，要求创业者必须要有面对挫折的勇气和毅力、战胜困难的决心与信心，并能够在困难来临时以顽强的意志和信念勇敢面对。习近平总书记指出：“中华民族伟大复兴绝不是轻轻松松就能实现的，我国越发展壮大，遇到的阻力和压力就会越大。”[①] 因此，在中国特色社会主义进入新时代的背景下，当代大学生不仅要认识到我国发展所取得的伟大成就，还要以实事求是的态度认识到我们推进国家深入发展面临的困难和阻力，并能将这一认识用于指导自身的创业实践。爱因斯坦曾说：“人只有献身于社会，才能找出那短暂而有风险的生命的意义。”个人价值的实现方式有很多种，其中最持久和最有意义的就是将个人价值与社会价值紧密结合，让个人生命之花的绽放成为时代篇章的美丽音符。要始终相信，只要我们持之以恒地努力付出，我们就一定能在新时代创造出属于我们这代人的新的创业新诗篇。

（四）善于合作、同心同德的团队精神

社会发展到今天，行业分工越来越细，相应对人们的生产协作方式

---

① 中共中央文献研究室．习近平总书记重要讲话文章选编 [M]．北京：中央文献出版社，2016：144.

也提出了更高的要求。在这一背景下，需要创业者积极发掘和调动身边的各类资源，善于团结一切可以团结的力量，以形成优势互补、共同奋斗的优秀创业团队。美国著名的石油大王洛克菲勒曾说："坚强有力的合作伙伴是事业成功的基石。"每个人的能力天生都是有限度的，就创业活动而言，一个人不可能在创业过程中的每一个环节都做到优秀，创业者要想与他们合作并且有所作为，就必须对自己和他人进行客观的分析，选择那些能够在性格特质、能力专长、专业方向等方面与自己互补的人作为合作伙伴。同时，还要求创业者与合作伙伴在创业价值观方面具有共同志向，不至于因细节性问题而产生重大分歧，这样才能最终达成创业的目标。需要指出的是，在建设创业团队的时候，要注意在成员间形成平等合作的氛围和互惠互利的氛围，创业团队骨干成员之间不仅应当是物质利益的共同体，同时应当是精神利益的共同体。只有在共同愿景的激励之下，才能为团队建设注入活动和动力，也才能为创业实践提供源源不断的能量。

（五）遵守规则、公平竞争的诚信精神

"有两种东西，我对它们的思考越是深沉和持久，它们在我心灵中唤起的惊奇和敬畏就会日新月异，不断增长，这就是我头上的星空和心中的道德定律。"这一人类思想史上最伟大的名言被深深地镌刻在伟大哲学家康德[①]的墓碑上，这一名言所强调的正是道德情操和规则操守。《左传》里也说："太上立德，其次立功，其次立言。"这里所谓的"立德"就是做人，"立功"就是做事，"立言"指的则是做学问。虽然创业本身是要以营利为目的，但创业的最终目标却是创立事业和实现价值，在这一过程中，创业者的德行和操守往往决定着事业的成败兴衰。也许道德素质较低的人可以通过投机取巧或违反规则偶尔赚取利润，但从长期来看，只有遵守规则、诚信经营的人才能将事业做大，进而实现人生价值和社会价值的

---

① 伊曼努尔·康德（Immanuel Kant，1724—1804）：德国哲学家，德国古典哲学创始人.

最大化。有研究将企业家的人格历程划分为三个台阶：第一个台阶是为自己（或家庭、或朋友）赚钱的企业家；第二个台阶是既为自己赚钱又能承担社会责任的企业家；第三个台阶是既是企业家，又是理论家和思想家。① 想要做到第三个台阶，则必然要求企业家具有高尚的道德情操和良好的法制观念，这也被认为是创业精神的核心价值。作为新时代知识精英群体的代表和国家社会发展的中坚力量，当代大学生比一般社会青年有着更多的思想优势、知识优势和资源优势，理应在遵守规则、诚信经营方面走在前列，争做无愧于时代的创业楷模。

（六）洞察机遇、敏于行动的商业精神

马克思主义认为，世界处于不停的运动变化和发展之中，运动是绝对的、永恒的、无条件的，静止是相对的、有条件的、短暂的，世界唯一不变的就是它永远都在变化。伴随社会发展的瞬息万变，各种新思想、新观念、新信息日新月异，各种新商机随之出现。如何在这机遇与挑战并存的社会环境中准确抢抓机遇并适时地将其从创意转变为创新和创造甚至创业，是考验每一位当代大学生的重要一关。创业机会往往是转瞬即逝的，大学生只有具备了洞察机遇并快速反应的能力，才能有效把握这些机遇，进而抢占先机、成功创业。《创业学：21 世纪的创业精神》的作者杰弗里 · 蒂蒙斯教授认为，好的创业机会有以下四个特征：一是能够吸引顾客；二是能在你的商业环境中行得通；三是必须在“机会之窗”敞开期间被实施；四是必须有资源（人、财、物、信息、时间）和技能才能创立业务。由此可见，对于创业机会和市场“痛点”的洞察不仅包括发现机会，而且还包括准确把握创业机会的“窗口期”并提前做好相关准备，这对创业者的商业敏感性以及快速反应能力都是一个极大的挑战。

① 丁栋虹．企业家精神 [M]．北京：清华大学出版社，2010：54．

第二节　大学生创业精神培育的价值

习近平总书记指出："实现中国梦必须走中国道路、弘扬中国精神、凝聚中国力量。"① 大学生创业精神是以改革创新为核心的时代精神的重要组成部分，也是时代精神在大学生群体中的具体体现。创业精神作为一种指导组织行为和个体行动的意识形态，对国家发展、教育进步和大学生成长都发挥着强大的精神引导力量。从国家与社会层面看，创业精神是一个国家和民族创新能力和拼搏精神的集中体现，培育大学生创业精神有利于为创新型国家建设提供精神动力和智力支持；从高等教育事业发展的角度看，人才培养是高等教育的重要职能之一，培育大学生创业精神有利于完善高等教育人才培养体系、拓宽高等教育人才培养路径，助力实现高校创业教育的内涵式发展；从个体层面看，创业精神是大学生亟须养成的重要个性品质，创业精神培育是促进大学生全面发展和实现自我价值的重要保障。

一、助力深入推进创新型国家建设

创业的核心是创新，创业精神的核心是创新精神。从原始社会到农业社会，从农业社会到工业社会，从工业社会再到信息社会，创新一直伴随着人类社会的进步与发展，无时无刻不在扮演着重要角色。一定程度上说，整个人类社会的发展史就是一部人类社会的创新史。鸦片战争以来的100多年里，中国从无上尊贵的世界强国变成了人人欺凌的弱国，留下一部屈辱的血泪史，其原因之一在于我们没有充分认识到创新在人类历史发展中的重要作用。在第二次现代化的过程中，创新活动日益发展成为国家行为，国家创新系统也逐渐成为促进现代化早日实现的"发动机"，受到了世界

---

① 中共中央宣传部．习近平总书记系列重要讲话读本[M]．北京：学习出版社、人民出版社，2016：10．

各国的普遍重视。纵观英国、德国、日本等国家通过创新实现民族复兴和国家富强的过程，只有充分重视和发挥创新的作用，才能实现快速发展。当前，创新日益成为国家进步与民族复兴的主要驱动力，成为社会生产力发展的重要标志。社会发展自然有其规律性，在这一规律性面前，人类不大可能跨越历史阶段，但仍然可以发挥主观能动性，进而缩短历史发展的进程。

在以创新为主要特点的第二次现代化机遇面前，中国必须坚持创新驱动发展战略，紧紧抓住发展机遇，依靠创新型国家建设推动中华民族的伟大复兴。习近平总书记指出："面对科技创新发展新趋势，世界主要国家都在寻找科技创新的突破口，抢占未来经济科技发展的先机。我们不能在这场科技创新的大赛场上落伍，必须迎头赶上、奋起直追、力争超越"；"历史的机遇往往稍纵即逝，我们正面对着推进科技创新的重要历史机遇，机不可失，时不再来，必须紧紧抓住"[①]。这一论断对于指引我们沿着创新的道路深入发展具有重要意义。

正是基于上述认识，我国提出了创新型国家建设的宏伟战略。"创新型国家"这一概念最早是由美国著名学者迈克尔·波特提出的。波特认为，一个国家的竞争发展可以分为生产"要素导向型""投资导向型""创新导向型"和"富裕导向型"四个阶段。其中，创新导向型经济是一个国家经济社会发展的重要阶段，"处在创新导向型经济发展阶段的国家就是创新型国家"[②]。之后，国内学者又对创新型国家的内涵进行了多种阐释，如董秀玥（2006）从历史视角对创新型国家的内涵进行了研究。研究认为，创新型国家是近代以来伴随世界范围的大变革与大发展而产生的一个新概念，尤其是在第二次世界大战之后，世界各国都在不同起点上寻找实现工业化和现代化的路径。在这一进程中，部分国家将发展希望寄托于本国丰富的自然资源储

① 中共中央文献研究室．习近平总书记重要讲话文章选编[M]．北京：中央文献出版社，党建读物出版社，2016：142-144．

② 李政，杨思莹．十年创新型国家建设：成就、经验与问题[J]．学习与探索，2017（1）：123-131．

备上（如一部分中东阿拉伯国家）；有的则依附于利用发达国家的资本、市场与技术来实现“弯道超车”（如一部分拉美国家）；还有一部分则主要利用技术创新来实现差异化竞争优势（如日本、德国、韩国等国家），国际上把这一类运用创新理念实现发展的国家称之为创新型国家[①]。可见，创新型国家是指遵循以增强自主创新能力作为战略基点、以转变经济发展方式为中心环节、以创新为发展主要驱动力的发展模式的国家。

在创新型国家建设的过程中，最为关键的是人才，创新型国家的典型标志是科技和人才成为国力强盛最重要的战略资源。从这个角度来看，我国虽然具有庞大的人才储备，但人才的创业精神、创新能力以及综合素质与实际需求仍然有较大差距，因此，我国目前仍然不能算得上是创新型国家。其实，无产阶级的先驱们早就认识到了人才在国家和社会发展中的重要作用，正如马克思在《德意志意识形态》中曾经指出的那样：“全部人类历史的第一个前提无疑是有生命的个人的存在。”[②]“在一切生产工具中，最强大的一种生产力是革命阶级本身。”[③]老一辈无产阶级革命家毛泽东也认为，“世间一切事物中，人是第一个可宝贵的。在共产党领导下，只要有了人，什么人间奇迹也可以创造出来。”[④]新时代背景下，习近平总书记多次强调，“人才是衡量一个国家综合国力的重要指标”，“人是科技创新最关键的因素”，“千秋基业，人才为先。实现中华民族伟大复兴，人才越多越好，本事越大越好”[⑤]。一言以蔽之，人才是一切事业的根本，离开了人才，一切事业的建设将无从谈起。

当前，虽然我国在人才队伍数量上占有一定优势，但人才队伍的创新精神、创业意识和创新创业能力普遍缺乏，这已经成为制约人才队伍作用发挥的关键因素。正如我国科学家、教育家钱学森曾经感慨的那样：“这

---

① 董秀玥．什么是创新型国家[J]．中华放射肿瘤学杂志，2006（3）：203．

② 马克思恩格斯选集（第 1 卷）[M]．北京：人民出版社，1995：67．

③ 马克思恩格斯选集（第 1 卷）[M]．北京：人民出版社，1995：194．

④ 毛泽东选集（第 4 卷）[M]．北京：人民出版社，1991:1512．

⑤ 习近平谈治国理政[M]．北京：外文出版社，2014:127．

么多年培养的学生，还没有哪一个的学术成就，能够跟民国时期培养的大师相比。”他进而问道：“为什么我们的学校总是培养不出杰出人才？”这一问后来演变成了著名的“钱学森之问”。客观而言，虽然我国科技人才队伍数量庞大，但几乎所有学科和技术领域都缺乏世界一流科学大师和领军人才。比如，有研究认为，在电信行业，我国高层次创新人才的比例仅为整个行业专业人员的0.14%；而在海洋研究领域，世界海洋专家数据库中登记的中国专家数量还不到全球总量的1%，只是美国的1/20；从电子信息产业来看，我国技师、高级技师的数量偏低，仅仅占技术工人比例的3.2%，而这一数字在发达国家为20%~40%。[①] 虽然近几年我国在相关高科技领域的创新性人才数量有所提升，但从总体上看，我国高科技领域拔尖创新人才相对匮乏的现象仍没有得到根本改观。

由此可见，虽然我国是人力资源大国，但并不是人力资源强国。尤其是在高科技领域，我们的人才队伍还不能有效满足实际工作和发展的需要，深入推进高等教育改革、培养高素质创新型人才成为当前我们推进创新型国家建设的重要着力点。在此背景下，要深入推进大学生创业精神培育工作，有效培养大学生的创业精神和创业意识，以此带动大学生创业综合素质的提升，使大学生成长为创新型国家建设所急需的高素质创新型人才。

二、助力实现高等教育内涵式发展

“人才培养是高等学校的根本职能，也是高等学校区别于其他社会机构的根本所在。因此，高等学校必须以人才培养为根本，在当前的知识经济时代要求高等学校以创新型人才培养为根本。”[②] 从大学在“中世纪—近代—现代”这一时间轴上的发展演变来看，虽然大学的功能一直在增加新内涵，但“人才培养”作为大学的核心功能却一直没有改变。面对世界

① 动态调控：让人才培养对接产业之需——《国家中长期人才发展规划纲要（2010—2020年）》解读［N］. 科技日报，2010-6-9（06）.

② 刘宝存. 创新型国家建设与中国高等教育改革[M]. 北京：北京师范大学出版社，2009：141.

发展新趋势对人才培养提出的新要求，党在十九大报告中提出要“实现高等教育内涵式发展”，这一发展目标的设定，标志着我国高等教育的改革发展步入了新阶段。在这一目标指引下，我们不仅要重视规模和效率，更要注重质量和效益；不仅要重视外在条件的改善，更要重视内在质量的提升，尤其要将人才培养的实际效果作为衡量高等教育发展成效的重要指标。从高校创业教育的发展演变来看，虽然在教育方法、教育内容等方面仍有一定的争论，但创业教育逐步融入高等教育之中的趋势却是从未改变的。在日益强调深入推进创新型国家建设的大背景下，高校创业教育必将在我国高等教育内涵式发展的道路上扮演越来越重要的角色。

从当前发展的实际情况来看，我国的创新创业教育还处在发展的初级阶段，具体工作中存在着发展理念前瞻性不足、工作体制机制亟待健全、师资课程规范性欠缺以及教育效果评价不够科学等问题，制约了高校创新创业教育的深入、可持续发展。尤其是随着创业教育在各个高校的铺开，许多高校在创业氛围营造、知识体系搭建以及创业教学等方面进行了诸多新的尝试，相关实践工作取得了显著成就。但与此同时，实践工作中还存在着忽略创业价值体系建设的情况。“没有价值体系的教育就是没有灵魂的教育，创业教育没有价值体系，就是没有灵魂。”① 围绕“实现高等教育内涵式发展”的总要求，在接下来的工作中，要着眼于高等教育质量和效益的全面提升，通过挖掘高校内部潜力、优化教育结构，合理调配资源，进而实现全面、协调、可持续的发展，以有效提升创业教育的质量，助力大学生创业精神和创业意识的有效培养。在具体创业教育工作中，要努力形成创业教育知识体系、方法体系与价值体系的统一，这既是新时代中国特色社会主义教育事业对高校创新创业教育提出的新要求，也是高校创新创业教育自身谋求转型升级的必然选择。这其中，大学生创业精神的培养处于创新创业教育的最顶端，大学生创业精神培养的效果在一定程度上制约着创业知识的传授和创业能力的培养，进而影响创新创业教育内涵式发

① 林文伟．大学创业教育价值研究[D]．上海：华东师范大学，2011：1-2.

展目标的实现。

2015 年以后，国家先后颁布了《关于大力推进高等学校创新创业和大学生自主创业工作的意见》和《关于深化高等学校创新创业教育改革的实施意见》等文件，提出了深化高等学校创新创业教育改革的总体目标和实施步骤，成为深入推进高等教育内涵式发展的重要举措。上述文件中多次强调要培养大学生的创业精神和创业意识，将创业精神培育置于创业教育的核心位置，这充分说明了创业精神培育在助推高等教育内涵式发展中的重要意义。在深入推进高校人才培养模式改革的大背景下，开展大学生创业精神培育成为促进创业教育转型升级、助力高等教育内涵式发展的重要抓手和主要着力点，这既是高等教育体现时代性的客观需要，也是创业教育创新发展的必然选择。

三、助力当代大学生全面成长成才

马克思主义认为："共产主义是使人以一种全面的方式、作为一个完整的人，占有自己的全面的本质"[①]，这构成了马克思主义关于人的全面发展理论的核心。由此可知，人的全面发展是基于人的劳动实践的着眼于成为一个"完整的人"的发展，是包括劳动能力、社会关系、自由个性以及创新创业意识的全方位的发展，是"人的本质力量的公开展示"。习近平总书记在《之江新语》中也提道："人，本质上就是文化的人，而不是'物化'的人；是能动的、全面的人，而不是僵化的、'单向度'的人。"[②]上述思想突出强调人的全面发展的重要性，为进一步明确高等教育的发展方向、完善人才培养的目标定位指明了方向。

原国家教委副主任柳斌曾在为"创业教育丛书"作序时提出："在人的全面素质中，不仅包含了思想品德素质、基础文化素质、技术和职业素质，还包含了创业素质……。所谓创业者，不仅要能创个人、家庭之小业，

① 马克思恩格斯全集（第 42 卷）[M]. 北京：人民出版社，1979：123.

② 习近平 . 之江新语 [M]. 杭州：浙江人民出版社，2007：150.

而且要为祖国繁荣和富强创大业。”[①] 可见，创业精神和创业意识是创业者素质的基础内容与核心要素。创业的最终目标是实现创业者的个人价值和社会价值，创业者是否具有创业精神往往成为衡量创业实践能否最终取得成功的重要标志。高校创业教育就是要通过有效措施来培养大学生的创新精神、创新意识和创业能力的教育，而其中，创业精神培育居于中心和主导地位，对创业知识和能力的培养具有思想指导和价值导向的作用。从教育目标方面看，高校创业教育不能仅仅以培养大学生的创业能力为目标，而是要通过培养大学生的创新精神、创新意识以及创新思维来提升大学生的综合素质，为大学生的全面发展打下基础。[②] 大学生创业精神培育要借鉴马克思主义关于人的全面发展的理论成果，站在培养大学生的创新精神、创新意识和创业能力的角度考虑问题，谋划工作，推进实践。而人的全面发展又能反哺于创新创业教育工作，以保证其工作的正确方向，并提供不竭的精神动力。在这一点上，创新创业教育与大学生的全面发展之间是互为因果、互相促进、辩证统一、协同发展的关系。

作为一种意识形态的精神力量，创业精神能够帮助人们打破惯例、开拓创新，进而对创业实践产生重要的推动力。创业精神是创业者素质结构的重要组成部分，它与创业知识、创业技能等内容共同作用于创业者的创业实践。仅仅依靠人、财、物等外部力量的介入并不能必然提高创业教育的效果，要从根本上解决大学生在创业理想、创业动机以及创业心理等方面存在的问题，必须要将工作重点转移到培育大学生的创业精神上来。针对当代大学生开展创业精神培育，将从内心深处激发他们的创造潜能和成就渴望，充分激发他们自身的奋斗动力，进而克服创业过程中的重重艰难，最终取得创业成功。通过培育大学生的创业精神，可以促进大学生主动将个人创业事业融入国家富强和民族复兴的伟业之中，这样的大学生创业才是真正“形”“神”俱备的创业，这样的创业教育也才是完整的创业教育。

---

① 柳斌.《创业教育系列丛书》序[J]. 教育理论与实践，1992，12(6)：11.

② 杨兴林. 人的全面发展视角下的大学生创新意识与能力培养的核心路径[J]. 扬州大学学报(高教研究版)，2013(1)：43-47.

此外，从对有益于民族创业精神形成的角度看，对当代大学生开展创业精神培育有利于充分调动大学生这一智力资源，发挥大学生创业对于全社会青年人创业的引领性作用，从而调动整个国家的创业热情，助力创新型国家建设和中华民族的伟大复兴。

第三节　大学生创业精神培育的可行性与影响因素

一项工作的必要性和可行性问题是这项工作得以有效开展并取得实效的基础性和前提性问题，“只有确认这项工作是必要的和可行的，才能真正启动和实施这项工作”，“通常情况下，人们不追问可行性问题，似乎它的可行性是不言而喻的”[①]。作为一种精神品质，大学生创业精神培育研究同样也要追问研究的可行性，“创业精神是否可以被培育”这一问题在“大学生创业精神培育研究”的整个逻辑链条中具有承前启后的重要意义，要研究如何有效培育大学生的创业精神就必须要首先回答清楚“创业精神是否可以被培育”。

一、大学生创业精神培育的可行性

“创业精神是否可以被培养？”这涉及对于创业精神培育目的性的认识，究竟我们的创业教育是要让每一个受教育者都成为成功的创业者，还是通过创业教育传授给他们有关创业的基本素质和思想，答案显而易见应该是后者。正如创业教育专家布罗克豪斯所认为的那样，要帮助一个人成为创业者，就如同教育一个人成为艺术家一样，不可能指望通过任何便捷的途径完成。我们不可能教育一个人成为梵高，但是我们可以教给他基本的绘图技巧和本领。同样，我们不能使他成为另一个布朗森，但是成为一

① 刘建军．高校思想政治教育工作质量评价的必要性、可行性及其限度[J]．学校党建与思想教育，2018（11）：43-47．

个成功的创业者所必需的技能、创造力等却能通过创业教育而得到提升。著名的管理学大师彼得·德鲁克也认为：“创业是一种训练（学科），而就像任何训练（学科）一样，人们可以通过学习掌握它。企业家不是天生的，企业家精神可以通过教育来获得和传承。”① 由此可见，不管人们对于创业的认识具有多大的差异性，人们对于“创业精神是可以通过教育被鼓励或被激发的”这一事实已经基本达成了共识。

1947年，美国创业教育兴起，哈佛大学成立创业教育研究所并创办了相应的期刊，具体工作由著名经济学家熊彼特牵头负责。他们通过对创业者的特质进行研究发现，创业者之间的差别比创业者和非创业者之间的差别还要大，并不能通过定制一个模具培养出一个个创业者。但后来，研究者的思路开展进行转变，逐渐从特质因素理论转移到创业过程理论，他们认为，虽然创业者的个性特质千差万别，但创业的基本流程却是大致相同的，基本都需要经过创意、商机、团队以及盈利等环节，这一思路转变为创业教育的合理性奠定了坚实的基础，促进了创业教育在美国的大发展和大繁荣。“从创业特质论到创业过程论，给大家的启示就是创业是可教的。有的可以教中学，有的可以做中学，两相结合，就可以实现创业教育的目标。”② 这为创业教育存在的合理性提供了法理基础。截至目前，美国已经形成了完整的创新创业教育体系，各类高校开设创新创业教育课程1000多门，哈佛大学、麻省理工学院、耶鲁大学等高校也各自形成了独具特色的创新创业教育体系。

创业精神培育与创业教育紧密联系、相辅相成，伴随高校创业教育的深入推进，国内外众多学者对创业精神及其培育进行了研究。在西方，学术界普遍将创业精神视为创业者必备的重要素质，如“创业遗传代码”源于美国百森商学院的创业教育哲学。针对当时社会上普遍存在的“创业教育就是教会学生如何创办企业”这一狭义的观点，百森商学院的杰弗里·蒂

①Drucker. P. F. Innovation and Entrepreneurship[M]. New York: Harper&Row, 1985.

②赵准胜.大学生创新创业教育走偏了吗？——对话东北师范大学就业创业教育研究院执行院长王占仁[N].中国教育报，2016-09-13（4）.

蒙斯等认为，创业教育的正确价值应当是努力为大学生“设定创业遗传代码”，以造就“最具革命性的一代”。蒂蒙斯教授等人所指的“创业遗传代码”是指经过特有的教育方式将创业意识、创业能力和创业个性特质传授给受教育者。在这里，以蒂蒙斯为代表的美国创业教育学者非常重视创业精神在创业者创业素质结构中的重要地位，而且普遍认为创业精神能够通过教育“设置”到大学生创业者的内心当中。我国学者普遍认可将创业精神看作大学生综合素质结构的重要组成部分，它不仅对于创业的大学生至关重要，对其他大学生群体甚至社会青年等群体也同样重要。因此可以说，成为创业者不再是高不可攀的事，作为一种文化和心理过程，创业精神并非只对那些有极高创业天赋的人才有意义，它对于所有的人都有意义。

二、大学生创业精神培育的影响因素

大学生创业精神培育不是独立于社会系统而存在的，创业精神培育效果的好坏必然受到政策、文化、教育等各类社会因素的影响，只有客观分析和正确看待这些影响因素，才能为大学生创业精神培育取得实效打下基础。影响大学生创业精神培育的因素各种各样，从广义上可以分为政策法规、社会文化、创业教育以及个人和家庭因素等。

第一，完善创业政策法规对大学生创业精神培育具有重要影响。奥地利学派经济学家伊斯雷尔·柯兹纳认为，制度性框架对于鼓励企业家的发现和创新是极端重要的。政策法规对鼓励社会要素投入创新创业具有基础性、导向性的重要作用，各类鼓励创业的政策制定得越完善，则社会要素投入创新创业的积极性就越高，反之，相关政策法规的缺失则容易导致人们的积极性丧失。在这里，良好的创业政策法规主要体现在激励创业的政策、改善创业环境的政策以及优惠的税收与工商登记政策等。现阶段，虽然我国已经制定了一批鼓励大学生创新创业的优惠政策，但在制定鼓励创业的多样性政策以及降低创业行政审批手续等方面还存在不足，亟须改进。

第二，宽松的创业文化对大学生创业精神培育具有重要影响。每个人都是生活在一定的文化之中的，某种程度上说，我们每个个体都既是文化的创造者又是文化的“受众”。对于大学生创业而言，其创业实践总是在一定的文化环境中进行的，这种与创业直接或间接相关的文化就可以称之为创业文化。按照有的学者的理解，“创业文化在主观层面是指居于区域内的人们对于个体、组织、做事风格等的认识，而这些认识以隐性的方式作用于人们为人处世的理念之中，影响人们的创业意愿。”① 可见，无论是对于已经内化和沉淀到个体意识当中的个体创业文化还是存在于创业者外部的社会创业文化，其对创业者的理想信念、创业意向、行为动机以及职业操守等都具有潜移默化的影响，对创业成功与否具有重要作用。

第三，高校创业教育是大学生创业精神培育的主要载体，对大学生创业精神与创业意识的养成具有直接的推动作用。如果说政策法规和创业文化对大学生创业精神培育至关重要的话，那么创业教育对于大学生创业精神的培养则可以说是不可或缺的。近年来，随着我国高校创业教育的持续发展，人们对创业教育的认识更加全面与立体，在教育价值定位、教育目标指向以及教育教学手段与方法等方面均有了更加深入的认识。但同时，不同领域的专家学者也开始在一些问题上产生认识分歧。例如，关于创业教育，一直存在着“创新创业教育主要应是一种技能教育还是一种素质教育”的争论。一部分学者倾向于将创业教育当作一种技能教育，通过传授创业知识、培养创业技能来提高大学生的创业能力，通过“以创业带动就业”的方式提高学生的就业率；另一部分学者倾向于将创业教育完全等同于素质教育，因而主要强调培养学生的创业素质，而不重视培养创业技能和提高创业率。其实，上述两种观点都各有偏颇，在具体的创业教育实践中，既不存在脱离创业知识和技能的创业素质与能力，也不存在脱离创业素质与能力的创业知识和技能，两者是辩证统一的关系。作为教育工作者，我们既不能将创业教育无限放大为素质教育，也不能将其过分缩小为技能教育，而应将其定位于介于素质教育和技能教育之间的一种新的教育理念

① 胡晓龙，徐步文．创业素质、创业文化、创业意愿的相互关系与影响[J]．社会科学家，2015（11）：71-76．

和教育实践，是素质教育在高等教育阶段的新发展和新体现。这其中，创业精神应是创业教育的核心内容，创业精神培育则是创业教育的重要内容和主要目标。作为高等教育的重要组成部分，高校是学生成长成才的重要场所，高校创业教育是大学生创业精神培育的主渠道和主阵地，当前人们在这一问题上已经基本达成了共识。

第四，个性特点、家庭环境以及基础教育阶段所受的创业素质教育是影响大学生创业精神培育的重要因素。创业精神培育归根结底是激发和培养创业者个人创新创业综合素质的过程，这其中，创业者的个性品质与心理特点直接决定了创业精神培育效果的好坏。创业者特质理论认为，创业者有着与非创业者不同的个性心理品质，诸如冒险精神、创新精神、市场机遇的敏锐性、勇于实践、团队合作精神与成就渴望等，这些个性品质有的是先天具有的，有的是后天通过家庭教育或者学校教育培养或者强化的。无论如何，不同个体在个性心理品质方面的差异导致了他们在开展创业时具有优势上的差异性。同时需要说明的是，虽然创业者特质理论具有一定的合理性，但在对创业行为和创业倾向进行预测和解释时并不总是效果良好的，“因为除了个体特质上的差异之外，个体在创业动机和创业自我效能感上的差别会影响整个创业过程。”[①] 可见，创业行为受到家庭环境、个性品质以及创业动机和自我效能感等的综合影响。除家庭环境影响，个体在基础教育阶段所受的创业基本素质教育也对大学生创业精神的形成具有重要的影响，这是由个体身心发展的阶段性特征和基础教育的教育特点所共同决定的。

① 侯飞．创业者特质与创业倾向关系实证研究［J］．管理现代化，2014（3）：52-54．

第二章 我国大学生创业精神培育的发展历程与成绩

随着我国创业教育工作的逐步深入，人们对于大学生创业精神的认识与理解也在不断深化。基于理论研究和实践发展的需要，人们越来越重视对我国大学生创业精神培育发展历程的梳理。由于当前我国开展大学生创业精神培育的主渠道仍然是创业教育，而且创业精神培育和创业教育之间是相辅相成的关系，因此，研究大学生创业精神培育必须与研究高校创业教育同步进行。基于此，本章对于我国大学生创业精神培育工作发展历程的回顾将以我国高校创业教育的发生、发展为线索。在参考已有相关研究成果的基础上，本书将我国大学生创业精神培育的发展划分为启蒙孕育（1989—1997 年）、实践起步（1997—2002 年）、多元探索（2002—2010 年）和深入发展（2010 年至今）四个阶段。

第一节 我国大学生创业精神培育的发展阶段

一、创业精神培育的启蒙孕育

这一阶段的时间范围大致为 1989—1997 年。多数研究认为，创业教育思想最初源起于美国，我国的创业教育理念是由国外引进的。哈佛大学商学院教授迈尔斯 · 梅斯（Myles Mace）于 1947 年在美国创造性地开设了一门名为“新创企业管理”（Management of New Enterprises）的创业教育课程，共有 188 名 MBA 学生参与了这门课程的学习，这拉开了创业教育在美国发展的序幕。相比之下，我国创造教育的思想虽然早已有之，但创业教育作为一个学术概念被真正提出却要从 20 世纪 80 年代末开始算起。1989 年底，“面向 21 世纪教育国际研讨会”在北京召开，会议对于未来世界人才培养的标准和方向问题进行了深入探讨，提出通过教育培养的 21 世纪的劳动者“将是最全面发展的人，将是对新思想和新机遇最开放的人”。同时，会议还把创业教育比喻为与学术性和职业性教育同等重要的“第三本教育护照”。这次会议上提出的“Enterprise Education”概念后来被我国学者翻译为“事业心和开拓技能教育”或“创业教育”，这标志着创业教育的发端。

基于理论研究和实践发展的客观需要，我国于 1990—1991 年参加了由联合国教科文组织主持的“提高青少年创业能力的教育联合革新项目”，在当时的国家教委基础教育司的整体安排和指导下，在基础教育和继续教育领域首先进行了创业教育的实验性探索研究，对相关实践工作的开展奠定了工作基础，起到了“认知与理念上的启蒙催化作用”[①]。与此同时，1991 年在日本东京召开的创业创新教育国际会议对创业教育与创业活动之间的区别与联系进行了认真的研究和探讨，并从广义和狭义两个层面讨论了创业教育的概念。与会专家认为，创业教育的目标从广义上说是培养具有开创性的个人，包括创新精神、挑战与冒险精神等，相对于那些靠受雇于用人机构、服从领导者的工作安排并获取一定薪酬的人来说，创新精神、冒险精神、创业能力以及社交和管理能力对一个现代人的成长与发展而言将显得更为重要；而狭义的创业教育则主要是与增收培训的概念紧密结合在一起的，指的是为那些贫困和不利人口提供急需的技能、技巧和咨询，使他们能够通过创业创新的相关培训获取一定技能，进而摆脱贫穷和贫困。与此同时，伴随 20 世纪 90 年代我国社会主义市

① 李一中．国内外创业教育研究综述 [J]．高校社科动态，2009（2）：31-36．

场经济的确立，一些大学开始在企业管理与经营、技术管理与创新等课程中尝试引入与创业有关的教学内容，各类企业也纷纷参与到大学生创业教育的研究与实践工作之中，这实际上为高校创业教育的初步发展奠定了坚实基础。

伴随实践的推进，部分学者开始对创业教育进行专门研究。胡晓风、姚文忠、金成林在 1989 年底发表了《创业教育简论》一文，标志着创业教育相关学术研究的发端。文章认为，应该将创业教育放置在整个教育体系的高端来看待，而不是将其简单地视之为一种教育手段或方法，文中提道："整个的生活要有整个的教育，这是陶行知生活教育的一贯主张，也是创业教育的出发点和归宿。"[①] 另外，江苏教育科学研究所的毛家瑞也对创业教育相关问题进行了初步探索，并发表了若干研究成果。通过对 1989—1997 年间创业教育相关研究成果的梳理发现，毛家瑞一共发表了 4 篇与创业教育相关的学术文章，对于如何推进创业教育工作的开展进行了分析和讨论，并主编了国内首套创业教育系列丛书——"创业教育系列丛书"[②]。除此之外，还有一些人对创业教育进行了开拓性的研究，奠定了创业教育研究的基础。如彭钢于 1995 年出版了《创业教育学》一书，该书分九章对创业教育学的历史渊源、基本概念与范畴、框架与模型、教育主体与客体、微观过程与内部规律以及教育目标与评价等进行了深入的探讨，这一学术研究为创业教育理论的系统化与学科化发展奠定了重要基础。同时，彭刚还从教育学的角度对创业教育的教育教学方法与学习理论问题进行了研究，提出了"主动性学习"的基本概念与主要类型，这一研究可以看作是当时学术界关于创业教育教学及学习理论的初步探索。

在这一阶段，创业教育的思想已经孕育产生并逐渐进入广大教育工作者的视野，但人们对创业教育与创业精神的认识还是一种自发的、笼统性

---

① 胡晓风，姚文忠，金成林．创业教育简论 [J]．四川师范大学学报，1989（4）：1-8.

② "创业教育系列丛书" 具体包括《创业教育的理论与实践》《创业教育的目标、课程与评价》《创业之路》《创业心理与技能》《创业社会常识》以及《创业教育学》.

的认识，虽然有学者开始对相关问题进行探讨，但总体上还是将其作为素质教育的一部分来看待，创业教育作为一门独立性学科的地位还没有得到确立。同时，这一阶段在相关政策制定和实际工作开展等方面均没有实际进展，尤其是创业教育尚未真正进入到高校教育管理者的视野内。在创业精神培育理论建设方面，人们对于创业精神的认识总体上看还是一种宽泛的、笼统的理解，这一时期产生的创业精神培育研究成果大多围绕 1993 年江泽民同志在第八届全国人大一次会议上的讲话中提到的“64 字创业精神”而进行探讨，与本研究主题直接相关的论文只有《试论劳动教育课对师范大学生创业精神的培养》1 篇，受制于创业教育在我国的发展尚处于初级阶段的现实，创业精神培育无论是在理论研究还是在实践探索方面都还没有引起关注。这一阶段重要事件如图 5 所示。

图 5　大学生创业精神培育启蒙孕育阶段的重要事件

二、创业精神培育的实践起步

这一阶段的时间范围大致为 1997—2002 年。20 世纪 90 年代后期，以互联网技术和信息化浪潮的兴起为契机，在世界范围内兴起了一股基于科技力量进行创业的浪潮，互联网创业成为当时创新创业的主要趋势。1998 年 10 月 5 日—9 日，联合国教科文组织在法国巴黎总部举行了主题为“21 世纪的高等教育：展望与行动”世界高等教育会议，各国高等教育界、政府组织与社会机构的4000多人出席了大会。会上提出，当前世界高等教育正面临着巨大的挑战，各国必须调整现有结构，把培养大学生的创业精神和创业能力作为高等教育的基本目标，以适应21世纪的发展形势需要。这次会议还发布了《世界宣言》与《高等教育改革和发展的优先行动框架》两份报告。报告认为，新世纪的大学生不仅要谋求稳定的工作岗位和优越的薪资待遇，更要着眼于自身潜力，充分发挥自身的创新和创造精神，创造出更多的工作岗位。基于国际上的这种发展趋势，我国积极融入世界创业教育发展的潮流之中。1999年，教育部出台的《面向21世纪教育振兴行动计划》明确要求："加强对教师和学生的创业教育，采取措施鼓励他们创办高新技术企业"①，标志着我国深化教育领域改革、推进创业教育工作正式启动，"'创新教育'、'创业教育'纳入国家整体战略"②。同时，国内部分高校也开始学习和借鉴国外的创业教育经验，并且积极参与到各类国际创业教育的交流活动之中。1997年，清华大学率先进行了创业教育的改革尝试，最早在学校的工商管理硕士（MBA）培养计划中设立了创新与创业方向。1998年5月，清华大学大学生科技创业者协会在借鉴美国创业计划竞赛（Business Plan Competitions）的基础上举办了首届创业计划大赛，这成为我国高校创业教育在实践领域的发端。随着国内创业教育工作的逐步深入，创业计划大赛也受到了越来越多高校教师和学生的关注，并逐渐演化为国内外知名的"挑战杯"全国大学生创业计划竞赛。

国内的大学生的创业实践促使政府和各级教育部门越来越重视高校创业教育和大学生创业精神培育工作。1999年，中共中央国务院颁布了《关于深化教育改革全面推进素质教育的决定》，要求改变传统教育只重视知识传授而忽视素质和能力培养的情况，培养学生的创业精神，培养他们的实践动手能力和创新能力，促使他们成长为高素质的创新型人才。

---

① 教育部．面向21世纪教育振兴行动计划（国发〔1999〕4号）．1999-01-13.

② 冯刚．改革开放以来高校思想政治教育发展史[M]．北京：人民出版社，2018：379.

这一文件的表述中首次将“培养学生的创业精神”① 作为高等教育体制改革的目标，在创业教育的发展历程中具有标志性的意义。2002 年 11 月，中国共产党第十六次全国代表大会在北京召开，会议要求各级党委和政府要努力改善创业环境、强化创业服务，各级各类高等学校要进一步强化体制机制改革，高度重视大学生综合能力的培养，以提升创新创业能力。2002 年，《关于进一步深化普通高等学校毕业生就业制度改革有关问题意见的通知》明确提出“鼓励和支持高校毕业生自主创业”②。同时，教育部于 2002 年 4 月确定了清华大学、中国人民大学以及上海交通大学等 9 所高校作为创业教育改革的试点，鼓励各个高校结合自身办学特色探索创业教育的新模式与新路径，并将培养具有创业精神和创业能力的高素质人才作为重要任务。

这一阶段，许多高校对于如何有效培养大学生的创业精神进行了一些有益的自发性探索，但总体上仍然处于“自主探索阶段”③，且许多高校实践工作的开展是对国外模式的模仿和借鉴，基于中国高等教育发展现状和高校特点开展的创业教育探索仍然偏少。在大学生创业精神培育方面，该阶段的显著特点在于创业精神及其培育开始进入到教育管理者的视野之中，国家和各级政府出台了多项推动大学生创业精神培育的政策文件，凸显了国家和各级政府对于大学生创业精神培育工作的重视。但同时，这一时期创业教育的重点是创业能力的培养，强调要传授给学生创业知识和创业技巧，而培养大学生的创业精神仍未引起教育工作者的普遍重视。总体上说，这一阶段的大学生创业精神培育工作处在实践起步阶段，人们在对创业教育的本质、创业精神的内涵等内容的研究上仍然有待深化。这一阶段重要事件如图 6 所示。

① 中共中央国务院．关于深化教育改革全面推进素质教育的决定（中发〔1999〕9 号）．1999-06-13.

② 教育部、公安部、人事部、劳动保障部．关于进一步深化普通高等学校毕业生就业制度改革有关问题的意见（国办发〔2002〕19 号）．2002-03-02.

③ 中华人民共和国教育部高等教育司．创业教育在中国：试点与实践 [M]．北京：高等教育出版社，2006：41．

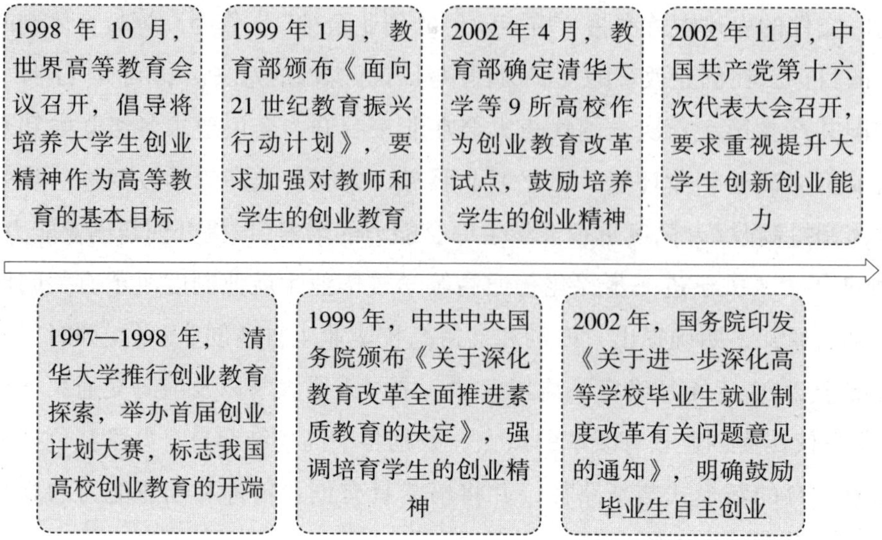

图6　大学生创业精神培育实践起步阶段的重要事件

从理论研究方面来看，这一时期的相关理论在成果数量、特色性以及研究质量等方面均有所提升，反映了人们对于高等教育改革和创新人才培养问题的高度关注。杨宁（1999）在《创业教育：高校培养创新人才的有效途径》一文中充分肯定了创业教育的价值，认为创业教育有利于帮助在校生将所学知识和技能进行有效转化，并能够有效锻炼学生的创新精神和创新能力，因此，它是现代高等教育体系的重要构成，“是高校培养创新人才的有效途径”[①]。双传学（1999）认为创业教育应该包括理想信念教育、劳动教育、勤俭节约教育、敬业爱业教育、创新教育以及挫折教育等，而创业教育的开展则要注重与其他教育形式的融合，尤其是要与思想政治教育、社会家庭教育、实践活动以及自我教育相结合，以提高大学生创业精神培育工作的实效性。侯定凯（2000）撰写的《创业教育——大学致力于培养企业家精神》是国内第一篇系统论述创业教育与企业家精神的博士论文，该研究具体分析了“企业家精神”的本质内涵，认为实施创业教育是高等教育合乎历史逻辑和现实需求的必然选择。侯定凯认为，大学生创业已经成为受到政府鼓励的活动并被写入了政府部门的教育文献中，但创新

① 杨宁．创业教育：高校培养创新人才的有效途径[J].高教探索，1999(4)：7-10.

型人才必须要靠相关制度和环境来培育，“而创业教育正好是这一特殊的制度环境”①。

三、创业精神培育的多元探索

这一阶段的时间范围大致为 2002—2010 年。从高等教育发展的大背景看，2003 年是我国高校扩招后本科大学生毕业的第一年，当年毕业生达到 212 万，比 2002 年净增了 67 万，增幅达到 46.2%。高校毕业生就业面临严峻形势，“大学生就业难问题”日益成为一个不容忽视的社会问题。高校就业部门为提高毕业生的就业率，在开展好就业指导工作的同时，逐渐重视针对大学生开展职业生涯规划教育，同时还加强了创业指导课程的开设，希望借此举措来鼓励大学生自主创业。尤其是在党的十七大提出“促进以创业带动就业”和“提高自主创新能力，建设创新型国家”的发展战略以后，推动高校大学生创业教育开始上升为国家战略，受到越来越多教育工作者和理论工作者的重视。

在此背景下，为了探索创业教育的新模式与新路径，有效提升大学生的创业精神和创业意识，共青团中央于 2005 年开始引入 KAB（Know About Business）创业教育项目，并于 2006 年将清华大学、北京航空航天大学以及黑龙江大学等 6 所高校设为首批 KAB 创业教育试点院校，并将《大学生 KAB 创业基础（学生用书）》在 6 所高校的创业课程教学中广泛使用。此后，为了进一步深化高校创业教育改革，提升大学生创业精神培育的效果，教育部又于 2008 年在全国探索设立了 30 个国家级创新人才培养模式

① 侯定凯．创业教育——大学致力于培养企业家精神 [D]．上海：华东师范大学，2000．

示范区[①]，标志着高校创业教育开始由少部分重点高校向地方普通本科院校与应用型高校进行推广。随着一系列支持大学生创新创业政策和制度的出台，人们逐渐对创业教育对于高素质创新型人才培养的重要意义达成了共识，并逐渐开始探索创业教育的多元化发展，创业教育开始渗透和融入中国高等教育体系之中，并逐渐成为我国高等教育人才培养模式改革的新突破口。

这一时期，有关创业教育的各类研究论文逐渐增多。在中国知网（CNKI）期刊全文数据库中，以“创业教育”作为主题，来源期刊限定为“核心期刊”和“CSSCI”期刊，检索时间段设定为2002—2010年，可获得相关检索结果1941篇，如果取消核心期刊的限制，有关创业教育的研究成果将更为丰富。但同时，有关大学生创业精神培育的专题类研究仍然没有太多进展。以“大学生创业精神”作为主题进行检索，其他检索条件不变，仅有24条检索结果。由此可见，虽然这一时期人们对于创业教育问题的关注越来越高，但大学生创业精神培育相关问题仍未引起人们的广泛重视。在很多学者看来，创业精神培育的问题仍然只是创业教育之中的一小部分，专门讨论大学生创业精神培育的意义似乎并不大，这在一定程度上束缚了创业精神类研究的深入。即便如此，一些学者仍然对于大学生创业精神培育问题进行了研究。如来自温州医科大学的黄兆信、温州大学的谢志远、浙江大学的徐小洲以及东北师范大学的王占仁等学者在此期间关于创业教育的思考逐步深入，产生了一批有影响的创业教育研究成果。其中，以浙江省部分学者的研究成果最为凸显，如温州医科大学的黄兆信和温州大学的谢志远两位学者结合温州的创业精神

---

①2008年度人才培养模式创新实验区共有100个，其中涉及创新创业教育类人才培养模式创新实验区共有30个，涉及的高校分别是清华大学、北京交通大学、北京航空航天大学、燕山大学、大连理工大学、黑龙江大学、上海交通大学、上海财经大学、上海对外贸易学院、东南大学、江南大学、中国药科大学、南京航空航天大学、苏州大学、南京财经大学、宁波大学、温州大学、浙江万里学院、江西财经大学、中国海洋大学、华中科技大学、武汉理工大学、中南大学、湖南大学、中山大学、华南理工大学、广西大学、西南大学、西安交通大学以及西安电子科技大学等，详细名单参见教育部、财政部《教育部财政部关于批准2008年度人才培养模式创新实验区建设项目的通知》（教高函〔2009〕4号），2009年1月20日.

和创业文化开展研究，形成了具有地域特色的理论成果。

此外，浙江大学的徐小洲、梅伟惠等学者于2010年出版了“创业教育系列丛书”，其中包括《美国高校创业教育》《日本高校创业教育》以及《中国高校创业教育》等，为之后创业教育的跨区域比较研究打下了基础。例如，梅伟惠在《美国高校创业教育》一书中对美国高校创业教育的发展历史及影响因素、美国创业教育实践以及部分典型模式等内容进行了介绍，并就创业教育在美国的发展趋势做了分析，认为随着社会对创业精神的需求日益增强，美国创业教育呈现出分化与整合的趋势。一方面，美国高校的创业教育正在积极推进“创业学”学科建设，着力构建完善的创业学学科体系；另一方面，美国高校创业教育还呈现出与其他学科深度整合的趋势，尤其是注重于工程、技术等学科的结合，通过建立创业中心、联合开发创业课程以及建设各级各类创业实习实训平台等方式共同培养高素质创新型人才。[①] 梅伟惠认为，美国这种将大学生创业精神培养纳入终身教育以及构建系统化的创业教育体系的做法对我国大学生创业精神培育工作的开展具有重要的借鉴意义。

四、创业精神培育的深入发展

这一阶段的时间范围大致为2010年至今。2008年，美国发生了震惊世界的次贷经济危机，引发了全球的金融大海啸。面对不利的经济形势，加快转变经济发展方式、发展创新型经济成为重要的应对手段。创新型经济建设的关键在于创新型人才，推进经济改革与创新的核心均在于高素质创新型人才的培养，客观形势对高等教育的改革与发展提出了新要求。在此背景下，教育部分别于2010—2012年间接连印发了《关于大力推进高等学校创新创业教育和大学生自主创业工作的意见》和《普通本科学校创业教育教学基本要求（试行）》两份文件，凸显了政府推进创业教育深入发展的决心。文件除了继续强调创业教育的重要意义之外，还首次明确提出在高校开展创业教育并鼓励大学生自主创业，并且系统提出了我国创业

① 梅伟惠．美国高校创业教育[M]：杭州：浙江教育出版社，2012：229．

教育的教学目标、教学原则、教学内容、教学方法和教学组织形式，这对高校创业教育发展的科学化、规范化具有重要意义。尤其是《普通本科学校创业教育教学基本要求（试行）》中确定的“面向全体、注重引导、分类施教、结合专业、强化实践”[①]的基本原则，标志着理论界和学术界对于创业教育价值的认识逐步深化。

为了有效提升创业教育效果、大力培养大学生的创新精神和创业意识，国务院办公厅于2015年印发了《关于深化高等学校创新创业教育改革的实施意见》，提出：“把深化高校创新创业教育改革作为推进高等教育综合改革的突破口，树立先进的创新创业教育理念，面向全体、分类施教、结合专业、强化实践，促进学生全面发展，提升人力资本素质，努力造就大众创业、万众创新的生力军。”[②]这为高校创业教育的科学、深入发展指明了方向。值得一提的是，这一时期我国的高校创业教育呈现出“竞赛驱动”的特点，许多高校积极探索搭建各类创新创业竞赛平台，以赛促教，以赛促学，收到了良好的效果。例如，2015年开始，教育部联合共青团中央、国家发展和改革委员会等部门举办一年一届的中国“互联网+”大学生创新创业大赛，迄今已成功举办四届，参赛规模和参赛项目质量不断提升，对提升大学生的创业精神和创业意识、培养大学生的创业能力等起到了重要作用。2017年8月，习近平总书记在给第三届中国“互联网+”大学生创新创业大赛参赛学生的回信中说：“希望你们扎根中国大地了解国情民情，在创新创业中增长智慧才干，在艰苦奋斗中锤炼意志品质，在亿万人民为实现中国梦而进行的伟大奋斗中实现人生价值，用青春书写无愧于时代、无愧于历史的华彩篇章。”[③]这一回信极大激发了创业教育工作者和广大青年学子的创业报国理想，为大学生创业精神培育扎根工作大地开展工作提供了根本遵循。

---

① 教育部．普通本科学校创业教育教学基本要求（试行）（教高厅〔2012〕4号）．2012-08-01.

② 国务院．关于深化高等学校创新创业教育改革的实施意见（国办发〔2015〕36号）．2015-05-04.

③ 习近平总书记给第三届中国“互联网+”大学生创新创业大赛“青年红色筑梦之旅”的大学生的回信[N].人民日报，2017-08-16（01）.

在政府部门的大力推动下，大学生创业教育相关研究成果大量涌现，以“创业教育”为主题，在中国知网期刊数据库中共可检索到来源类别为“核心期刊”和“CSSCI”的论文5417篇，可检索到相关硕博论文2202篇；以“创业教育”作为题名进行检索，也可以获得核心期刊论文2259篇，可检索到硕博论文417篇。同时，以“大学生创业精神”作为主题进行检索，其他条件不变，也可以获得76条检索结果，显示出人们对于大学生创业精神培育的问题也越来越重视。通过进一步分析可知，相关研究不仅在数量上非常丰富，而且在研究角度方面也日益呈现出多元化的趋势，将创新创业教育与管理学、经济学以及思想政治教育相结合的研究越来越多。这一阶段，创业教育研究逐渐表现出“驱动因素由外向内转变”“发展变革由政府自上而下主导”“政策导向由功利向战略性转变”以及“发展特征由外来借鉴向本土生长”的特点。在对于大学生创业精神培育的研究方面，学者们的研究角度日益多元，研究深度逐步增加，出现了一些高质量的研究成果。例如，刘文杰、史秋衡（2017）对于“创业教育热”这一现象进行了“冷思考”，倡导创业教育不应一味地倡导学生创业成立公司，而应该回归到培育大学生创业精神和创业意识的轨道上来，真正发挥创业教育的育人功能；张宝强（2016）提出用社会主义核心价值观引领高校创业教育，以提高大学生的创业理想、磨炼大学生的创业意志；周勇、杨文燮（2014）对于大学生创业主动性的现状进行了研究，并且提出了有效提升大学生创业主动性的对策建议。总体上看，这一时期创业教育的研究逐渐增多，其中，大学生创业精神培育相关研究逐渐引起人们的广泛关注，但研究深度和研究质量均有待进一步提升。

总之，伴随着高校创业教育的深入发展，高校创业教育和大学生创业精神培育工作受到越来越高的关注和重视，不仅各类政策、制度越来越完善和科学，人们对于创业教育的认识也变得越来越全面而理性。在实践工作中，高校教育工作者开始注意纠正以往过于侧重创业知识传授和创业技能培养的做法，逐渐将关注点和工作重心转移到培养大学生的创新精神和创业意识上来。如当前各个高校均注重探索构建创业教育的生态系统，将全校资源进行有机整合，整体性地推进创业教育提质、增效、升级。通过不断探索，我国高校创业教育在培养目标、师资课程、实践平台以及教学方法等方面的工作不断完善，创业教育质量取得了实质性的进步，大学生创业精神得到显著提升。据《2017 中国大学生创业报告》调查显示，与 2016 年相比，2017 年高校大学生有较强或强烈创业意愿的学生比例从 18% 上升到了 26%，[①] 标志着我国高校创新创业教育开始更加注重加强内涵建设。这一时期我国大学生创业精神培育工作发展的关键节点如图 7 所示。

图 7　我国大学生创业精神培育工作发展的关键节点示意图

① 洪大用，毛基业．2017 中国大学生创业报告[M]．北京：中国人民大学出版社，2017：22-23．

第二节　我国大学生创业精神培育的阶段性成果

20 世纪 80 年代以来，我国大学生创业精神培育工作受到了越来越高的关注，实践方面取得了一定的成绩，系统分析和总结这些成绩，对于正确认识创业精神培育的本质、推进下一步工作的开展具有重要意义。本章在参考相关调研报告[①]的基础上，从创业精神培育制度建设、创业精神培育机制建设以及大学生创业精神培育的实际效果三个方面对我国大学生创业精神培育工作取得的阶段性成果进行总结。

一、创业精神培育相关制度逐步完善

近年来，在政府、社会的大力提倡和高校的积极参与下，大学生创业正在逐渐褪去神秘面纱，受到越来越多人的认可与接受，创业教育已经成为高校教育体系中的重要内容。相对于传统教育重视基础知识和基本理论的掌握，创业教育更加强调培养大学生的创新精神、创业意识和创新创业能力，更加强调培养大学生具备适应未来社会发展所需的创新素质，逐渐成为广受关注和认可的新型教育理念和教育模式。为了顺应高校人才培养模式改革的这一重要趋势，我国各级政府和高校出台了一系列规章制度（表 5 为近年来国家层面颁布的创业教育相关政策），着力推进高校创业教育的深入变革，对于培养大学生的创业精神与创业意识起到了不可替代的重要作用。

① 这些报告主要有中国人民大学等高校和企业发布的《中国大学生创业报告》（2016、2017）、《中国高校创新创业教育学情报告》（2017）以及《中国高校大学生创新创业调查报告》（2018）等，这些研究报告具有调研样本量大、涉及高校类别较广以及调查方法较为科学等特点，调查研究获得的结果客观真实、可靠性高．

2017 年 4 月至 5 月，中国高校创新创业教育联盟面向全国 130 余所高校开展了创新创业教育调查和学生学情调查，调查样本覆盖全国 27 个省份、10 类院校，其中本科院校 73 所，高职院校 57 所。该联盟在开展调查的基础上发布了《2016 中国高校创新创业教育蓝皮书》和《中国高校创新创业教育学情报告》两个报告。报告显示：我国“81.5% 的高校在 2016 年出台了培养大学生创业精神的激励政策和相应的校内文件”[①]，相关制度建设的逐步完善对于提升大学生创业精神培育的效果具有重要的基础性作用。以此为基础，我国的大学生创业精神培育工作在政府的推动下取得了快速的发展，目前已经形成了“多元主体参与共同建设”的良好局面。

表 5　近年来国家层面颁布的创业教育相关政策统计表

颁布时间	文件名称	发布机构	主要举措
2010 年 5 月	教育部关于大力推进高等学校创新创业教育和大学生自主创业工作的意见	教育部	创业教育要面向全体，融入人才培养全过程；建立多部门协调的工作体制；构建多层次、立体化创新创业教育课程体系等
2010 年 7 月	国家中长期教育改革和发展规划纲要（2010—2020）	国务院	加强就业创业教育和就业指导服务。创立高校与科研院所、行业、企业联合培养人才的新机制
2012 年 3 月	教育部关于全面提高高等教育质量的若干意见	教育部	加强创新创业教育和就业指导服务
2012 年 8 月	普通本科学校创业教育教学基本要求（试行）	教育部	创业教学内容以培养创业精神为核心，创业教育与思想教育有机结合
2015 年 3 月	关于发展众创空间推进大众创新创业的指导意见	国务院	发展众创空间，服务大学生创新创业

① 东方网 .《中国高校创新创业教育蓝皮书》发布，创新创业教育塑造未来 [EB/OL]. [2017-06-25] http://news.eastday.com/eastday/13news/auto/news/csj/20170625/u7ai6879603.html.

续表

颁布时间	文件名称	发布机构	主要举措
2015 年 5 月	国务院办公厅关于深化高等学校创新创业教育改革的实施意见	国务院	全面深化高等学校创新创业教育改革
2015 年 6 月	国务院关于大力推进大众创业万众创新若干政策措施的意见	国务院	把创业精神培育和创业素质教育纳入国民教育体系
2017 年 2 月	普通高等学校学生管理规定（新修订）	教育部	实行弹性学制，允许保留学籍休学创业

二、创业精神培育机制建设成效显著

随着 2012 年以后我国高校创业教育进入加速发展阶段，各级各类高校积极响应党和政府的号召，结合学校自身特点进行创业教育的改革与探索，在创业机制建设方面取得了显著的成效。据统计，截至 2017 年，多数高校建设了大学生创新创业教育领导小组和工作小组，出台了学校层面的深化创新创业教育改革实施方案，部分高校还探索建设了大学生创新创业教育学院或创业指导中心。除此之外，一些高校投资建设了创业园、创业孵化基地等。有研究显示，目前“已经有 95.4% 的高校设立了专门创新创业的独立场地”①。《中国高校创新创业教育发展蓝皮书（2016）》也显示，62.9% 的高校建立了由校主管领导参与的创新创业教育领导小组和各部门协调工作机制。近八成的高校出台了有关创新创业教育的规章制度，七成以上高校开展了相关教育教学改革，九成多的高校参与到多类型的创新创业大赛中。② 以浙江省为例，该省高校积极推进创业教育实践，许多高校成立了创业学院或相关创业教育部门，大学生参与创业的积极性显著

① 王磊玲．供给侧改革视角下中国高校创新创业教育问题研究 [J]．决策观察，2017（8）：8-10.

② 北京中科创大创业教育投资管理有限公司，中国与全球化智库．中国高校创新创业教育发展蓝皮书（2016）[M]．北京：机械工业出版社，2016：19.

增强。

在创业教育教学组织方面，许多高校进行了卓有成效的工作探索，形成了具有学校特色的大学生创业精神培育模式。当前，我国高校内的创业教师人数开始逐渐增多，许多高校除了积极发展校内教师成为创业教学骨干教师以外，还积极聘请了优秀行业人才担任创业导师[①]，开拓了创业教育的师资来源。教育部于2017年完成了全国万名优秀创新创业导师人才库首批入库导师的遴选工作，4492位导师成为首批全国创新创业导师。在课程建设方面，根据教育部门掌握的数据，“截至2016年底，全国高校开展创新创业教育相关课程达2300多门”[②]，高校创新创业教育协会、创业俱乐部超过一万个。与此同时，《中国高校创新创业教育发展蓝皮书（2016）》和《中国高校创新创业教育学情报告》还显示，在被调查的国内130所高校中，有七成高校开设了创新创业教育类课程，超过半数高校开设了必修课和网络课程，四成左右院校获得了创新创业教育相关教学成果奖。[③]与此同时，不同高校还结合自身特点开展创新创业课程建设的探索与尝试，如四川大学实施的“万门课程”建设计划，将2000门创新创业型课程独立设置，为每个学生提供多元化、个性化教育，使每个上过创新创业课程的学生掌握一定的创新创业的知识和能力，上述举措为大学生创业精神培育工作的有效开展提供了扎实的条件保障。

三、大学生参与创业的积极性明显增强

创业精神培育效果的好坏最终要通过大学生的创业精神面貌以及开展创业实践的情况来体现。根据全球化智库（CCG）于2016—2017年对国内

---

①有统计显示，当前全国高校创新创业教育教师超过26000人，200多所高校与阿里巴巴等千余家国内外知名企业实施产学合作，聘请优秀企业人才兼任创业导师.

②澎湃新闻网．教育部副部长林惠青：全国高校开展双创教育课程逾2300门[EB/OL].[2017-09-25] http://www.edu.cn/xxh/xy/cxcy/201709/t20170925_1556571.shtml.

③中国青年网.《中国高校创新创业教育蓝皮书》发布，创新创业教育塑造未来[EB/OL].[2017-06-25] http://news.jschina.com.cn/scroll/guonei/201706/t20170625_698025.shtml.

100 所高校、2797 位学生开展问卷调研形成的《中国高校学生创新创业调查报告（2017）》显示，对创新创业表示有兴趣的大学生比例达到 65.14%（其中，表示对创新创业有兴趣的占比为 24.56%，对创新创业比较有兴趣的占比为 40.58%）。由中国人民大学等部门发布的《2017 中国大学生创业报告》也显示，在当前的大学生群体当中，有近九成大学生考虑过创业，26% 的在校大学生有较强的创业意愿，相比 2016 年上升了 8 个百分点。[①] 通过对"中国大学生就业报告"（大学生就业蓝皮书）[②] 近十年的调查数据追踪分析发现，我国大学毕业生自主创业比例从 2008 届毕业生的 1.0% 上升到 2016 届毕业生的 3.0%，实现了 9 年连续增长（2017 届毕业生相关比例为 2.9%）。为了直观呈现近年来我国高校大学生自主创业比例的变化趋势，通过收集 2009—2018 年"中国大学生就业报告"中的相关数据，绘制 2008—2017 届高校毕业生自主创业比例的数据变化趋势如图 8 所示。

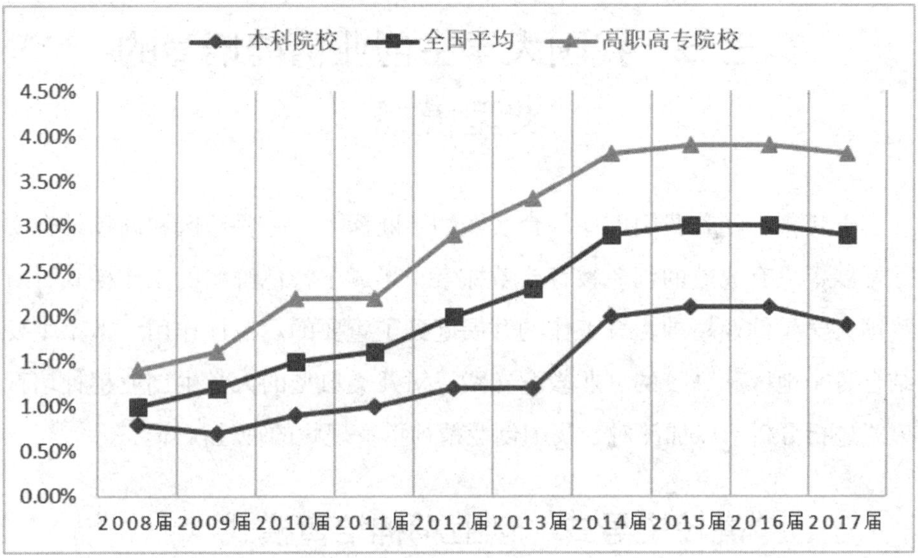

图 8　2008—2017 届大学毕业生自主创业比例变化趋势

① 万玉凤．《二〇一七年中国大学生创业报告》显示——大学生创业意愿持续高涨 [N]. 中国教育报，2018-01-13（01）.

② "中国大学生就业报告"（大学生就业蓝皮书）是由第三方机构麦可思研究院调查并发布的一份有关我国大学生就业状况的调查报告，至今已经连续发布十年 .

同时，通过对近十年发布的“中国大学生就业报告”相关内容进行分析发现，高校大学生自主创业比例在总体呈现上升趋势的同时，还具有三个方面的显著特征：一是高职高专院校大学生在自主创业比例和创业坚持度（主要以 3 年后仍然在坚持创业的创业者比例为衡量指标）两个方面均优于普通本科院校大学生；二是浙江、江苏等东南地区省份高校大学生的创业比例明显高于其他地区，体现了我国高校大学生自主创业在地区之间的差异性；三是大学生自主创业的领域主要分布在教育行业、互联网行业以及零售业。随着新技术的发展和市场环境的日益优化，当前还出现了以大学生及“90 后”创业者、大企业高管及连续创业者、科技人员创业者以及留学归国创业者为代表的创业“新四军”，“大众创业、万众创新”的政策效果初步显现。

第三节　我国大学生创业精神培育的典型模式

近年来，随着我国创业教育实践的不断深入，一些地区和高校结合实际开展了卓有成效的创业教育改革探索，形成了特色鲜明的工作模式，对我国大学生创业精神培育工作的开展起到了重要的示范性作用。本章主要结合各个地区和高校的创业教育实践，对几类典型的大学生创业精神培育模式进行分析，以加深对于我国创业精神培育现状的理性认知。

一、“高校主导式”创业精神培育模式

（一）模式概述

培养大学生的创业精神是一项需要政府、社会、高校、企业以及科研院所等机构共同参与、协同配合的工作。其中，高校是创业教育的实施主体，在培养大学生的创业精神与创业意识中担负着重要使命。我国的各级各类高等学校组织健全、制度完善，具备实施创业精神培育的资源优势，

是开展大学生创业精神培育工作的主要平台。在此基础上，一部分地区充分发挥高校自身的创业教育优势，促进高校在大学生创业精神培育中承担核心功能，以推动大学生创业精神培育工作的深入开展。所谓"高校主导式"创业精神培育模式，是指充分发挥高校在培养大学生创业精神与创业意识中的主导性作用，整合校内外各类教育资源，协同推进相关工作举措的落实，以有效培养大学生的创业精神与创业意识的教育模式。这一模式的突出特点在于重视发挥高校的核心作用，通过提高学校的办学自主权、将创业教育与学校整体育人工作相结合等方式调动高校的积极性，推动创业精神培育的落地实施。这一模式已经成为当前我国大学生创业精神培育的基本工作模式。

从历年来国家颁布的创业教育相关政策可以看出，党和政府高度重视发挥高校在创业教育工作中的主体作用，各类制度与文件均明确了高校在创业教育工作中的主体责任，这也为高校发挥自身在培养大学生创业精神中的主导性作用提供了理念支撑和制度支撑。例如，2015 年，《关于深化高等学校创新创业教育改革的实施意见》指出："各高校要把深化高校创新创业教育改革作为'培养什么人，怎样培养人'的重要任务摆在突出位置"，"要落实创新创业教育主体责任，把创新创业教育纳入改革发展重要议事日程"[①]。这些表述突出了高校在深化创业教育改革、培养大学生创业精神和创业意识中的主导性作用，为相关工作的进一步开展指明了方向。以北京和上海地区高校为例，清华大学、上海交通大学等高校充分发挥学校主体在大学生创业精神培育中的主导性作用，积极开展创业教育的改革与探索，取得显著的成就，对其他高校的创业教育改革具有重要的借鉴意义。

（二）主要特点

一是发挥高校在创业精神培育中的主导性作用。从 20 世纪 80 年代末

---

① 国务院．关于深化高等学校创新创业教育改革的实施意见（国办发〔2015〕36 号）．2015-05-04.

诞生以来，我国创业教育工作的推进主要是以政府为主导力量，高等学校则相对处于被动地位，扮演着政策执行者的角色。这期间，许多高校将创业教育看作国家对于高等学校的一项要求，缺乏对于创业教育价值的全面认识和深刻理解，高校参与创业教育的积极性较为欠缺。例如，有的高校将创业教育理解为举办一些创业类学科竞赛或开展几项创业类的校园文化活动，创业教育与学校的整体育人工作存在严重的分离现象，对于创业教育工作的长远发展非常不利。近年来，随着国家的大力倡导，创新创业理念在全社会获得了广泛普及，各级各类高等学校的管理者逐渐认识到了创业精神在人才综合素质结构中的重要地位，开始着力推进创业教育与学校整体育人工作相结合，取得了显著的创业教育效果。“高校主导式”创业精神培育模式有利于发挥高等学校的主导性作用，推动高校成为创业精神培育的“主角”。从实践来看，将创业教育有效纳入高等学校人才培养模式改革的整体工作中已经成为国内各个高校开展创新型人才培养模式改革的主要方向，为大学生创业精神培育的有效开展奠定了坚实的基础。尤其是随着“创业型大学”理念的提出和普及，大学生创业精神培育工作将在高校整体教育工作中占有更加重要的位置。因此，我国高校要深刻认识这一变化，积极采取实际行动，才能在教育领域的激烈竞争中立于不败之地。

二是突出强调专业教育对于创业精神培育的重要意义。从创业活动的发展趋势看，当前已经进入到知识创业和科技创业的新阶段。从实践看，当前的大多数创业成功案例均与互联网、IT 等信息技术密切相关，传统的创业形式正在被知识型和机会型创业所取缔，以大学生为代表的新兴知识精英群体正在成为创新创业的生力军。作为新时代的大学生，他们在创新创业中的最大优势在于专业优势，没有专业学习和专业知识作为依托，他们就失去了竞争优势。因此，当代大学生要想在创业活动中走得更远，就必须要在专业知识的学习上下真功夫，学真本领，只有这样，才能在创新创业的道路上走得更远、更扎实。从这个角度讲，培养大学生的创业精神要以帮助他们掌握扎实的创业知识和技能为基础，专业教育的好坏对于创业精神的形成具有重要影响。基于这一认识，部分高校将创业教育与专业教育进行紧密结合，积极推进基于专业的创业教育教学，为大学生创业精神的培养注入了不竭的动力。由于高校教育教学的主要渠道是专业教学，大学生的主要任务是专业学习，因此，提倡基于专业教育的创业教育成为当前大学生创业的一个主流方向。基于这一认识，“高校主导式”创业精神培育模式重在发挥专业教育教学在大学生创业精神培育中的关键性作用，通过鼓励学生加强专业知识学习、在课程教学中渗透创业理念以及鼓励师生同创等方式推进创业教育与专业教育的有机融合，提高大学生创业的实际效果。在这一过程中，学生不仅学到了扎实的专业知识，而且能够将所学知识进行应用，对于培养大学生的创业精神和创业意识非常有帮助。从这个角度说，“专业 + 创业”是大学生创业区别于一般人员创业的显著特征，提倡基于专业教育的创业教育是高校创业教育区别于其他类型创业教育的主要特点。

三是强化师资与课程建设在大学生创业精神培育中的核心地位。基于教师在教育教学中的主导性地位，“高校主导式”创业精神培育模式高度重视创业师资与创业课程建设，将其作为培养大学生创业精神和创业意识的主要举措，既增强了创业的规范性，又提升了创业教育在高校整体教育体系中的地位，为大学生创业精神的培育提供了可靠保障。例如，一些高校积极探索开设具有层次性的创业教育课程，通过在低年级设置创业通识课、高年级设置创业指导课等方式进行创业意识和创业方法教学，有效提升了大学生的创业精神和创业意识；还有一些学校注重充分调动专业课教师参与指导大学生创业的积极性，通过将专业教学与创业教育相结合，既提高了创业教育的专业性，也提高了专业知识的应用性，对于培养学生的创业精神和创业意识非常有帮助。总之，作为高校教育教学工作的重要组成部分，大学生创业精神培育需要通过正式的课堂教学来进行，这一思想已经成为高校创业教育工作者的基本共识。

（三）清华大学的创业精神培育实践

作为国内开展创业教育最早的高校，清华大学在创业教育理论与实践两方面均进行了深入探索，积累了许多成功经验。以培养大学生的创业精神和创业意识为目标，清华大学在创业教育工作中致力于发挥学校在推进创业教育工作中的主导性作用，将创意教育、创新教育与创业教育进行深度融合，有效培养了大学生的创新精神和创业意识。早在 2002 年创业教育试点工作启动之初，清华大学等试点高校就提出，创业教育是素质教育的一个重要方面，要贯穿于高等教育教学及课外活动之中。在科学的工作理念指导下，清华大学以举办大学生创业计划大赛为起点，在深化创业教育改革、培养高素质创新型人才方面进行了许多创新和尝试，取得了显著的发展成果。

从教育理念上看，清华大学提倡以学校为主导，统筹推进创业教育的全过程育人、全方位育人。清华大学高度重视创业教育的人本性和教育性特征，将学校创业教育工作的理念设定为："培养大学生的创业精神和创业意识，注重培养素质全面、知行统一的复合型人才。"① 这一发展理念着眼于促进人的全面成长成才，紧跟时代发展潮流，既明确了创业教育的根本价值和任务，又契合了社会发展对于高素质创新型人才的迫切需求，为创业教育的科学发展指明了方向。以此为基础，清华大学致力于推动创业教育与学校整体教育工作的结合，形成了"三创融合""一体两翼"的创业教育工作模式。其中，"三创融合"是指基于高校所具有的人才培养、科学研究、社会服务和文化传承的核心功能，将大学生创业教育与高校人才培养紧密结合，形成"创意—创新—创业"三位一体的创业教育链条，促进创业教育工作的不断深化；所谓"一体两翼"是指围绕学校创业教育工作的开展，将"学生双创"和"教师双创"进行有机结合，形成良性互动，在促进创业教育的同时提升教师参与创新创业的积极性，助推学校整体育人工作的深入发展。清华大学的创业精神培育模式如图 9 所示。

① 王占仁．中国创新创业教育史 [M]．北京：社会科学文献出版社，2016：104．

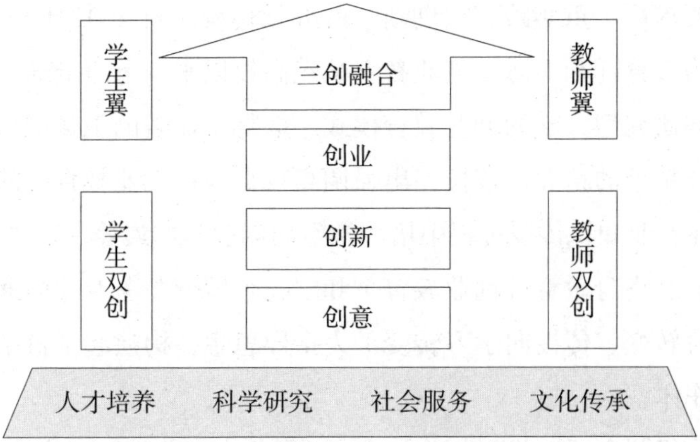

图 9 清华大学“三创融合”创业精神培育模式示意图

在师资课程建设方面，清华大学高度重视创业教育课程的开发与建设，以促进创业教育融入整体教育教学工作之中。早在 1996 年，经济管理学院雷家骕教授就开设了首门创新创业课程“技术创新与制度创新”。2007 年，学校开设的“创业管理”被评为北京市和国家精品课程。2010 年，受教育部高教司委托，清华大学又参与编写了“大学生创业教育基本要求”和“创业基础（通识课）教学大纲”。截至 2016 年，该校共面向本科生开设创新创业课程 37 门，面向研究生开设相关课程 105 门，初步建成了结构合理、内容完善的创业教育课程体系，为大学生创业精神培育打下了坚实基础。在实践平台搭建方面，清华大学以学校的各类优质教育资源为依托，推动形成各类资源的合作，搭建了各类实体或虚拟的创业实践平台。据统计，清华大学目前已经有多个创业孵化器建成并投入使用，主要有启迪之星孵化器、清华 x-lab（Tsinghua x-lab）以及创客空间（i.Center）等。与此同时，清华大学还积极开展各类创业计划大赛、创业类校园文化活动以及创业项目路演等，为大学生创业精神培育搭建了广阔的平台。值得一提的是，清华大学在国内最早开设了创业计划大赛，目前这一赛事已经发展成为影响全国的“挑战杯”全国大学生创业计划大赛。

（四）上海交通大学的创业精神培育实践

上海交通大学是一所具有强烈创新创业基因的学校，有着“起点高、基础厚、要求严、重实践、求创新”的办学传统。自 2002 年和 2009 年分别被确立为教育部和上海市创业教育试点高校以来，上海交通大学矢志不移探索构建研究型大学的创业教育模式，取得了显著的工作成效。着眼于大学生创业精神的培养，该校突出强调高校自身在创业教育中的主导性地位，注重在专业知识传授过程中培养学生的创业基本素养，以“三个基点”（素质教育、终身教育、创业教育）和“三个转变”（专才向通才转变，教学向教育转变、传授向学习转变）为指导思想，构建起了科学的创业精神培育工作体系。

在工作机制方面，上海交通大学成立了负责创业教育工作的创业学院，完善了创业教育的组织机构。该校创业学院的运行采用“无形学院，有形运作”的模式①，提高了创业精神培育工作的规范性。所谓“无形学院”指的是成立创业学院但不增设办公场地和人员编制，创业学院由学校党委副书记任院长、分管教学副校长任教学指导委员会主任，相关职能部门负责人任副院长；“有形运作”则是指将创业教育渗透于学校教育教学的全方面、全过程，突出各个职能部门的创业教育主体责任，提高全校各部门参与创业教育的积极性。在治理结构上，创业学院实行理事会领导下的院长负责制，并设立发展咨询委员会和教学指导委员会来辅助创业学院的科学发展。创业学院的学生虽然来自各个学院，但并不涉及学籍调整，使得创业学院和各个专业学院的关系成为一种“互利共赢”的关系，理顺了工作关系，明确了工作职责，促进了创业教育工作的深入发展。上海交通大学创业学院的治理结构如图 10 所示。

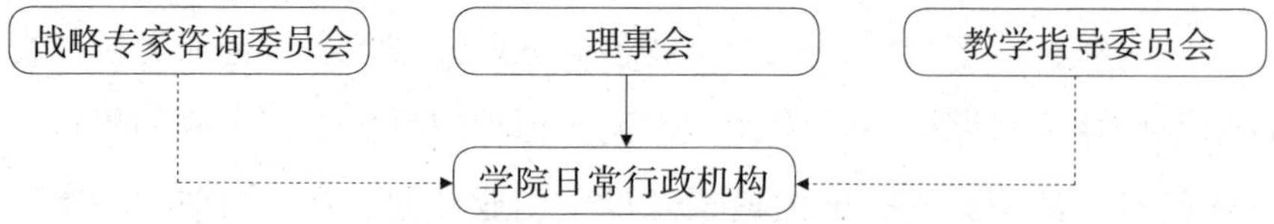

图 10　上海交通大学创业学院治理结构示意图

① 朱健．以创业精神推进高校创业教育[J]．思想理论教育，2015（4）：87-90．

在教学组织形式上，上海交通大学始终坚持“面上覆盖 + 点上突破”的策略。一是注重通过开设创业通识课、举办创业大赛等方式提升全体大学生的创业精神和创业意识，如在全校范围内开设“创新与创业大讲堂”，以大班讲授、小班辅导以及模拟训练等形式培养学生的创业精神和创业意识；同时，学校又注重筛选有强烈创业愿望的大学生进行重点扶持，为他们配备创业导师并进行精心辅导，辅之以创业苗圃孵化措施和一定的资金支持，助力学生实现创业愿望。这一“点面结合”的做法对于推动学校创业教育深入发展、提高学生的创新精神和创业意识具有重要作用。在教学方法方面，上海交通大学采取集中学习和企业考察相结合的形式开展创业教育，相关工作注重探究式、启发式和体验式学习，将创新创业变成大学生自我成长的内在诉求，有效提高了大学生的创业综合素质。

此外，上海交通大学还非常注重建设大学生创业精神培育的实践平台，借助上海作为国际化大都市的地理优势和区位优势，上海交通大学致力于将创业教育与城市经济社会发展相结合，通过在校内建立“创业苗圃”、与校外机构联合建立创业实训平台等方式，为大学生创业精神与创业意识的养成提供了良好的训练平台。此外，为了配合高校创业教育工作的开展，上海交通大学还积极落实创新创业的资金支持，利用“苗圃基金（前端）—上海市科技创业基金会等（中端）—各类社会风险投资（后端）”的模式，为大学生创业精神培育工作的开展提供充足的资金保障。

二、“产教融合式”创业精神培育模式

（一）模式概述

在大学生创业精神培育工作中，地方企业扮演着不可或缺的重要角色。从发达国家开展创业教育的经验来看，要增强创业教育的针对性和实效性，深入培养大学生的创业精神和创业意识，就必须要将创业教育与地方产业发展进行紧密结合。基于这一认识，我国部分地区和高校充分发掘地方资源对于大学生创业精神培养的价值，探索了“产教融合式”的创业精神培育模式。所谓“产教融合式”创业精神培育模式，是指以高校和当地企业

为教育主体、以深化高校创业教育与地方产业的深度融合为主要方式、以有效增强大学生的创新意识与创业精神为教育目标的工作模式。与“高校主导式”创业精神培育模式相比，“产教融合式”模式更加注重深化高校与企业之间的联系，将企业文化有效融入学校创业教育教学工作之中，通过联合制定人才培养方案、邀请企业负责人担任创业导师以及推荐学生到企业实习实训等方式，既为企业提供了有力的人力资源保障，又提升了大学生创业精神和创业意识的培养效果。

这一模式中，“产教融合”是专业、产业、企业以及政府四类要素的深度对接，既注重发挥好学校培养人才对地方经济社会发展的人力资源作用，同时又将地方企业的优势教育资源引入高校，将其作为高校大学生创业精神培育工作深入发展的重要保障，促进校企之间的互利共赢。相较于传统意义上的“校企合作”教育模式，“产教融合式”创业精神培育模式在合作形式、合作深度以及合作质量等方面都有了全面的升级，联合培养人才的质量和效益更高，对大学生创新精神、实践能力等具有重要的促进作用。基于我国各个地区在经济社会发展中的多样性和差异性特征，“产教融合式”创业精神培育模式正在成为许多地方高校探索高校人才培养模式改革、提升学校人才培养质量的重要路径。

（二）主要特点

一是注重挖掘和凝练各个地区的创业型文化优势资源。大学生创业精神的养成与其所处区域的经济社会发展紧密联系，区域经济特点对于培养大学生的创业兴趣、提升创业意向等具有重要作用。“产教融合式”创业精神培育模式重在凝练区域创业文化、挖掘和利用企业的资源优势，对于提升创业教育质量、培养大学生创业精神具有重要作用。例如，温州市是浙江省省辖地级市，同时是我国东南地区的重要经济城市。由于历史上曾经受到永嘉学派[①]的深刻影响，温州早在宋代就已经形成了“经

① “永嘉学派”是指南宋时期在浙江温州地区形成的一个儒家学派，提倡“事功”思想，主张“经世致用，义利并举”.

世致用”“敢为人先”的区域商业文化和“吃苦耐劳”的创业精神，温州区域文化中具有强烈的“创业文化基因”[①]，这些精神文化深深影响着温州人的行事风格与做事特点。改革开放以来，在国家政策的鼓励下，温州区域商业文化的基因得到了重新恢复和发展，形成了“人人讲创业、个个想当老板”的创业精神。再加上温州当地中小企业多的特点，许多中小企业创业者的成功在当地社会树立了正面榜样，使得更多的社会优秀人士愿意选择自主创业，这一地域商业传统不仅影响到当地的各类企业和相关从业人员，还对当地高校创业教育工作带来了积极影响。有调查显示，温州大学生具有较为浓厚的创业意识，“约有 83% 的大学生表示会考虑创业，9% 的大学生会选择出国创业”[②]。作为创业型经济发展和大学生创业教育改革的示范地区，以温州市为代表的江浙地区在推进高校创业教育、培养大学生创业精神培育方面的做法对其他地区高校具有较强的参考价值。

二是重视高校与地方企业联合开展大学生创业精神培育工作。作为一种实践性、创新性强的教育实践活动，大学生创业精神的形成离不开对于创业实践问题的高度关注和深度参与。因此，各个高校的大学生创业精神培育工作必然要依托于所在地区的经济产业和社会产业。“产教融合式”创业精神培育模式高度重视校企、校地之间的融合对接，发挥高校与企业两类教育要素在培养大学生创业精神和创业意识中的合力。例如，温州地区高校普遍重视结合区域特点和高校自身特点制定人才培养方案，凝练创业教育的学校特色，强化人才培养效果。同时，学校还结合办学特点探索了“以岗位创业为导向”的创新创业教育新理念，将岗位创业理念发展为“为个体或团队在就业工作岗位上进行创新活动”与体现企业家精神的过程。为此，温州大学构建了一个“全校层面—专业层面—试点班层面”逐层递

① 谢志远．大学生创业教育本土化的探索与实践 [M]．杭州：浙江大学出版社，2011：20.

② 谢志远．大学生创业教育本土化的探索与实践 [M]．杭州：浙江大学出版社，2011：30.

进的岗位创业教育新体系。在这一基础上，温州大学正在着眼于建设具有明显区域特点的高水平创业型大学，其结合区域特点开展创新创业教育的探索对其他同类高校具有重要的借鉴意义。正如温州大学前校长李校堃在谈到学校创业教育工作的目标时提到的那样：我们学校“创业教育也不一定就是要开公司，最根本的是培养学生的社会责任感，培养学生的创业精神”[①]。

三是突出实践教学在大学生创业精神培育中的重要意义。创业精神培育的一个显著特征在于其实践性，基于这一特性，国家在制定创业教育相关政策时明确提出了强化创业实践的工作要求。例如，教育部颁发的《普通本科学校创业教育教学基本要求》（教高厅〔2012〕4号）就明确要求：“加大实践教学比重，丰富实践教学内容，改进实践教学方法，激励学生创业实践，增强创业教育教学的开放性、互动性和实效性。”[②]在这一政策的指引下，“产教融合式”创业精神培育模式倡导积极搭建创业实践平台、开展实践教育。由此可见，“产教融合式”创业精神培育模式重视实践教学在培养大学生创业精神中的作用，认为大学生创业精神和创业意识的培养归根结底不是“教”出来的，而是“练”出来的，以“练”促教、以“练”促学成为其鲜明特征。例如，在我国江浙地区，有专家形象地将当地商人的成功比喻为“‘三无’起步、‘五低’起飞”[③]，说的就是当地的大学生创业实践和创业教育更加贴近于实际、更加强调实践的重要性。所谓“三无”指的是无资金、无技术、无市场，所谓“五低”则是指起点低、知名度低、文化程度低、企业组织形式低以及产业层次低，这体现了当地人“重视实践、以实践促学习”的传统。基于当地独特的创业精神和创业文化，江浙地区的大学生创业实践带有明显的“草根创业”

---

① 张力玮，郭伟，李鹏．发挥自身特色，对接国家战略，打造创业型大学[J]．世界教育信息，2017（5）：15-19.

② 教育部．普通本科学校创业教育教学基本要求（试行）（教高厅〔2012〕4号）．2012-08-01.

③ 谢志远．大学生创业教育本土化的探索与实践[M]．杭州：浙江大学出版社，2011：40.

的特点，当地在大学生创业精神培育中的积极探索对于其他地区高校具有重要的借鉴意义。

（三）温州大学的创业精神培育实践

作为温州的一所地方高校，温州大学非常注重将育人工作与当地产业发展进行深度融合，在办学中积极倡导“秉承温州精神、开展创业教育、培养创业人才”的办学特色，形成了以“岗位创业”为导向的高校创业教育新模式。有报道显示，学校于 2001 年始开展创业教育工作，经过 15 年的发展，形成了“专业创业工作室—学院创业中心—学校创业园区—社会创业平台”四级创业项目孵化体系，并把培养大学生的创业精神和创业意识有效地融入学校的日常教育教学工作之中，其特色鲜明的创业精神培育模式形成了区域性乃至全国性的示范性影响。

在教育指导思想上，温州大学积极提倡结合学校的办学实际开展创业教育，将培养大学生的创业精神与创业意识与地方企业的发展进行对接与融合。在制定和修订学校的人才培养方案时，温州大学倡导培养能创业、懂管理的复合型人才，通过教师资源整合、课程资源整合以及教育方法整合等方式开展创业教育，实现了创业精神培育的全覆盖。

在课程建设上，温州大学非常注重结合地方企业的特点开发各类创业教育课程，将学校课程建设与企业项目建设进行有效对接，将项目研发与课程教学相结合，打造同时体现学校特色和地域特色的创业课程体系。在学校的大力倡导下，全校老师积极参加到大学生创业教育工作当中，学校同时开设了 50 余门创业教育的公共选修课，并辅之以《大学生创业基础》等配套教材，形成了特色鲜明的创业教育课程体系；在工作机制上，温州大学注重建立跨院系、跨专业的工作机制，通过制定激励措施、与教师职务评聘相挂钩等方式凝聚全校教师参与创新创业教育的积极性，形成全员育人的良好格局。与此同时，学校还结合温州地方经济的特点开设了“3+1 创业精英班”，大学生用三年时间在校内学习专业知识，1 年时间到企业参加实习。这一人才培养模式的创新性探索非常符合温州当地的教育实际，有力推动了大学生创业精神培育工作的开展。

此外，温州大学高度重视将人才培养与地方产业进行深度对接，通过与当地企业深度联合对接来培养大学生的创业精神和创业意识。温州大学创业中心现有蓝蜗牛设计工作室、“印”鞋样工作室、“0+1”大学生创业工作室、“百分百”学生创业工作室等10余个学生创业工作室，这些工作室均是结合当地服装制造、鞋业制造等产业特点而设立的，诸如红蜻蜓集团、奥康集团以及大虎打火机厂等一批知名企业的创始人担任工作室的“创业导师”，以自身实际经历向大学生传授创业经验，为大学生创业答疑解惑，对于培养大学生的创业精神和创业意识具有极大的帮助作用。此外，红蜻蜓集团董事长钱金波还出资100万元设立了“红蜻蜓创新创业基金”，用于对创业优秀的大学生创业团队进行奖励。温州大学在创业教育方面的开拓性工作受到了校内外各界充分肯定。据第三方评估机构“创业时代网”2016年公布的数据，温州大学的创业教育指数位列全国高校第11位①，学校大学生创业积极性和创业成效突出。基于此，学校获得了“首批全国高校创新创业50强”和“全国首批深化创新创业教育改革示范高校”等荣誉。还有调查显示，80%以上的校友认为温州大学不仅传授了知识，更重要的是让自己学会了独立开拓的能力和经商意识，校友们无不认为在温州就学期间感受到的商业气息和浓厚的经商氛围对自己的人生发展具有深远影响。②

（四）义乌工商职业技术学院的创业精神培育实践

义乌市是浙江省金华市下辖的县级市，是我国唯一一个县级市国家级综合改革试点城市。踏着改革开放的时代鼓点，“去年总盼今年好，今年

① 大众网．创业与专业深度融合，温州大学创业教育独树一帜[EB/OL]．［2016-11-30］http://edu.dzwww.com/dzjyxw/redian/201611/t20161130_15218816.html.

② 谢志远．大学生创业教育本土化的探索与实践[M]．杭州：浙江大学出版社，2011：30.

又是破棉袄”的义乌人开始了走南闯北的“鸡毛换糖”[①]之路。经过短短40年的发展，义乌已经成为享誉全国甚至享誉世界的“小商品之都”和国际贸易综合改革示范区。近年来，义乌市在电子商务、小商品交易以及互联网零售方面取得了不俗的发展成绩，相关数据均高于区域内其他市县的平均发展水平。[②]习近平总书记将义乌市的发展形象地概括为“莫名其妙、无中生有、点石成金”。

义乌工商职业技术学院是位于浙江省义乌市的特色性省属高等职业院校，其前身是创办于1993年的杭州大学义乌分校。该校秉承“尚德崇文·创业立身”[③]的校训精神，在深入推进大学生创业精神培育工作中走在了全国高等职业院校的前列。基于其在创新型人才培养工作中积极探索，学校先后被评为“全国高校实践育人创新创业基地”“浙江省首批创业型大学建设试点高校”等，开创了一条“以‘创’立校”的特色办学之路。作为一所地方性职业院校，义乌工商职业技术学院紧密结合义乌市当地的经济产业发展实际，充分发挥义乌市作为小商品集散地的产业优势，探索了“教学—科研—创业”三位一体的工作模式，对于高等职业院校探索大学生创业精神培育的新路径起到了重要的带头作用。

在人才培养方案制定上，义乌工商职业技术学院注重将企业典型案例与教材编写、课堂教学等工作进行紧密结合，与企业共同制定人才培养计划，开展校企联合培养。在大学四年期间，学生有1/4的受教育时间是在企业度过的，教学内容完全按照企业生产要求进行安排，学生本人则具有学生、企业员工和创业者的三重身份，对于培养学生创新创业意识与实践

---

① “鸡毛换糖”是指在物资匮缺的年代，小商小贩走南闯北走街串巷，以红糖、草纸等低廉物品换取居民家中的鸡毛等废品以获取微利。最早的鸡毛换糖，形成于我国的浙江省义乌地区，而最终，这一行为对地区经济和发展的促进作用得到认可，并发挥出巨大的积极作用.

② 人民网. 改革开放四十年，义乌何以能C位出道[EB/OL]. [2018-11-09] http://www.people.com.cn/n1/2018/1109/c32306-30392399.html.

③ 义乌工商职业技术学院校园网. 学校简介[EB/OL]. [2019-03-01] http://www.ywicc.edu.cn/xxgk1/xxjj.htm.

能力起着重要作用；在工作机制上，该校于 2008 年在全省率先成立了创业学院，开设电子商务创业班、“创二代实验班”、“速卖通创业班”等，并设立 12800 平方米的创业园和 30 余个创业实践基地，形成了教学、孵化、仓储、物流、金融服务、企业注册一站式服务体系，为学生开展创业活动搭建了良好的实践平台；在师资队伍建设上，该校注重打造具备教学能力和创业能力的“双师型”队伍，同时聘请企业技术骨干担任校内兼职创业导师，促进了专职教师与兼职教育的互动学习、共同进步。此外，基于义乌市商业国际化程度较高的特点，义乌工商职业技术学院还针对国外留学生开设了中欧（西班牙）跨境电子商务培训学院、中西跨境电子商务培训基地等机构，提升了大学生参与创新创业的国际化视野。

基于上述工作，义乌工商职业技术学院在深入推进创业教育、培养大学生创业精神方面取得了多项工作成绩。据统计，该校每年有近 20% 的在校生投身创新创业实践活动，应届生自主创业率稳定在 10% 以上，居全省高校首位。在不断凝练办学特色和办学优势的同时，学校创业教育有力地推动了义乌市电商产业的规模化、集群化发展，促进了当地经济的深入发展。2014 年底，李克强总理来到有“网店第一村”之称的青岩刘村考察，鼓励当地大学生既当就业者又当创业者，未来还要成为“大掌柜”，肯定了当地在大学生创业教育方面的有益探索。以义乌工商职业技术学院为代表的江浙地区高校在探索产教深度融合、培养大学生创业精神与创业能力方面的做法值得深入分析和推广。

三、“内合外联式”创业精神培育模式

（一）模式概述

从系统论的角度看，大学生创业精神培育是一个处于动态变化中的开放型教育系统，相关工作的深入推进需要政府、高校、企业、科研院所以及家庭等诸多要素的共同参与，各系统要素之间的分工合作与良性互动对于提升大学生创业精神和创业意识具有重要意义。正如有的学者认为的那样：“高校创业教育结构的变化往往来自于外界环境对高等教育提出新的

要求以及出自于高等教育功能的自动选择”①。因此，着眼于大学生创业精神与创业意识的培养，要积极构建由高校、政府、企业、科研院所以及其他社会力量共同参与的教育模式。

有学者从生态学的角度对高校创业教育工作进行了深入分析，认为创业精神培育是一个结构完善的生态系统，而高校、政府、企业等都是这个系统不可缺少的生态因子，大学生创业精神培育的深入推进得益于这些生态因子之间的积极协作与良性互动。在此基础上，该学者提出了“内合外联式”高校创业教育生态系统②的概念。其中，“内合”是指通过打通校内各个部门、各类资源之间的壁垒、加强校内各类资源的有效整合，以统一思想、优化结构、有效衔接，从而提高创业教育的针对性和实效性；而所谓“外联”则是指加强政府、社会、企业与高校在政策、资金、技术与服务等方面的强强联合，加强校内与校外之间教育资源之间的互联互通，为培养大学生的创业精神提供有力保障。在这一模式中，高校、国家、社会与企业分别扮演培育主体、主导力量、环境保障以及辅助力量的角色，四方面力量强强联合，共同推动创业教育的升级发展。

作为一种理想化的创业教育模式，“内合外联式”创业精神培育模式既注重整合校内的各种教育资源，发挥高校的教育合力，同时又积极推进学校与各类校外资源的互动交流，将校外的优质教育资源有效地吸引到学校里来，从而为大学生创业精神的养成注入了内外两种动力。从这一点说，“内合外联式”创业精神培育模式是大学生创业精神培育的理想化模式，在理念上具有高度的前瞻性和创新性，应引起创业教育理论工作者和实践工作者的高度重视。“内合外联式”创业精神培育模式的运行机制如图 11 所示。

---

① 李忠双．系统论视角下美国高校创业教育发展动力分析 [J]．东北师大学报，2017（5）：197-202．

② 陈静，王占仁．“内合外联”式高校创业教育生态系统构建研究 [J]．学校党建与思想教育，2017（04）：71-74．

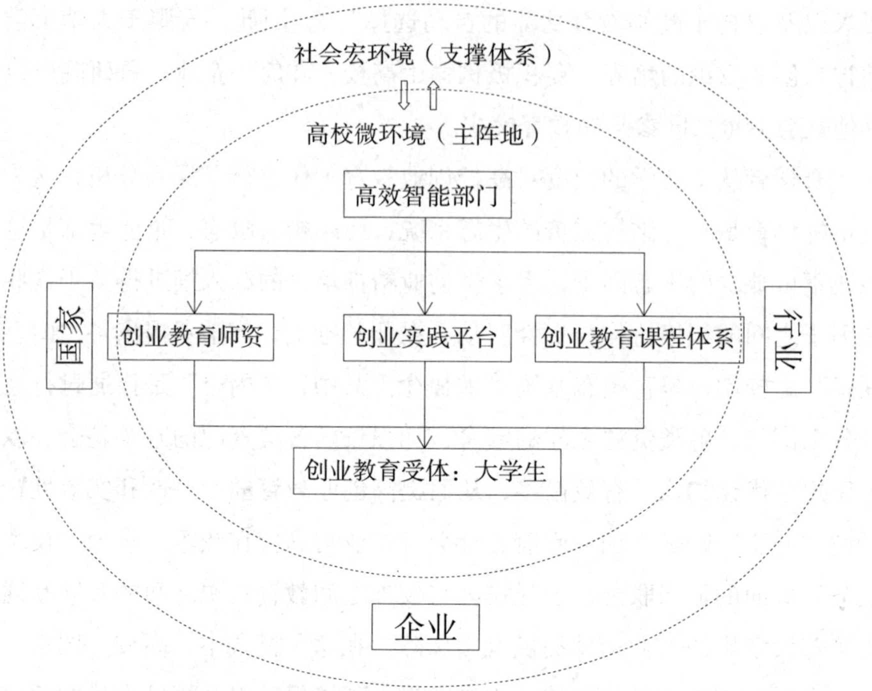

图 11 “内合外联式”创业精神培育模式运行机制示意图①

（二）主要特点

一是强调各类教育要素共同参与大学生创业精神培育工作。按照“内合外联式”创业精神培育模式的理念，大学生创业精神培育工作是一项需要政府、高校、社会与企业全员参与的创新型实践活动，各种教育力量共同构成了培养大学生创业精神和创业意识的教育生态系统。这一生态系统中，高校担负着完善管理机制、开展课程教学和实践训练以及进行创业项目的遴选等功能，国家提供政策和制度支撑，企业提供资金支持和孵化平台支持，社会提供文化支持和公共服务支持，四类要素协同互通、同向同行，共同推动大学生创业精神培育工作的深入开展。从这个角度看，“内合外联式”创业精神培育模式的重要特征在于从内部和外部两个层面联合推进创业精神培育工作的开展，既重视工作的完整性又重视工作的层次性，

① 陈静．高校主导型创业教育生态系统构建研究[D]．长春：东北师范大学，2017：91．

以有效提升创业教育的质量，助力大学生创业精神和创业意识的培养。基于这一特点，“内合外联式”创业精神培育模式成为指导大学生创业精神培育工作开展的理想化工作模式，对于培养大学生的创业精神和创业意识具有重要意义。

二是强调创业精神培育工作要面向全体并且贯穿人才培养全过程。在2002年创业教育试点之初，“面向全体”和“贯穿全程”的理念还没有被提出，许多高校还只是将创业教育作为正式教育教学体系的“有益补充”。为了进一步探索创业教育的新模式和新方法，教育部于2008年立项建设了30个创新与创业教育类人才培养模式创新实验区（以下简称“实验区”），促使高校创业教育工作全面深入地推进。在实验区建设的过程中，20所典型高校通过将创业教育理念融入学生培养各个环节的做法，践行了创业教育“贯穿人才培养全过程”的理念。2010年以后，国家逐渐意识到开展规范化创业教育教学的重要性，提出“创新创业教育要面向全体学生，融入人才培养全过程”①，并且明确要求“把创业教育融入人才培养体系，贯穿人才培养全过程，面向全体学生广泛、系统开展”②。同时提出了创业教育“面向全体、注重引导、广谱施教、结合专业、强化实践”的五条教学原则。这一科学的发展理念有效凝聚了校内各类教育资源的合力，高校的创业教育主导性地位越来越突出，“内合”力量愈加凸显。

三是强调以开放理念推进大学生创业精神培育。创新创业型人才需求是在社会主义市场经济的背景下产生的，这是传统教育模式所未曾预料的。传统教育在管理制度、课程教学、师资管理以及教育教学资源配备等方面具有明显的封闭性特征，学校和教师往往被动参与教学和学习，难以获得真正的参与感和成就感，从而丧失了积极性和主动性。例如，在传统教育模式中，学校的教育教学过程重视学校的主体性与主动性，而忽略了学生

① 教育部．关于大力推进高等学校创新创业教育和大学生自主创业工作的意见（教办〔2010〕3号）．2010-05-04.

② 教育部．普通本科学校创业教育教学基本要求（试行）（教高厅〔2012〕4号）．2012-08-01.

的参与性，从而导致教师和学生参与教育教学改革的积极性较低，影响了教育教学效果的提升。在此背景下，需要积极探索开放型的教育改革模式，吸纳学生和教师积极参与教育教学改革。作为高等教育生态系统的一部分，创业教育生态系统旨在实现创业教育内部各要素之间以及内部要素与外部要素之间的互动，进而推动创业教育成为一个开放性的育人系统。推进创业教育工作，既要加强高校内部之间各类教育资源的开放共享，形成教学、科研、学生管理以及后勤等各方面的教育合力，同时又要博采众长，吸纳政府、企业、科研院所、家庭、社会公益组织以及其他社会力量的全面参与，这体现了创业教育的开放性特征。基于这一认识，“内合外联式”创业教育模式重视打造开放型的创业教育生态系统，将这一系统的良性循环建立在内部各要素之间的良性互动以及外部各类教育要素的深度参与、互利共赢基础之上。

（三）黑龙江大学的大学生创业精神培育实践

2002 年，教育部在 9 所高校 [①] 开展创业教育试点工作，标志着中国高校创业教育从自发探索阶段向政府引导下的多元发展阶段迈进。在此背景下，地处我国东北的黑龙江大学以其鲜明的办学特色、超前的创新意识被列入试点高校之列。作为黑龙江省的一所重点综合性大学，黑龙江大学很早就提出了要在全校范围内开展创业教育的工作设想，坚持“面向全体、基于专业、分类教学、强化实践”的“融入式”的创业教育理念，以“提升学生的社会责任感、创新精神和创业意识”为核心，促进了创业教育与思想政治教育、专业教育以及就业教育等的深入融合，在培养既具有创业精神又具有扎实学识的高素质复合型人才工作中走在了前列。学校先后出台了《黑龙江大学深化“融入式”创新创业教育和大学生自主创业工作实施方案》《黑龙江大学创业教育教学基本要求》等各类创业教育规章制度 58 项，有力提升了大学生的创业精神和创业意识。

---

①9 所试点高校分别是清华大学、北京航空航天大学、中国人民大学、上海交通大学、西安交通大学、武汉大学、黑龙江大学、南京财经大学以及西北工业大学.

第一，黑龙江大学高度重视各部门之间的分工协作，建设运行有效的工作机制。为了形成开展创业精神培育的工作合力，黑龙江大学于 2002 年成立了专门的创业教育学院。作为创业教育试点高校进行建设的时期，为了统筹推进创业教育的发展，学校又专门成立了创业教育领导小组、创业教育教学指导委员会以及创业教育协调委员会等组织机构，形成了创业、招生与就业、教务、学生工作、团委以及财务等部门齐抓共管的工作格局，凝聚校内“合力”以共同推动创业教育工作的开展。在该校的创业教育内部工作体系中，创业教育领导小组负责学校创业教育的重大决策；创业教育教学指导委员会和协调委员会负责教育教学过程中的工作指导与协调；各个学院则通过开设创业课程深度参与到学校的创新创业教育工作之中。黑龙江大学通过设立专业性的创业教育机构，提高了学校创业教育的管理水平、工作效率和工作质量。

第二，黑龙江大学重视创业教育与专业教育的深度融合。学校明确提出了“专业 + 特色”的培养目标，设定了“培养宽口径、厚基础、复合型、应用型和具有国际竞争力人才”的培养目标。黑龙江大学认识到，培育大学生的创新精神和创业意识不能仅仅依靠一门或几门独立的教学课程来实现，而应设置具有一定层次结构和逻辑关系的“模块化”课程，依据不同学生群体的特点和需要实施课程模块组合，从而开展具有针对性的创业教育。在这一理念指导下，学校重点开设了体现创业实务和创业实践能力培养为主的课程，着力培养大学生关于创业的基本概念和基础认知，教给他们创新创业的相关知识与技巧，并以此为基础来培育大学生的创业精神和创业意识。同时，黑龙江大学还探索建立了“三创”课程群，包括创业教育、就业教育以及证书教育三大模块，模块下又包含各类课程体系，这一设计不仅实现了创业教育课程的模块化，还使得创业教育与就业教育、证书教育和第二学位教育有机结合起来。

第三，黑龙江大学注重指导学生开展“一体化”的创业实践。还注重鼓励学生开展“创意—创新—创业”的一体化创业教育实践。作为试点高校建设期间，黑龙江大学提出坚持在完善素质教育的体系中推进创业教育，从专业教学和创业实践入手，把创业教育视作素质教育的新境界。除了系统化的创业教育课程教学以外，黑龙江大学还探索建设了形式各样的创新创业实践平台，提倡学生将理论知识与实践相结合，形成了“创新创业项目研究 + 创业实践基地 + 创业竞赛实训”三级联动的创业教育实践体系。其中，该校的创业项目研究注重发挥各院系在专业实践教学方面的特色，鼓励各院系结合专业特点开展创新型人才培养改革尝试，鼓励教师在专业教学中开展创新创业实践和尝试；创业实践基地侧重于对已经成型的创业项目进行深度打磨，以强化项目的市场应用价值；创业竞赛实训则是通过推进一些优秀项目参加创业比赛，来帮助创业项目与市场进行真正的对接，在应用中检验项目研究的效果。例如，该校已经累计有 6000 余名大学生参与超过 2500 项课题研究，7000 人次参加创新实验项目 896 项[①]。在创业实践基地建设方面，黑龙江大学除了依托专业实验室建立校级创业基地外，还鼓励校内各部门与校外机构建立联合创业实践基地，通过引入外部资金、资源和技术的支持，以弥补学校在资源、资金与技术方面的不足。

（四）东北师范大学的大学生创业精神培育实践

东北师范大学是中国共产党在东北地区创建的一所综合性大学，1996 年 9 月成为首批国家“211 工程”重点建设大学。2017 年 9 月，入选国家“双一流”建设高校。办校 70 多年来，该校坚持发扬优良的革命传统，秉承“勤奋、创新、为人师表”的办学理念和“为基础教育服务”的办学宗旨，为国家培养了一大批综合素质高、业务能力强的新型教育人才，被誉为“人民教师的摇篮”。在国家深入推进创新创业教育改革的背景下，东北师范大学积极修订人才培养方案，按照“尊重的教育，创造的教育”的理念，充分发挥学校在培养教育类创新型人才方面的优势，在创业基础理论研究、创业课程建设以及创业氛围营造等方面做了诸多探索性工作。

首先，东北师范大学在创业教育理论探索方面走在了全国的前列。以

---

① 黄兆信．地方高校创业教育的转型发展——基于两所院校的比较分析 [J]．高等工程教育研究，2014（06）：141-146.

王占仁教授为代表的研究团队在创业教育基本理论、创业教育模式与路径以及创业比较研究等方面进行了许多开拓性的研究，为提升该校大学生创业精神培育工作的科学化水平打下了坚实基础。如王占仁教授近年来致力于创业教育研究，出版了多本与创业教育相关的专题著作。尤其是其率先出版了《中国高校创业教育史》并提出了“广谱式”创业教育的理念，这一研究成果对于国内高校创业教育工作的开展具有重要的指导性意义。按照王占仁教授的观点，“广谱式”创业教育具有“广义”和“普及”两层含义：所谓“广义”，其核心理念是“面向全体、结合专业、融入人才培养全过程”，并且认为创业精神对任何个体都具有重要意义；所谓“普及”，主要指的是创业教育的目标是“全覆盖”“分层次”和“差异化”。一是开展面向全体学生的创业通识教育和启蒙教育，培养全体大学生最基本的创业精神和创业意识；二是结合各个专业特点，引导学生结合专业特长开展“融合式”创新创业教育；三是针对有明确创业愿望的学生开设创业精英班，提升学生的创业实战技能，培养能够市场化的创业成果。

其次，在深入开展创业教育研究基础上，东北师范大学着眼于将“广谱式”创业教育理念贯穿于学校整体工作之中。在工作理念方面，东北师范大学坚持“以提高人才培养质量”为核心，以“面向全体、分类施教、结合专业、强化实践，促进学生全面发展”为工作原则，既从整体上进行顶层设计，又注重分层次、分阶段、分群体具体推进，探索建设了具有学校特色的创业教育体系。基于“广谱式”的创业教育理念，该校探索建设了四个层面的创业教育课程体系：一是通识类课程。这类课程的开设着眼于全体大学生创业基本素质的提升，以培养学生的基本创业精神为目标，将创业的基本理念传递给学生，养成他们的创新意识与创新精神。二是整合类课程。主要是结合专业特点对学生开展有针对性的创业启发教育，引导学生将创业意向与创业想法与专业学习进行深入融合，提倡基于专业开展创业。三是管理类课程。重点是针对高年级毕业生开展的创业导向型课程，主要讲授创业教育管理的基本内容，为有可能在毕业后从事创业实践的大学生打下基础。四是深化型课程。主要是针对部分选择创业的大学生所开设的专业性较强的课程，这些课程在内容方面更深，教学方式也更加灵活多样，重在有针对性地提高大学生的创业实际操作能力。这一课程体系充分体现了分层次、分阶段、分群体推进创业教育工作的特点，既做到创业教育通识教育的“面上覆盖”，又做到对于部分有强烈创业愿望或者已经开始创业学生的分类指导，从而较好地解决了“全覆盖”与“个性化”、“多数”与“少数”、“广谱”与“专业”等要素之间的矛盾，有效提高了创业教育的针对性。

另外，东北师范大学还积极搭建创业教育的各类实践平台，培育优秀创业案例，推广优秀创业成果。除了将学校的各级各类教学实验室向学生开放以外，学校还投资建设了吉林省大学生创业园，率先引进并重点打造了着眼于培养大学生创业精神和创业意识的“领航者创业实训体系”创业教育一体化平台，为大学生创新创业项目的实训提供了良好的实验环境。同时，东北师范大学结合学校创业教育工作实际制定出台了一系列创业教育相关制度和文件，为创新创业实践育人提供了良好的软硬件基础。此外，东北师范大学还定期开展“十大创业先锋”评选活动，在实践创业的校友和创新创业团队的在校生中，着力选拔、培育和打造一批具有典型性的创业实践先锋，推广创业经验，分享创业感受，鼓励具有创业意愿的学生付诸实践。

第三章　我国开展大学生创业精神培育的重要经验

20 世纪 80 年代以来，我国的大学生创业精神培育工作经历了一个从无到有、由表及里、由浅入深的发展演变过程，取得了显著的发展成果。经过探索与实践，目前我国已经初步形成了内容科学、运行有效的大学生创业精神培育工作体系，有效提升了大学生的创新创业综合素质。具体来说，我国在大学生创业精神培育工作中表现出“强化思想引领以注入精神动力”“突出政府主导以形成工作合力”以及“重视文化传承以凸显中国特色”三个方面的特点，这既是我国在长期的创业教育实践中积累下来的宝贵经验，也是推进相关工作进一步发展的重要优势，值得我们认真总结和提炼。

第一节　强化思想引领以注入精神动力

“高等教育担负着培养社会主义建设者和接班人的使命，旗帜问题、方向问题，永远是第一位的。”[①] 作为高等教育的重要组成部分，高校创业教育肩负着培养高素质创新型人才的重要使命，推进创业教育的深入发展要始终不渝地坚持正确的政治方向。20 世纪 80 年代末以来，我国高校创业教育工作之所以能够取得快速而健康的发展，与我们始终坚持以马克

① 冯刚．探索思想政治教育发展的内生动力 [M]．北京：人民出版社，2017：8.

思主义理论作为行动指南紧密相关，与我们始终坚持以中国特色社会主义理论体系为统领紧密相关，也与我们始终坚持以中国传统教育思想与理念作为重要依据紧密相关。

一、坚持以马克思主义相关理论作为行动指南

习近平总书记指出："马克思主义具有鲜明的实践品格，不仅致力于科学'解释世界'，而且致力于积极'改变世界'。在人类思想史上，还没有一种理论像马克思主义那样对人类文明进步产生了如此广泛而巨大的影响。"[①] 与西方资本主义国家相比，我国高等教育事业的发生与发展是建立在马克思主义这一科学理论的指导基础之上的，"马克思主义是我们党高等教育学科创建、理论规制与教学践行的指导思想"[②]，没有马克思主义理论及其中国化的成果作为指导，就不会有中国高等教育的发展与创新，就不会有当前高等教育所取得的丰硕成果，这是我国高等教育事业经过长期探索积累下来的重要经验。

"激发思想政治教育运行过程中的内生动力，实现自身的持续发展，必须要坚持以马克思主义理论特别是马克思主义中国化最新成果为指导"[③]，如果偏离或者放弃了马克思主义的指导地位，思想政治教育将丧失其本质属性和存在意义。作为思想政治教育的重要组成部分，高校创业教育工作的深入开展自然也要坚持马克思主义这一"世界性哲学"的指导地位，主动将马克思主义理论及其中国化的最新成果贯穿于创业教育发生、发展的全过程，体现在大学生创业精神培育理论研究与实践发展的各方面。从这个角度来说，马克思主义相关理论既是创业教育的行动指南，又是创业教育的基本内容，为创业教育的深入发展与大学生创业精神的有效培养

---

① 习近平关于社会主义文化建设论述摘编[M].北京：中央文献出版社，2017：74.

② 沈江平．马克思主义是我国大学最鲜明底色的三重意蕴[J]．思想教育研究，2018（10）：116-119.

③ 冯刚．增强高校思想政治教育持续发展的内生动力[J]．中国高等教育，2013（13/14）：25-29.

提供了不竭的精神动力和智力支持。

从方法论的角度来看，马克思主义理论也对大学生创业精神培育工作具有指导意义。随着我国社会开放性程度越来越高，思想观念多样化、价值追求多元化成为大学生思想状况的重要特征，对于大学生人生观、世界观和价值观的形成产生了重要影响。在这一背景下，大学生容易在纷繁复杂的舆论氛围中丧失自我，以至于不能较好地处理个人与他人、个人与社会以及个人与国家之间的关系，也直接影响了高校创业教育和大学生创业精神培育的效果。从马克思主义唯物辩证法的思想来看，个人与社会之间是一种辩证统一的关系，社会发展来源于个人发展，而个人发展又依托于社会发展所提供的条件与保障，个人发展与社会发展相辅相成，不可分割。将这一分析方法运用到大学生创业精神培育工作之中，我们可以知道，大学生创业的动力和源泉来自社会，而创业目的和归宿最终也要回归于社会，大学生创业实践的发生与发展都不可能脱离社会而独立存在。从这个角度说，大学生创业精神培育要教育学生将个人发展与社会发展进行紧密结合，指导他们更多地基于社会需要来思考个人的创业价值和创业方向。由此可见，马克思主义理论所蕴含的科学的方法论有利于帮助大学生形成正确的人生观、世界观，进而为创业成功打下扎实的基础。着眼于创业教育和大学生创业精神培育的深入发展，我们应当自觉坚持马克思主义，并将其作为创业教育事业发展的重要行动指南，贯彻于大学生创业精神培育的全过程。

二、坚持以中国特色社会主义理论体系为统领

中国特色社会主义理论体系是几代中国共产党人在长期的革命和实践过程中探索出来的集体智慧的结晶，是包括邓小平理论、“三个代表”重要思想以及科学发展观在内的科学理论体系，是对马克思列宁主义、毛泽东思想的继承和发展，对于指导我国各行各业的科学发展具有重要意义。在新的时代背景下，党的十九大又鲜明地提出了习近平新时代中国特色社会主义思想，并把这一思想写入党章，确立为我们党必须长期坚持的指导

思想，“实现了党的指导思想的与时俱进”[①]，这必将对我国各项事业的创新发展提供更加强大的精神动力。

中华人民共和国成立以前，中华民族长期处于水深火热之中，中国经济社会发展远远落后于西方资本主义国家。在此背景下，毛泽东、朱德、周恩来等老一辈无产阶级革命家带领中国人民进行艰苦奋斗，建立了新中国，奠定了中国经济社会发展的重要基础。1978 年以后，邓小平、江泽民、胡锦涛等党和国家领导人又先后带领中国人民进行改革开放、艰苦创业，实现了国家的繁荣富强。十八大以后，以习近平同志为核心的党中央又带领中国人民艰苦奋斗，实现了中国经济社会的跨越式发展，中国正在以昂扬的姿态奔走在“由富到强”的社会主义建设道路上。在这一过程中，我们始终重视指导思想的重要性，将思想建设作为党的建设的重要内容，形成了丰硕的理论成果和宝贵的思想财富。2007 年以来，中国特色社会主义理论体系不断建设完善，成为推动我国经济社会发展、实现国家繁荣富强的重要指导思想。尤其是党的十九大以来，习近平新时代中国特色社会主义思想被写入党章，实现了党的指导思想的又一次与时俱进，必将在全面建设小康社会、实现中华民族伟大复兴的征程中发挥越来越重要的指导作用。

作为马克思主义中国化的最新理论成果，习近平新时代中国特色社会主义思想包含着丰富的开拓进取精神、创新创业精神以及社会责任与担当意识，对于推进高校创业教育和大学生创业精神培育工作的开展具有重要的指导性作用。尤其是在深入推进创新型国家建设的背景下，习近平新时代中国特色社会主义思想对于指导高校创业教育的科学发展、提升大学生创业精神培育的实效性具有极为重要的指导意义。首先，习近平新时代中国特色社会主义思想高度重视创新的重要性。习近平总书记指出：“变革创新是推动人类社会向前发展的根本动力。”[②] 这一观点突出强调变革创

① 中共中央宣传部．习近平新时代中国特色社会主义思想三十讲 [M]. 北京：学习出版社，2018：1.

② 中共中央宣传部．习近平新时代中国特色社会主义思想三十讲 [M]. 北京：学习出版社，2018：96.

新对于人类社会发展的重要作用，彰显了中国共产党人勇于面对问题、积极推进创新的勇气与魄力。其次，习近平新时代中国特色社会主义思想提倡将个人理想融入国家和民族的梦想之中，实现个人梦与国家梦和民族梦的深度融合，这对于提高大学生的社会责任感和民族使命感具有重要作用。此外，习近平新时代中国特色社会主义思想提倡艰苦奋斗的革命精神，强调脚踏实地的实干精神，对于大学生创业精神的培育也具有重要的指导性意义。习近平总书记指出："中国特色社会主义不是从天上掉下来的，是党和人民历尽千辛万苦，付出巨大代价取得的根本成就。"他还说："中华民族伟大复兴，绝不是轻轻松松、敲锣打鼓就能实现的。全党必须准备付出更为艰巨、更为艰苦的努力。"[①] 这一指导思想深深扎根于中国大地，深刻洞察了中华民族和中国人民勤劳朴素与吃苦耐劳的民族特质，对于指导大学生创业精神的养成具有不可替代的重要作用。

三、坚持以中国优秀传统教育思想理念为重要依据

从历史角度看，自从教育实践从劳动实践中独立出来以后，人们关于教育本质、教育内容以及教育方法等的思考就从未停止过，从而产生了各种各样的教育理论体系，成为各个国家开展教育实践的重要依据。基于中国的教育实践，中华大地上也涌现出一大批卓有成就的教育思想家，诞生了流派纷呈的教育理念和教育智慧，有效地指导了教育实践。从古代春秋时期教育家孔子的"有教无类"到孟子的"存心养性"；从西汉时期教育家董仲舒的"君子不学，不成其德"到明代王阳明的"知行合一"；从近代陶行知的"生活教育理论"到梁漱溟的"乡村教育思想"……，这些教育家的理论观点深深扎根于中国大地，具有鲜明的民族特色，闪耀着耀眼的思想光辉，是指导我国当前各级各类教育事业发展的重要依据。

习近平总书记强调："要用中华民族创造的一切精神财富来以文化人、

---

① 中共中央宣传部. 习近平新时代中国特色社会主义思想三十讲[M]. 北京：学习出版社，2018：17-18,39.

以文育人，决不可抛弃中华民族的优秀文化传统。”[①] 由此可见，我国非常注重吸收和借鉴传统文化的思想精髓，积极发扬传统文化的育人价值，并将其作为我国高等教育的重要任务和使命。传统教育思想是传统文化的集中体现，立足于当前中国教育的实际，充分挖掘和运用传统教育思想中的教育智慧成为推进我国教育事业深入发展的重要保障。具体到高等教育领域，我们要在积极借鉴国外高等教育先进办学思想和理念的同时，进一步发挥我国传统教育思想的优势，将传统教育思想中的内容积极整合到当前的高等教育教学体系之中，尤其是要将传统教育思想中的“家国情怀”“道德教化”以及“知行合一”等思想渗透到高等教育教学的方方面面，切实提高大学生的综合素质，从而为我国经济社会发展培养出更多更好的高素质创新型人才。

我国传统教育思想与创业教育的理念具有很强的相通性，是创业教育产生与发展的重要基础，对于探索形成具有中国特色的创业教育体系具有重要影响。因此，积极借鉴和运用传统教育思想的有益经验是我国创业教育谋求特色化发展的先天优势，是大学生创业精神培育目标实现的重要保证。例如，我国著名教育家陶行知在 20 世纪初就提出了生活教育的思想，并在实践中进行了积极的实践和推广。陶行知提倡“生活即教育”“社会即学校”以及“教学做合一”，其中的“做”主要是指“在劳力上劳心”，“劳力”与“劳心”相统一，这在认识论上体现了辩证唯物主义的观点，具有很强的科学性。此外，陶行知重视创新对于国家命运的重要意义，他断言：“非试验的教育方法，不足以达救国之目的也。”并且强调：“会试验的教育家和会试验的国民都是试验教育所要养成的。”[②] 这里所谓的“试验”其实就是“创造”的意思，由此衍生了陶行知的创造教育思想。从创造教育思想所提倡的“培养具有强健的生活力、劳动力和创造力的社会主义建设者和接班人”的教育目标来看，创业教育是创造教育在新时代背景下的

---

① 中共中央宣传部．习近平总书记系列重要讲话读本 [M]. 北京：学习出版社，人民出版社，2014：100.

② 陶行知．陶行知全集 [M]. 成都：四川教育出版社，1991：246,310.

新发展，是与创业教育一脉相承的中国特色教育理论体系的重要组成部分。由此来看，我国的创业教育思想来源于中国教育改革的理论与实践，只有深深根植于中国优秀传统教育思想的肥沃土壤之中，才能获得勃勃生机，变得“枝繁叶茂”。

第二节　突出政府主导以形成工作合力

党和政府是社会主义事业的领导者和开拓者，是我国各项工作顺利推进并取得成功的坚强保障。从创业教育发展来看，我们要突出政府的主导作用、发挥政府主导在汇聚教育资源合力、激发各类教育主体积极性中的重要作用，这是我国创业教育多年发展所取得的重要经验，也是我们进一步推进创业教育发展、提升大学生创业精神培育水平的重要优势，应该成为当前和今后一个时期我们始终坚持的基本工作原则。

一、从国家战略高度审视创业精神培育

20 世纪 90 年代以来，党和国家领导人都曾对开展创新创业教育、提升大学生的创业精神和创业意识发表过重要论述。例如 1992 年，改革开放的总设计师邓小平在南方谈话中指出：“改革开放胆子要大一些，敢于试验，不能像小脚女人一样。看准了的，就大胆地试，大胆地闯。”[①]在 1993 年 3 月第八届全国人大一次会议上，江泽民同志又对新时期创业精神的内容作了全面总结和详细介绍，提出 64 字的新时代创业精神，即：“解放思想、实事求是，积极探索、勇于创新，艰苦奋斗、知难而进，学习外国、自强不息，谦虚谨慎、不骄不躁，同心同德、顾全大局，勤俭节约、清正廉洁，励精图治、无私奉献”[②]。此后，《中共中央国务院

① 邓小平文选（第 3 卷）[M]. 北京：人民出版社，1993：372.

② 江泽民 . 在八届全国人大一次会议闭幕式上的讲话［N］. 人民日报，1993-04-01（01）.

关于深化教育改革全面推进素质教育的决定》（中发〔1999〕9号）又提出："高等教育要重视培养大学生的创新能力、实践能力和创业精神"[①]。这是"创业精神"这一概念首次在国家正式文件中被提出，标志着人们对大学生创业精神的重视程度日益增强，凸显了党和政府对于创业教育工作的高度重视。

自从党的十七大提出"提高自主创新能力，建设创新型国家"的发展理念以来，高校创业教育逐渐成为服务创新型国家建设、助力高等教育深入变革的重大战略举措，受到党和政府以及全社会的高度关注。可以说，对于创业教育工作的这一战略定位既是我国实现创新型国家建设目标的必然路径，也是高校创业教育创新发展的难得机遇。基于这一认识，党和政府出台了一系列鼓励大学生创新创业、支持高校创业教育深入发展的政策举措。例如，教育部《关于大力推进高等学校创新创业教育和大学生自主创业的工作意见》（教办〔2010〕3号）明确指出："在高等学校开展创新创业教育，积极鼓励高校学生自主创业，是教育系统深入学习实践科学发展观，服务于创新型国家建设的重要战略举措"[②]。国务院办公厅印发的《关于深化高等学校创新创业教育改革的实施意见》（国办发〔2015〕36号）也明确指出："深化高等学校创新创业教育改革，是国家实施创新驱动发展战略、促进经济提质增效升级的迫切需要，是推进高等教育综合改革、促进高校毕业生更高质量创业就业的重要举措。"[③]经过三十多年的不断探索，我国高校创业教育从无到有、由弱到强，取得了显著的成绩。尤其是近十年来，随着创新型国家建设战略和"大众创业、万众创新"理念的提出，高校创业教育和大学生创业精神培育工作受到了人们的普遍关注，成为我国教育事业发展的基本战略遵循，彰显了国家对于这一工作的

---

① 中共中央国务院．关于深化教育改革全面推进素质教育的决定（中发〔1999〕9号）．1999-06-13.

② 教育部．关于大力推进高等学校创新创业教育和大学生自主创业工作的意见（教办〔2010〕3号）．2010-05-04.

③ 国务院．关于深化高等学校创新创业教育改革的实施意见（国办发〔2015〕36号）．2015-05-04.

极大重视。可以说，依托政府的强力推动、明确创业教育的战略性地位是我国创业教育获得勃勃生机的重要保障，是大学生创业精神培育工作得以顺利开展的重要条件，这一经验对于下一步推进相关工作向更深层次发展具有重要的参考价值。

二、重视构建创业精神培育的政策体系

"政策即国家或政党为实现一定历史时期的路线而制定的行动准则"①，是一个组织进步与发展的重要条件。具体到创业教育而言，创业教育政策是党和国家为实现创业教育目标、完成创业教育任务而制定的纲领和原则，是创业教育工作得以顺利推进的前提条件和基本保障。自从创业教育进入我国高等教育领域以来，党和政府先后出台了一系列政策和文件来促进和推动创业教育的改革与发展，为大学生创业精神培育工作提供制度保障②。尤其是近十年来，我国出台了多项创新创业教育的政策与文件，形成了层次化、立体化、多样化的创业教育政策体系，实现了"从出台单个政策到政策出台体系化"③。例如，我们不仅从国家层面制定了促进创业教育改革发展的政策和文件④，各级地方政府和高等学校也结合自身实际出台了支持创业教育的政策措施⑤；我们不仅制定了各类宏观的创业教育指导意见，也出台了具体的创业教育教学基本要求；我们不仅从教

---

① 冯刚，郑永廷．思想政治教育学科30年发展研究报告[M]．北京：光明日报出版社，2014：415．

② 据统计，2010—2018年间，仅国家层面出台的大学生创业教育支持政策就达10余个，地方政府和高校制定出台的创业教育相关政策数量更多．

③ 冯刚．改革开放以来高校思想政治教育发展史[M]．北京：人民出版社，2018：394．

④ 主要指国务院和教育部出台的促进创业教育改革与发展的各类政策与文件，例如国务院《关于大力推进大众创业万众创新若干政策措施的意见》（国发〔2015〕32号）和国务院办公厅印发的《关于深化高等学校创新创业教育改革的实施意见》（国办〔2015〕36号）等．

⑤ 主要指各级地方政府和高校为响应政府号召、推动教育改革而出台的"创新创业教育改革实施方案"．

育管理的角度出台了支持创业教育发展的相关政策，也从科技成果转化、企业申请注册等角度出台了支持创业教育发展的相关规定[①]，强化了创业教育政策多样性。

从当前的实践来看，我国已经基本建设形成了涵盖教育、管理、科技、文化等领域的立体化的创业精神培育政策体系，为大学生创业精神培育工作的顺利开展提供了有力的政策保障。不仅如此，我国在制定各类政策时还充分考虑到我国国情和高等教育的实际，既注重借鉴吸收国外先进经验又立足本土实际，充分体现了我国创业教育政策前瞻性与科学性。例如，国务院《关于深化高等学校创新创业教育改革的实施意见》规定："把深化高校创新创业教育改革作为推进高等教育综合改革的重要突破口"[②]。这一政策要求将创业教育作为高等教育改革的重要内容和高校人才培养模式改革的重要方式，是基于我国高等教育创新发展能力不足这一现实而制定的。这一原则的制定，既有利于推动我国高等教育的转型升级发展，也有利于创业教育工作取得实实在在的成效，是我国探索创业教育科学发展的重要经验总结。此外，我国在制定创业教育政策时还非常注重深入挖掘中国传统文化的创新创业思想精髓，提倡创业教育要发扬传统文化的优势与魅力，使得相关政策更加立足中国实际、更加充满中国元素，对于推动形成具有中国特色的创新创业教育理念与模式具有重要意义。近几年来，随着高校创业教育改革进入"深水区"，各类深层次问题开始出现，影响了大学生创业精神培育目标的达成。为了改变这一现状，党和政府又及时推出了包括科技成果转化、校企资源对接以及多主体协同育人等在内的多元化的大学生创新创业激励政策，并从政府角度对于政策的细化与实施起到了保驾护航的作用，这些有力举措必将进一步释放各类创新创业主体的激情与活力，为提高大学生创业精

① 主要指国务院办公厅印发的《促进科技成果转移转化行动方案》（国办发〔2016〕28号）和国务院办公厅《关于深化产教融合的若干意见》（国办发〔2017〕95号）等.

② 国务院办公厅.关于深化高等学校创新创业教育改革的实施意见（国办发〔2015〕36号）. 2015-05-04.

神培育的实效性营造更加有利的政策环境。

三、协同推进以汇聚创业精神培养合力

我国是社会主义国家，社会主义国家的最大特点和主要优势在于能够有效聚集起各类教育资源，集中力量办大事。与其他国家和地区相比，我国在推进创业教育、培养大学生创业精神工作中非常注重发挥政府的主导性作用，以此形成各部门齐抓共管的工作格局，以有效汇聚创业精神的培养合力。政府主导推动创业教育的方式有利于在较短的时间内集聚起多方面的教育优势资源，同时规避因观念分歧、文化差异等原因导致的内部消耗，对于形成大学生创业精神培育的合力具有重要意义。实践中，各级地方政府和高校积极响应国家深入推进高校创业教育的号召，积极探索校地、校企合作育人的新模式，形成了国家、社会、高校、企业以及其他社会组织共同支持大学生创业的合力，为大学生创业精神培育工作的顺利开展提供了重要的条件保障。

“政府是高校创业教育的主导者”[①]，这是我国创业教育工作的显著特点和独特优势，是我国大学生创业精神培育工作取得实效的坚实保障。借助政府的主导性作用，有利于建设形成政府、高校、企业、社会等教育要素共同参与和支持创业教育的生态系统，以利于更快、更好地培养大学生的创业精神和创业意识。在这一指导理念下，教育部于2010年下发了《关于大力推进高等学校创新创业教育和大学生自主创业工作的意见》（教办〔2010〕3号），倡导建立由教育部高教司、科技司、学生司以及就业指导中心四大司局组成的联动体系，形成了创新创业教育、创业基地建设、创业政策扶持以及创业服务“四位一体，整体推进”的格局。[②]在此背景下，

① 冯刚．改革开放以来高校思想政治教育发展史[M]．北京：人民出版社，2018：405.

② 教育部．关于大力推进高等学校创新创业教育和大学生自主创业工作的意见（教办〔2010〕3号）．2010-05-04.

各级地方政府和高校也积极参与到创业教育改革的探索当中，各种创业教育的联合组织开始出现。例如，为统筹推进创业教育的深入发展、有效培养大学生的创业精神，我国先后成立了“中国高校创新创业教育联盟”“全国大学生创新创业实践联盟”以及“全国高校创新创业投资服务联盟”等，这些组织的建立有效打破了高校间、行业间的边界，集聚了政府、高校与企业的教育合力，促进了大学生创业精神培育的深入发展。此外，我国江浙地区高校将自身办学与地方经济发展相结合，加强了校地之间协同育人的合力，探索了具有地方特色的大学生创业精神培育新模式；京津冀地区联合推出《教育协同发展三年行动计划（2018—2020）》，明确了推进毕业生就业创业协同发展的工作任务，将通过深化京津冀高校联盟建设、建设开放共享的创业实习实践基地等措施推动区域内高校的协同发展、创新发展，对于提升三地高校大学生的创新精神和创业意识具有重要意义。总体上看，我国创业教育已经成为政府推动、高校为主、企业参与、全社会共同努力的“国家行为”。

第三节　重视文化传承以凸显中国特色

中国传统文化是中华民族在五千年的历史发展中积累下来的集体智慧的结晶，是中华民族不断走向繁荣昌盛的重要基础，其中蕴含的爱国、敬业、诚信、友善等内容对于国家建设、社会发展以及个人成长成才等具有重要意义。随着中国特色社会主义进入新时代，推进社会主义事业更加需要昂扬的斗志和必胜的信心，在各项事业中深入弘扬优秀传统文化和民族精神就显得更为重要。由此来看，重视文化传承以凸显中国特色是当前阶段高校创业教育和大学生创业精神培育的重要发展方向，对于促进创业教育的本土化、提高创业精神培育实效性具有重要的指导意义。作为四大文明中唯一经历五千年风雨洗礼而不曾中断的文明，中华文明有着强大的生命力和影响力，包含着博大精深的创业文化精髓，因此，我们要深入挖掘中国传统文化中的创业智慧，将其总结提炼，以更好地用于指导我国大学生创业精神培育的工作实践。

一、倡导“天下兴亡、匹夫有责”以升华创业理想

崇高理想是一个人奋斗拼搏的重要动力，大到一个国家和民族，小到一个组织和个人，只有具备崇高的理想追求，才能集聚起干事创业的雄心壮志，才能志存高远，脚踏实地，并最终抵达胜利的彼岸。自古以来，中国传统文化最不缺少的就是对于家国情怀的推崇，爱国敬业意识已经深深扎根于中华民族的文化血脉，成为中华儿女的集体性格。“风声雨声读书声声声入耳，家事国事天下事事事关心”“苟利国家生死以，岂因祸福避趋之”……，这些经典名句铿锵有力，凸显了一代代中华儿女对于民族兴亡、国家富强的理想与追求。中国人讲究“修身、齐家、治国、平天下”，提倡将自身发展与国家进步和民族复兴紧密结合，这一思想反映了中国人在处理个人利益和集体利益时的价值取向，即认为个人的人生幸福与国家和社会的繁荣富强密不可分。中国人的这种强烈的爱国情怀和民族气质对广大仁人志士具有鞭策作用，鞭策着一代代华夏儿女努力开拓创新，创造了一个又一个创业奇迹。无论是晋商文化、徽商文化还是闽商文化，不管是大庆精神、焦裕禄精神还是红旗渠精神，无不凸显了中国文化的这一独特魅力，并伴随其发展逐渐沉淀为中国优秀文化的重要组成部分。

青年兴则国家兴，青年强则国家强。在深入推进创新型国家建设、实施创新驱动发展战略的背景下，我们对于高素质创新型人才的需求比以往任何时候都更为迫切，高等学校所肩负的高素质创新型人才教育任务比以往任何时候都更为艰巨。这既意味着时代发展对高校创业教育提出了更高的要求，也意味着高校创业教育面临着难得的发展机遇。在经济社会环境、高等教育环境以及大学生群体都已经发生深刻变革的背景下，我们不仅要传授给大学生以新知识、新技术与新本领，更要着力培养他们具备正确的创业理想和创业动机，并能够具有卓越的创业社会责任担当意识，促使他们成长为敢于担当、勇承重载的现代化、创新型、高素质人才。从这一点

上说，“天下兴亡、匹夫有责”的传统文化思想对于激发大学生的创业理想、培养大学生的创业精神具有不可替代的重要作用，应当成为当前和今后一个时期我们始终遵循的重要指导理念。

二、倡导“艰苦奋斗、自强不息”以坚定创业意志

《易传·象上》曰：“天行健，君子以自强不息”，自强就是具有自觉性，充分发挥主观能动性，积极进取，奋发向上；遇到困难和挫折，绝不退缩，能克服并战胜它，也就是说自强包括了自尊、自信、奋发、坚毅等精神和品格。中国传统文化中，自强不息的精神历来占有很重要的地位，几千年来，中华儿女践行着这种精神，发愤图强、奋斗不息。我国古代教育家孟子认为，“天将降大任于是人也，必先苦其心志，劳其筋骨，饿其体肤，空乏其身，行拂乱其所为，所以动心忍性，曾益其所不能。”中华民族被公认为世界上最能吃苦的民族，诸如“三更灯火五更鸡，正是男儿读书时”“头悬梁，锥刺股”等的记述不一而足，凸显了中国人的艰苦奋斗和吃苦耐劳精神。可以说，这一精神特质已经深深融入中国人的血液当中，成为滋养中国文化发扬光大、促进中华民族伟大复兴的重要力量源泉。

改革开放以来，我国各族人民群众继续发扬艰苦奋斗、自强不息的优良传统，发扬“人定胜天、百折不挠”的顽强拼搏精神，谱写了一曲曲可歌可泣的创业故事，促进了经济社会的长足发展与进步。例如，我国浙江温州地区的经济一直处在国内同类城市的前列，其发达的民营经济体系、开放的创业政策环境以及浓厚的创新创业氛围在全国都具有较强的影响力和示范性。温州人的创业精神集中体现为“自主精神、吃苦精神、冒险精神、创新精神以及合作与务实精神”[①]，其中，吃苦精神是温州人创业精神的核心内容。有研究描述温州人的吃苦精神是“想赚钱，敢赚钱，能吃苦”，他们“千方百计地想，千言万语地说，千山万水地跑，千辛万苦地干”。

---

①谢志远.温州人创业精神对大学生创业教育的启示[J].社会科学战线，2006(3)：243-245.

而且温州人的吃苦与别的地方的人不同，他们既能在很穷时吃苦，也能在富裕起来以后吃苦；既在当小老板时能吃苦，也在当大老板时能吃苦；既在没有文化时能吃苦，到了知识时代还能吃苦。可以说，吃苦耐劳成就了温州发达的民营经济，也成就了温州的创业精神和创业传统。这一精神不仅成为促进当地产业快速发展的重要因素，也成为推动当地大学生勇于开展创业实践的重要精神动力，并最终内化为当地大学生的创业素质和创业人格。创业本质上是一项开拓未知领域的事业，创业过程中必然要面临各种难以预料的困难和挑战，创业的特殊性决定了创业者必须要具备超越常人的坚强意志，因此说，“艰苦奋斗、自强不息”的民族精神对于大学生创业精神的培育具有宝贵的借鉴意义。

中国人能吃苦、爱吃苦、愿意吃苦，时时刻刻将“没有吃不了的苦”作为我们干事创业的思想依据与行动指南，这是中华民族和中国人民几千年来生生不息的思想源泉和智慧结晶，值得我们好好地继承和发扬。我们更要牢记并且发扬这一优秀传统，将其自觉地贯彻到日常的生活、工作和学习当中，用以指导自己的思想和实践。尤其是在社会主义事业进入新时代这一关键节点上，个人成功与国家发展还将面临各种各样的困难与挑战，因此，我们要将“艰苦再创业”作为我们下一步的行动指南，促进国家事业发展与个人事业成功。在具体实践中，大学生要将“能吃苦、肯吃苦、愿吃苦”作为根本思想和基本理念，当遇到挫折时，要不放弃、不气馁；当取得成绩时，要矢志不渝、不忘初心，只有这样，才能确保创业取得实实在在的成就，才能真正实现个人的人生价值，助力国家繁荣富强。

三、倡导“重义轻利、诚信为本”以形成规则意识

“义” 者“宜”也，含有应当之意，引申为一般的道德规范。“利”则泛指利益、功效等。中国传统义利观非常重视“义”的重要性，孔子曾经多次就此进行论述：“君子义以为上”（《论语 · 阳货》）、“君子义以为质，礼以行之，孙以出之，信以成之”（《论语 · 卫灵公》）、“君子喻于义，小人喻于利”（《论语 · 里仁》）。当然，中国传统文化重视“义”，却

也并不完全否定“利”的重要性，“富与贵是人之所欲也”（《论语·里仁》）。“富而可求也，虽执鞭之士，吾亦为之”（《论语·述而》）。中国传统文化认为，“谋利”应在“合义”的原则之下，不义之财虽有利而不取，“不义而富且贵，于我如浮云”（《论语·述而》）。可见，中国传统义利观提倡“君子爱财，取之有道”“见利思义”，提倡的是通过自身的努力获得合法的经济收益，反对谋取不义之财。①孔子也说：“人而无信，不知其可也。大车无輗，小车无軏，其何以行之哉！”说的是做人如果不讲信用就像是牛车没有套牛的器具，马车没有套马的器具，就不可能行走。

习近平总书记指出：“‘人而无信不知其可’；企业无信，则难求发展；社会无信，则人人自危；政府无信，则权威不立。”②市场经济本质上是信用经济，诚信是品牌的生命，是企业安身立命的根本。在市场经济环境下，人们对于金钱和利益的追逐欲望愈加强烈，一定程度上来说这是人性主体意识觉醒的必然结果，但凡事过犹不及，金钱和利益一旦成为人们做人做事的主要甚至唯一目标，其结果必然导致对于金钱和利益的趋之若鹜，以至于出现有人为了利益不惜违法乱纪，最后必然导致整个社会的道德沦丧。创业实践的本质是人与人之间相互信任关系的确立，在这一过程中，必然涉及伦理、诚信等基本的价值原则。中国文化提倡“重义轻利”与“诚信为本”，其核心在于建立正确的义利观，强调重视创业者的人品与素质对创业经营活动的重要作用，提倡摈弃“重利忘义”和“投机取巧”的欺诈行为，营造公平竞争的创业环境，为大学生形成正确的人生观、价值观、创业观具有重要的意义。

四、倡导“知行合一、脚踏实地”以端正创业态度

《老子》有云：“合抱之木，生于毫末；九层之台，起于累土；千里之行，始于足下”（《老子》第64章）；“天下难事，必作于易；天下

---

① 谢文庆．儒家思想对大学生创业精神的积极影响——兼与胡友旺等先生商榷[J]．湖南师范大学教育科学学报，2013，12（1）：116-119.

② 习近平．之江新语[M]．杭州：浙江人民出版社，2007：18.

大事，必作于细”（《老子》第63章）。这些思想观念贯穿了中华民族从古至今的发展历程，沉淀为中华民族和中国人重要的文化品格。人生远大理想固然重要，但理想目标的实现要靠实实在在、脚踏实地和一点一滴的努力去实现。从荀子提倡的“道虽迩，不行不至；事虽小，不为不成”到曾国藩提倡的“多做实事，少说大话”；从班固《汉书》中“求真”“务实”的学风，到唐代颜师古“务得事实，每求真是也”的观念；从宋代理学家朱熹“即物穷理”的主张，再到明代王阳明“知行合一”的命题，无不凸显了中国传统文化中“脚踏实地、多干实事”内容的重要性，处处彰显着中国人重视实践、实事求是的思想传统。“立业建功，事事要从实地着脚。”(《菜根谭》)“空谈误国，实干兴邦”，不管是对于一个国家还是对于一个人，只具有理论思辨能力和想象能力还是不够的，干事创业的成功还要具有踏踏实实、任劳任怨的实干精神。俄国伟大文学家高尔基曾说：“天才就是劳动。人的天赋就像火花，它既可能熄灭，也可能燃烧起来，而使它成为熊熊烈火的办法只有一个，那就是劳动，再劳动。”实践性是创新创业的根本属性，没有实干精神的创新不是真正的创新，没有实干精神的创业也不是真正的创业。

作为当代大学生，他们具有很强的创新性，在很多问题上都有各种新颖的想法，但如果不具备知行合一、脚踏实地的实干精神，这些想法和思想就永远只能停留于纸面上和大脑里。正如习近平总书记指出的那样：“青年有着大好机遇，关键是要迈稳步子、夯实根基、久久为功。心浮气躁，朝三暮四，学一门丢一门，干一行弃一行，无论为学还是创业，都是最忌讳的。”[①] 基于此，要充分认识和借鉴我国传统文化中的知行合一思想，发挥这一思想在促进创业思想向创业行动转变中的关键作用，为大学生的全面成长成才打下基础。

---

① 习近平谈治国理政[M]. 北京：外文出版社，2014：174.

第四章　我国大学生创业精神培育的问题检视

“没有调查，没有发言权”①，创业教育问题的发现与解决需要建立在对创业教育受教育者广泛调查研究的基础之上。开展大学生创业精神培育研究，首先要对我国当前大学生创业精神培育的现状进行深入的分析和调研。通过开展调查研究，有利于发现创业精神培育存在的问题，以便于提高研究工作的针对性，并在此基础上提出切实可行的问题解决对策。

第一节　调查研究的设计与实施

一、问卷调查的设计与实施

（一）调查问卷的编制与发放

调查问卷的编制依据调查目的而定，围绕大学生创业精神培育这一主线，问卷主要围绕基本信息、创业思想与态度、创业意向、创业心理素质与规范意识以及创业教育与环境五个部分进行设计。其中，创业理想、创业意向、创业心理品质以及创业规范意识是创业精神的核心要素，围绕这四块内容设计的题目是问卷的主体部分。同时，由于个人基本条件以及客

① 毛泽东选集（第 1 卷）[M]. 北京：人民出版社，1991：109.

观环境对于大学生创业精神的形成也具有重要影响，因此，问卷中也设置了一部分相关问题，编制问卷的基本思路如图 12 所示。

问卷共设置 29 道选择题，单项选择题 24 个，多项选择题 5 个。问卷题目共涉及“内部因素”相关问题与“外部因素”相关问题。其中，第 1—5 题、25—29 题是对大学生个人信息与创业状态、创业教育与环境状况的了解，主要对应的是大学生创业精神培育的外部影响因素；第 6—24 题是围绕创业思想与态度、创业意向、创业心理素质与规范意识等内容对于大学生创业精神的调查，主要对应的是大学生创业精神培育的内部影响因素（问卷编制的思路如图 12 所示）。设置选项时，综合考虑问卷的科学性和有效性，每道题目根据实际情况设置 4~6 个选项，且均为封闭式问题。问卷编制完成后，首先在北京信息科技大学对 100 名大学生进行了试测，获得数据后对问卷进行适当的调整与修改，最终完成调查问卷的编制工作。需要说明的是，由于本问卷设计的问题均为对于大学生创业精神培育现状的客观描述，都采用了客观指标，选项本身是本研究分析的内容，不需要对题目数据进行合并计算，因此，问卷无须进行信度和效度的分析。

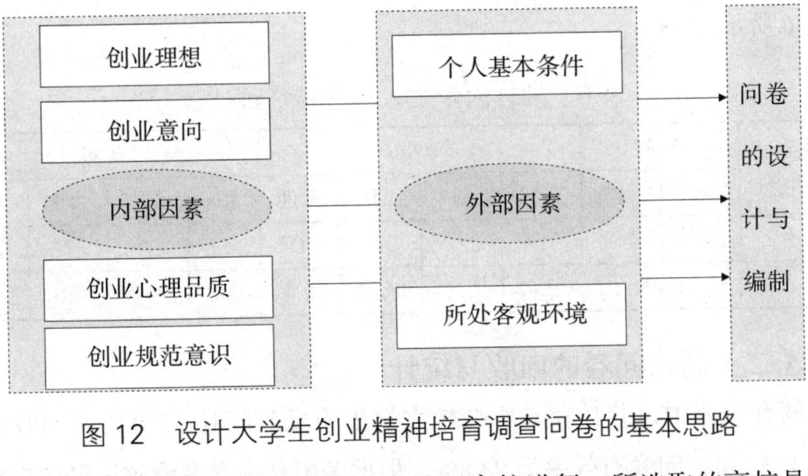

图 12 设计大学生创业精神培育调查问卷的基本思路

问卷调查样本的选择主要在北京地区高校进行。所选取的高校是北京邮电大学、中国政法大学、对外经济贸易大学、北京联合大学、北京信息科技大学以及北京财贸职业学院 6 所高校。所选取高校样本兼顾了办学层次性、行业类别以及学校规模等，同时还参考了学校在创业教育工作中的前期经验与成绩，具有较强的代表性。在所选取的高校中，北京邮电大学、中国政法大学以及对外经济贸易大学等为教育部直属重点高校，北京联合大学与北京信息科技大学为北京市属市管重点高校，北京财贸职业学院则属于具有行业特色的高职类高校。

所选取的样本具有较强的代表性：从性别分布看，受访大学生中男生共计 570 人，占总样本群体的 44.1%，女生 462 人，占总样本群体的 55.9%；从专业分布看，文史哲专业的学生 314 人，占总样本群体的 30.4%，理科学生 218 人，占总样本群体的 21.1%，工科学生 393 人，占总样本群体的 38.1%，其他专业（医学、艺术等）学生 107 人，占总样本群体的比例为 10.4%；从年级分布情况看，大一学生 351 人，占总样本群体的比例为 34%，大二学生 276 人，占总样本群体的比例为 28.2%，大三学生 216 人，占总样本群体的比例为 22.6%，大四学生 157 人，占总样本群体的比例为 15.2%。由于问卷施测的时间为 2018 年年底，因此，此处的大一学生指的是 2018 级学生，大二学生指的是 2017 级学生，大三学生指的是 2016 级学生，大四学生指的是 2015 级学生。被调查大学生人口学特征如表 6 所示。

表 6　抽样大学生人口学特征统计表

被调查大学生特征	性别		专业				年级			
	男	女	文科	理科	工科	其他	大一	大二	大三	大四
人数	570	462	314	218	393	107	351	276	216	157
抽样占比	44.1%	55.9%	30.4%	21.1%	38.1%	10.4%	34%	28.2%	22.6%	15.2%

（二）调查问卷的回收与统计

调查研究中，共计在 6 所高校大学生中发放问卷 1200 份，回收有效问卷 1032 份，问卷有效率为 93.8%。根据美国社会学者爱尔·巴比提出的“问卷回收率高于 70% 有效”的标准，本次问卷调查的回收率符合回收标准。问卷回收及有效问卷的情况如表 7 所示。

表 7　发放与回收调查问卷情况统计表

高校名称	北京邮电大学	中国政法大学	对外经贸大学	北京联合大学	北京信息科技大学	北京财贸职业学院
回收问卷数	180	180	180	180	200	180
有效问卷数	170	171	168	168	187	168
有效性	94.44%	95.00%	93.33%	93.33%	93.50%	93.33%

在此基础上，综合运用 Excel 和 SPSS19.0 两种分析工具对所获得调查数据进行描述性统计分析和相关性分析（主要是“卡方检验”），从而获得统计结果。其中，描述性统计分析是指运用制表和分类、图形以及计算概括性数据来描述数据特征的各项活动，如频数分析、集中趋势分析以及一些基本的统计图形，本调查中描述性统计分析主要用于对部分问题的概括性分析，用于描述当前大学生创业精神培育的一般状况；相关性分析是指运用卡方检验对两个或者多个具有不同程度相关性的要素进行分析，从而衡量二者之间的相关性程度的一种分析方法。作为一种以 $\chi 2$ 分布为基础的常用假设检验方法，“卡方检验”主要用于表示观察值和理论值之间的偏离程度，以比较两个及两个以上样本率（构成比）以及两个分类变量的关联性。在具体分析结果时，常用 P 值（为结果可信程度的递减指标）来衡量变量间的相关性程度，如果 $P < 0.05$，说明差异显著；$P > 0.05$ 说明差异不显著。本研究中主要用于测量学生基本条件（如性别、家庭条件以及学习成绩等）与创业精神之间的关系，以助于加深对于大学生创业精神状况的认识。

二、深度访谈的设计与实施

（一）访谈问卷的编制与施测

访谈提纲的编制是围绕研究内容的四个核心要素而进行的，即创业思想、创业意向、创业心理素质以及创业规范意识。访谈提纲分教师访谈提纲和学生访谈提纲，访谈题目各 6 个。访谈题目主要包括宏观类题目和微观类题目两类，其中，宏观类题目旨在了解大学生创业精神培育的宏观环境，掌握大学生创业精神培育的客观条件。例如，您认为当前大学生创业的环境如何？您认为高校创业教育对于培养大学生的创业精神具有哪些作用？微观类题目的设置旨在了解大学生的创业精神现状以及教师对于培育大学生创业精神的内部认知等。例如，您认为什么是创业精神？您认为大学生创业精神培育的影响因素有哪些？

访谈对象的选择主要是在北京地区 6 所高校进行的。其中，学生受访者共选取 15 人，教师受访者选取 8 人，且这些教师和学生均或多或少参与了创新创业活动，对创业及创业精神具有一定的了解与认知。受访大学生中，男生 10 人，女生 5 人；大一学生 3 人，大二学生 3 人，大三学生 3 人，大四学生 5 人，2014 级硕士生 1 人；理工科专业学生 8 人，经济管理或文科类学生 7 人。在访谈形式上，除了对中国政法大学和北京联合大学学生的访谈是以集体访谈形式进行的之外，其他访谈均是按照“一对一”的形式进行，所有访谈均通过“面对面”形式进行。深度访谈的学生受访者情况如表 8 所示。

为保护受访者隐私，特隐去受访者的真实姓名。研究中对受访者进行了编码，编码规则为“英语大写字母 + 受访者顺序编号”。其中，A 指北京信息科技大学，B 指中国政法大学，C 指北京邮电大学，D 指对外经济贸易大学，E 指北京联合大学，F 指北京财贸职业学院。

表 8　访谈学生基本情况统计表

序号	姓名	性别	高校、年级与专业	创新创业情况	受访者编码
1	欧 * 凯	男	A 校 2015 级本科、电子信息	网上教育平台	A01
2	张 * 棋	男	A 校 2015 级本科、经济管理	创业法律服务	A02
3	李 *	男	A 校 2018 级本科、机电工程	机器人教育	A03
4	陈 * 稷	男	B 校 2018 级本科、经济管理	儿童魔术培训	B04
5	邹 *	女	B 校 2016 级本科、信息管理	无人机教育	B05
6	严 * 奇	男	B 校 2015 级本科、电子信息	自媒体教育	B06
7	张 *	男	C 校 2016 级本科、电信管理	参与大创项目	C01
8	赵 * 晴	女	C 校 2017 级本科、电信管理	参与大创项目	C02

续表

序号	姓名	性别	高校、年级与专业	创新创业情况	受访者编码
9	刘＊广	男	D校2014级、计算机（硕士）	微型机器人	D03
10	龚＊超	男	D校2017级硕士、工业设计	参与大创项目	D01
11	戴＊杰	女	E校2015级本科、国际法	参与大创项目	E01
12	黄＊霞	女	E校2015级本科、工商管理	四维服饰	E02
13	丁＊宇	男	E校2017级本科、法学	教育培训	E03
14	金＊华	男	F校2016级本科、化学工程	公益创业	F01
15	魏＊萌	女	F校2018级本科、运动训练	支农支教	F01

受访教师中，男性教师6人，女性教师2人；理工类专业教师4人，经济管理专业教师1人，文科类教师2人，创业教育管理人员1人。受访教师的基本情况如表9所示。教师编码中，第一个字母J代表“教师”，短横线之后的字母为学校代码，最后的数字为受访教师的顺序编码。

表9　受访教师基本情况统计表

序号	姓名	性别	身份与专业	指导创业情况	受访者编码
1	熊＊	男	A校教师，人工智能	康复器械	J-A01
2	张＊强	男	A校教师，通信技术	指导项目	J-A02
3	武＊滨	男	B校教师，行政人员	创业导师	J-B01
4	廉＊德	男	C校教师，经济管理	创业导师	J-C01
5	刘＊阳	男	C校教师，教育心理	无	J-C02
6	王＊珂	女	D校教师，工业设计	工业设计	J-D01
7	赵＊明	男	E校教师，机械设计	军事游戏	J-E01
8	许＊飞	女	F校教师，法学教育	创业导师	J-F01

（二）访谈资料的整理与分析

访谈结束后，通过对访谈录音整理成文字，并采用关键词提取的方法对文本资料进行分析。关键词提取法是指围绕研究主题的核心内容，对于访谈资料中与研究主题密切相关的词语或者短句进行提取和分析，以了解受访者内心思想与观点的研究方法，这一方法是质性研究方法的一种。一般而言，提取关键词的方法主要有三种：第一种是从语段中心话题入手；第二种是从寻找中心句入手；第三种是从“突破口”入手。本研究中，主要是围绕创业理想、创业意向、创业心理品质以及创业规范意识四个维度来提取有关创业精神的关键词，并将关键词进行归类和整理，在综合分析的基础上形成对于受访大学生或者相关教师关于创业精神的认知。通过这一方法的运用，能够对于受访者的基本观点与基本思想有较为清晰的认识，从而辅助于证明研究观点。

第二节　我国大学生创业精神培育存在的主要问题

从当前的实践来看，大学生的创业精神培育总体上呈现出积极性的特点，但在以下几个方面存在薄弱环节，所存在的问题主要表现为创业理想教育相对不足、创业意向教育有待优化、创业心理素质教育有所欠缺以及创业规范意识教育明显滞后四个方面。上述问题束缚了创业教育的深入开展，影响了大学生创业精神培育的整体效果。

一、大学生创业理想教育相对不足

创业理想是指人们在创业实践中持有的一种奋斗目标、价值观念和人生追求，是人们对创业所持有的根本看法和态度。通常来讲，创业理想能够有效激发大学生的创业动机并为创业者提供强有力的精神支持。尤其是在创业者遇到困难和挫折时，远大的创业理想能够帮助创业者勇于面对困难，进而产生不可估量的创业潜力。从这一点上来说，创业理想是大学生创业必备的基础素质，是保证大学生创业效果的基本条件。

但从现实情况来看，当前大学生的创业理想过于注重对个人理想和个人价值的追求，突出表现为强调个人理想多于强调国家理想和民族理想、推崇个人利益多于推崇国家利益和集体利益，创业理想的个人本位主义与创业功利化问题较为突出。中国人民大学发布的《2017 中国大学生创业报告》[①] 显示，大学生创业动机主要表现为追求“自由自主的工作和生活方式”（31%）、“赚钱”（26%）、“实现个人理想”（18%）或“发现好的商机”（10%），而认为创业是为了“服务社会、创业报国”或“响应国家‘双创’号召”的分别为 6% 和 2%，凸显了大学生创业理想的个人本位主义（参见图 13）。

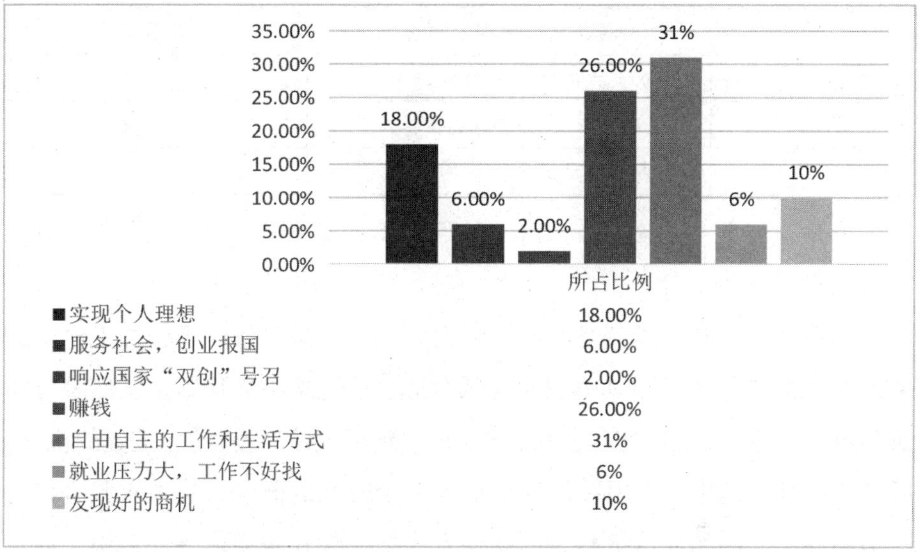

图 13　在校大学生的创业动机分布图[②]

问卷调查中，在回答“您认为大学生创新创业的价值主要在于什么？”这一问题时，38.35% 的受访大学生认可创业的价值在于“实现自我价值和人生理想”，31.29% 的受访学生认为创业的价值在于“追求更大的经济回报和财务自由”，还有 18.58% 的受访大学生认为创业的价值和目的在于“更高的社会地位和名誉、声望”，而认可创业价值在于“服务社会，助力国

①《中国大学生创业报告》是国内首个聚焦大学生创新创业教育和创业实践的“全景式”研究报告，由中国人民大学牵头 34 所高校、投资机构和创业公司共同合作完成，至今已发布三期．

② 相关数据引用自洪大用、毛基业主编的《2017 中国大学生创业报告》，图表经过重新绘制．

家的创新发展”的比例相对较低，只占到总体受访者比例的 11.78%，这一数据说明大学生更加看重创业的个人价值，将创业作为个人价值实现的重要方式和途径，而对于大学生创业的社会价值关注程度明显不够，凸显了大学生对于创业认识的狭隘性。具体结果如表 10 所示。

表 10　受访大学生创业动机分布情况统计表

序号	创业动机	所占比例
1	实现自我价值和人生理想	38.35%
2	追求更大的经济回报和财务自由	31.29%
3	更高的社会地位和名誉、声望	18.58%
4	服务社会，助力国家的创新发展	11.78%

【案例 1】“我创业的目的是要追求财富自由”——创业者小黄的口头禅

小黄是来自 E 大学商学院的一名女大学生，是学校四维服饰工作室的创始人。2017 年 5 月与其他创业者联合成立线上虚拟工作室，虽然没有注册公司，但当时的发展速度较快，“几乎拉到了天使轮投资”。按她的说法，所谓“四维”是指“在服装设计中加入一个时间的概念，一件衣服可以有很多种穿法，比如通过折叠、拆卸等方式把一件礼服变成一件常服，或者不小心衣服碰到了脏东西，可以通过拆卸把那一块去掉，就会变成一件新衣服”。虽然受访者自认为创业失败了，但她敏捷而严谨的思维方式以及优秀的口头表达能力仍然给人留下了深刻印象。访谈发现，小黄参与创业的想法其实很简单，那就是基于个人兴趣去做一些具有挑战性的、有利于实现财富自由的事情。在谈到自己为什么会走上创业的道路这一问题时，她说：

“我之所以走上创业的道路，主要有三个方面的原因：一是源于自身不服输的个性特点，二是基于自己从小到大对于服装设计事业的喜爱，三是因为自己希望尽快实现财富自由的个人理想。虽然我是学商科专业的，但我比较喜欢服装设计，这是我从小时候就有的一个梦想。我们也和‘逸轩’

（一个服装品牌）进行合作，学习专业的服装设计，从制图到制版再到具体制作。我跟很多大学都有合作，中国石油大学、北京理工大学、华北电力大学等。通过创业我有很多收获，主要表现为两个方面：第一是显性的，财富自由方面，我的个人理想就是追求财富自由，因为有了财富自由就可以追求自己想要的一切；另外就是名誉方面，通过参与创业可以形成一个‘背书’，以便于为自己以后的简历加分。”（受访者编码：E02）

运用关键词提取法对上述访谈资料进行分析发现，小黄同学在访谈资料中多次提及“财富自由”四个字，提示这一词语应该是这段访谈资料当中的关键词，对于了解受访者对于创业的态度具有重要的参考价值。分析认为，“财富自由”这一关键词多次出现，凸显了小黄同学的创业动机更加倾向于追求财富和个人价值的实现。这在一定程度上说明当前大学生的创业动机更倾向于与自身的实际利益相关，而与此形成对比的是，在整个访谈中，小黄始终没有提及大学生创业对于社会进步与国家发展的作用，说明大学生对于创业的社会与国家价值的忽视。

【案例2】“现在的大学生都非常实际”——许老师眼中的大学生创业者

许老师是F校的一名老师，作为一名“70后”，许老师有过多年带领学生参加创业的经验，是一名资历丰富的创业导师。在谈到对于当代大学生创业者的认识时，许老师发表了自己的看法，她说：

“现在的大学生跟我们那个时候明显不一样，他们都非常实际。由于大多出生在物质生活条件极大丰富的年代，所以他们对于金钱和物质的依赖性比较强，比较看重个人利益的得失。比如，我接触到的一些刚毕业的‘90后’大学生，他们一个月才挣三四千块钱，却每个月消费上万元买名牌包包和服饰；再比如，我指导过一些创业的大学生，他们创业的目的很简单，就是为了挣更多的钱，享受更加自由自在的生活。有一部分大学生创业者会说自己创业是为了实现个人的理想，但其实主要还是为了获得经济方面的回报。”

“而且让我感到有些意外的是，受访大学生对于金钱和物质的热衷往往并不回避，而是非常的直接和坦率，不会觉得谈论金钱和物质会有什么不妥，这也体现了‘90 后’和‘00 后’在对金钱和物质认识上的一个重要特点。在这个过程中，我觉得大学生的社会责任意识还是相对匮乏的，他们好像并没有意识到个人创业与国家发展和民族进步有什么关系，他们对于创业的认识主要还是基于个人的。总体上看我觉得这一点还是需要引起高校教育工作者的高度重视。”（受访者编码：J-F01）

在访谈中，许老师在谈到对于大学生创业者的认识与了解时，多次提到“物质”“金钱”等关键词，显示出当代大学生过于追求物质满足和实际利益的特点。尤其是随着市场经济的不断深入，当前社会上出现了一些不良的社会风气，人们过于看重经济收益和实际利益，并以此作为衡量成功的主要甚至唯一标准，这一风气深刻地影响了大学生的创业认知与创业态度。如有些大学生创业者认为，“创业就是用市场的机制获取客观的利润，其理想就是成为比尔·盖茨那样的有钱人”。在这一过程中，大学生无意中忽略了个人创业实践对国家发展和社会进步的促进作用，强化了创业的个人价值却弱化了创业的社会价值、强化了工具理性而忽视了价值理性。由此可见，当前大学生的创业理想过于注重对个人价值的追求，个人价值与国家和社会价值出现了明显的割裂，这不仅不利于发挥大学生创业对于经济社会发展的促进作用，而且也必然对大学生创业本身带来消极影响，相关问题亟须引起高等教育工作者的高度重视。

二、大学生创业意向教育亟待优化

创业意向是指“个体选择自主创业并愿意为此承担风险的一种心理状态”①。也有学者认为，创业意向指“对从事创业活动与否的一种主观态度”②。作为一种心理状态，创业意向是创业精神的重要组成部分，是创

① 陶泱霖．高职大学生的创业意愿与创业行为的关系研究[J]．中国职业技术教育，2018（32）：15-21．

②Krueger, N. F, M. D, Reilly & A.L. Carsrud. Competing Models of Entrepreneurial Intentions [J].Journal of Business Venturing,2000,15.

业行为的“关键前置因素”，对创业行为的发生与否起着至关重要的影响作用。一般来说，个体的创业意向越明显，他实际参与创业实践的可能性就越大，反之，则他参与创业行动的可能性就越小。大学生的创业意向受到个体背景、认知风格以及所受教育等多种因素的影响，只有通过创业意向教育将各类因素有效调动起来的时候，大学生的创业意向才能得到明显增强，才更有可能促进大学生的创业想法由概念变为现实。

从当前的实践来看，大学生对于创业抱有较强的兴趣和愿望，一部分大学生积极主动参加各级各类创业培训，部分大学生在校期间已经开始尝试创业行为。但从整体上看，当前大学生创业意向的指向性并不明确，对于创业目标与意义的认识不够清晰，且对于自身创业能力的估计明显不足。问卷调查发现，在对“你对创业是否感兴趣？是否有创业的打算？”这一问题进行回答时，8.53%的受访大学生回答“很有兴趣，正在或即将要创业”，57.51%的受访者回答“有兴趣，未来可能会创业”，21.26%的受访者回答“一般，不大可能创业”，回答“没有兴趣，不会创业”的比例仅为12.7%，对创业“感兴趣”或“很感兴趣”的比例占全部受访者比例的六成以上（参见图14）。

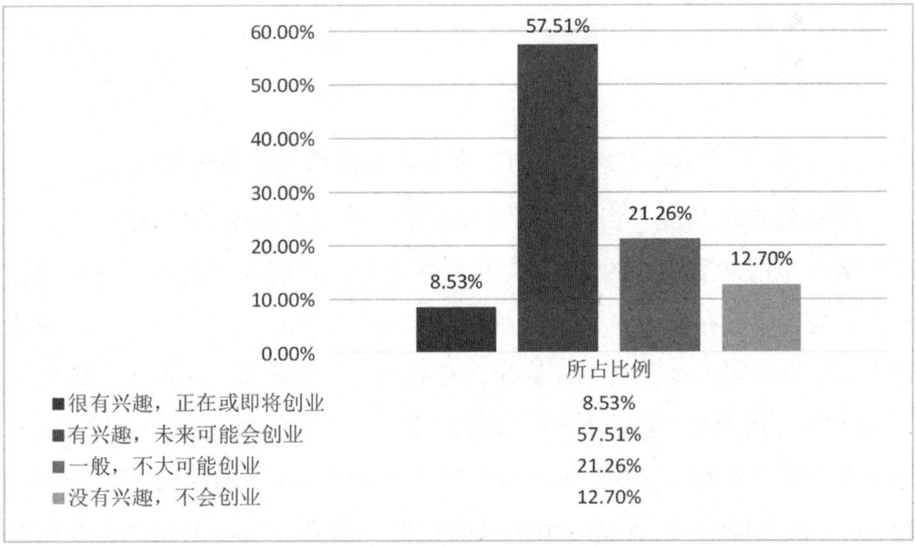

图14　大学生对待创业的兴趣调查结果分布

但与之形成鲜明对比的是，只有不到 5.23% 的大学生就如何实施创业进行了深入的思考，7.53% 的受访大学生回答“进行过思考”，而高达 70% 以上的大学生回答“没考虑过”（参见图 15）。由此可知，虽然受访大学生们对于创业有着非常高的兴趣，但这种兴趣大多只是一种非常笼统的概念化想法，并不具备向实践进行转化的条件与可能。从很多学生的实际情况来看，他们只是觉得创业“很好玩”或者“很新鲜”，表现出了较为浓厚的兴趣，但其实并未就创业方向和具体实施方法进行过深入的思考，这是当前大学生创业精神的一个重要特征。

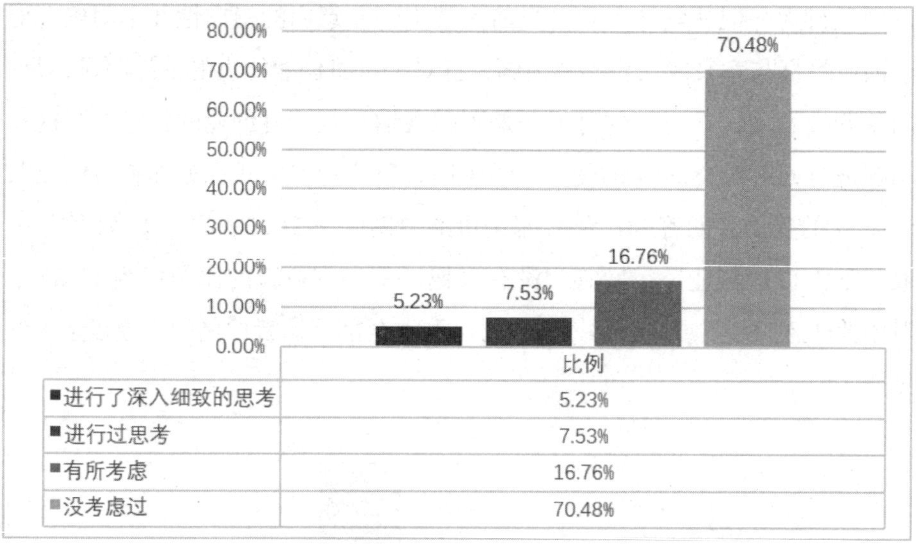

图 15　大学生对于创业问题思考深度的调查结果分布

问卷调查还发现，当前大学生对于自身创业能力的估计相对不足。调查结果显示，虽然有约 66.04% 的大学生表示对创业感兴趣，但在回答“你认为自身已有能力与创新创业的需求是否匹配？”时，约六成的被调查大学生持否定态度。其中，认为自身能力与创业要求“不匹配”的比例为 39.67%，认为自身能力与创业要求“非常不匹配”的比例为 21.2%，而明确表示自身能力与创业要求“匹配”或“非常匹配”的比例仅为 25.91% 和 13.22%，对自身创业能力不认可的比例明显高于认可的比例（参见图 16）。

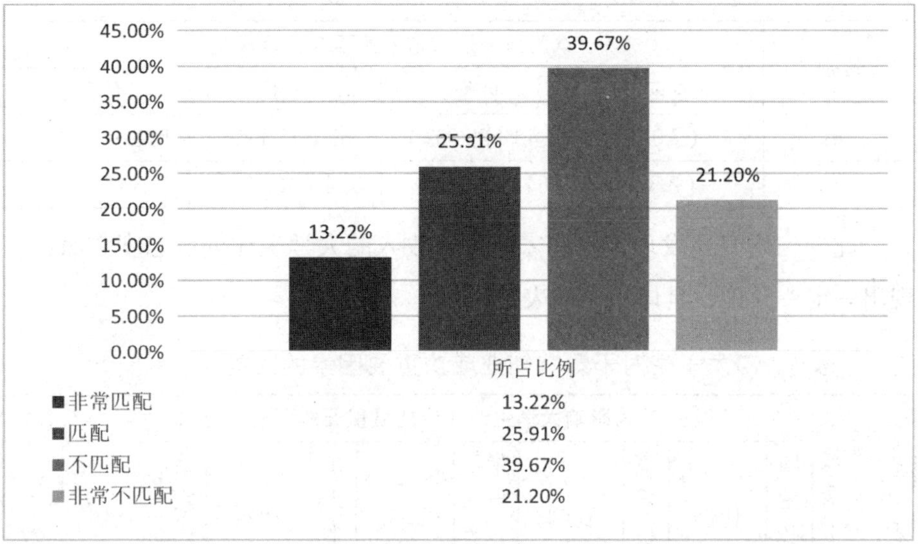

图 16　大学生对于自身能力与创业要求是否匹配调查结果分布

同时还发现，不同性别、不同专业、不同年级以及不同家庭背景的大学生自身创业能力的认可情况呈现出差异性。例如，183 名男生（占全体男生的 32.11%）认为自身能力与创业要求“匹配”或“非常匹配”，而女生持同样态度的比例只有 75 人（占全体女生的比例为 16.23%），女生认为自身能力与创业不相匹配的比例明显高于男生（女生比例为 37.45%，男生为 20.70%），结果如表 11 所示。采用卡方检验来分析性别是否影响大学生对于自身创业能力的认可，结果发现，不同性别大学生创业能力认可比例存在显著差异（x^2=33.17，P < 0.01）[①]，提示结果具有统计学意义。分析认为，这可能是因为男生对自身的创业能力更加自信和激进，而女生则相对比较内敛和保守（参见表 11）。

① 卡方检验常用 P 值（为结果可信程度的递减指标）来衡量变量间的相关性程度，如果 P < 0.05，说明差异显著，结果具有统计学意义；P > 0.05 说明差异不显著，结果不具有统计学意义 .

表 11　不同性别大学生对于自身创业能力认可情况统计表

性别	认为自身能力与创业要求是否匹配?			
	非常匹配	匹配	一般	不匹配
男	40（7.02%）	143（25.09%）	269（47.19%）	118（20.70%）
女	11（2.38%）	64（13.85%）	214（46.32%）	173（37.45%）

此外，研究还发现，不同家庭经济收入的大学生在创业态度方面也表现出一定差异性，具体结果如表 12 所示。

表 12　大学生对于影响创业成功重要因素的回答情况统计表

家庭月收入情况(万)	认为影响大学生创业成功最重要的因素是什么?										
	国家政策	比例	市场机遇	比例	家庭与社会关系	比例	个人能力	比例	坚定信念	比例	人数
＜0.5	64	22.70%	68	24.11%	53	18.79%	56	16.31%	56	18.09%	282
0.5~1.2	63	23.42%	65	24.16%	52	19.33%	43	15.99%	43	17.10%	269
1.2~2	60	23.90%	63	25.10%	50	19.92%	32	14.74%	39	16.33%	251
＞2	62	26.96%	56	24.35%	50	21.74%	24	12.61%	33	14.35%	230

采用卡方检验分析家庭经济收入是否影响大学生的创业态度，家庭经济收入划分为四个等级：低收入家庭（家庭月收入＜ 0.5 万元）、中低收入家庭（0.5~1.2 万元）、中等收入家庭（1.2~2.0 万元）以及高收入家庭（家庭月收入＞ 2 万元）结果发现，不同家庭经济收入的大学生在“国家政策”（x^2=1.4，P=0.71）、“市场机遇”（x^2=0.09，P=0.99）和“家庭与社会关系”（x^2=0.76，P=0.86）方面没有显著差异，但在“个人能力”（x^2=10.17，P ＜ 0.05）和“坚定信念”（x^2=10.7，P ＜ 0.05）两个指标上差异显著。分析认为，家庭经济收入越低的大学生，越倾向于将影响创业成功的因素归结为“个人能力”和“坚定信念”等内部因素。这一结论提示我们，虽然有些大学生家庭条件“一般”甚至“较差”，但他们在“创业自信”和“坚定信念”两个方面却具有相对优势，这对于有针对性地开展大学生创业意向教育具有重要的参考价值。具体结果分布

如图 17 所示。

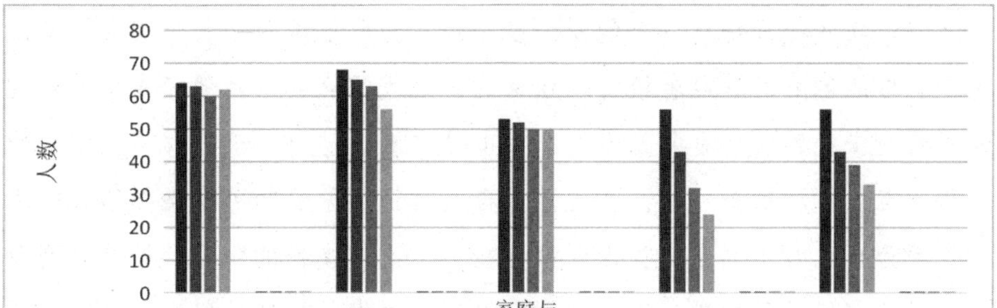

	国家政策	比例	市场机遇	比例	家庭与社会关系	比例	个人能力	比例	坚定信念	比例
■<0.5	64	6.20%	68	6.59%	53	5.14%	56	5.43%	56	5.43%
■0.5~1.2	63	6.10%	65	6.30%	52	5.04%	43	4.17%	43	4.17%
■1.2~2	60	5.81%	63	6.10%	50	4.84%	32	3.10%	39	3.78%
■>2	62	6.01%	56	5.43%	50	4.84%	24	2.33%	33	3.20%

图 17　不同家庭经济收入大学生对于影响创业成功因素回答结果的差异比较

从上述统计结果可以看出，当前大学生在创业态度、创业自信以及创业认知等创业意向方面存在薄弱环节，且不同学生群体（如性别、家庭条件）在个别维度上存在显著差异，提示大学生创业精神培育应在优化全体大学生创业意向的同时，结合不同学生的不同背景和不同特点来开展针对性的教育与帮扶，充分发挥大学生的优势，以提高大学生创业精神培育的针对性和实效性。

【案例 1】“我对创业很感兴趣，但不知道从什么地方入手”——迷茫的大学生小张

小张是 C 大学国际学院 2016 级的一名大学生，专业是电信管理，接受访谈时，小张正在跟着指导老师做一个关于“FPGA”的大学生科技创新计划项目[①]。据他介绍，所谓“FPGA”是一种现场可编程的“门阵列”，通俗来讲就是一种集成通信电路板。小张认为这种电路板的设计更为科学、

①“大学生创新创业训练计划项目”是教育部于 2012 年推出的一项旨在培养大学生创新精神、创业意识以及创新创业能力的科技创新类研究项目，主要包括创新训练项目、创业训练项目和创业实践项目三类．

耗能更低，应该是未来集成通信板行业发展的一个新方向。在谈到是否有可能将这一项目发展为创业项目时，小张不无感慨地说：

“其实我一直都有一个创业的梦想，也为创业做了很长时间的准备，比如学校的创业讲座或者校友企业家的讲座我都会去听，他们成功创业的经历对我来说触动还是非常大的，我也梦想着自己有一天能够走上创业的道路。但是，反过来一想，我又觉得自己真正去创业的可能性并不大，主要是因为自己对于创业的认识还停留在一个比较模糊的阶段，虽然对创业很感兴趣，但并不知道从哪个方面具体着手去做。虽然已经跟着老师做了很长时间的项目，但总觉得平常开展的项目研究与创业实践差得还很远，即使项目做得再好，要想变成创业成果并且取得收益，估计还有很长的路要走。”

“马上就要面临毕业了，家里一直在催促我出国留学，我现在就是觉得很迷茫。有时候我想，我为创业做了那么久的思想准备，难道真的就只是这么想想就算了。每当看到有一些学长或者企业家的创业故事的时候，我就很不甘心。但后来我想通了，虽然自己有了一些创业的想法，但这些想法其实还都是没有经过充分论证的，尤其是没有基本的市场调研数据作为基础，而且其中有相当一部分想法是属于自己‘天马行空’的想法，根本不落地。虽然自己以为可以去创业了，但其实自己在创业能力、心理素质等方面还没有做好准备。因此，也许我的这个所谓的创业想法只能停留在梦想的阶段了。”（受访者编码：C01）

【案例 2】“创业意向教育亟须‘精准制导’”——武老师关于创业教育的反思

武老师是 B 大学教务处负责大学生创新创业教育的老师，从部队转业到高校后，一直负责大学生创新创业教育工作。目前，武老师主要负责该校大学生的学科竞赛、大学生科技创新计划项目以及创业项目孵化与管理等工作，对大学生创业有着独到的认识和理解。在谈到培养学生的创业意向这一问题时，武老师突出强调了开展精准创业指导的必要性，他说：

“现在的创业教育或者说创业指导总体上还是一种‘大而化之’的传统教育方式，面对当前学生群体的多样化需求，这一教育方式已经明显‘out’了。比如，有些大学生对创业都很感兴趣，但他们对于创业的认识还是比较概括性的，他们并没有创业的‘idea’，这种情况下，他们的创业就是一种概念；另外一些大学生虽然具备了创业的想法，但并不知道这种想法适不适合创业，也不知道从哪里开始来准备创业。有的学生想法很好，但是写出来的商业计划书‘惨不忍睹’，没有基本的逻辑框架，自己在创业思路上都没有捋顺，更何谈拿这个去打动投资人了。尤其是有的学生的创业想法天马行空，称之为创意还可以，说是创业那就是太过牵强了。这些情况的出现与我们当前的创业教育不足（尤其是创业意向教育不足）有着密切的关系。在我看来，针对学生创业的辅导应该要借鉴我们军队里的做法，叫作‘精确制导’，拿到创业教育上来，就可以称之为‘精确指导’，只有针对不同的学生群体开展有针对性的教育，才能真正提高创业教育的针对性和实效性，也才能有效培养大学生的创业精神和创业意识。”（受访者编码：J-B01）

新时代背景下，作为“90后”“00后”的他们怀揣梦想和激情，向往着成功与财富。在他们的心目中，马云、马化腾是创业偶像，俞敏洪、雷军是创业明星，云云总总的互联网大咖对他们的创业心理起着潜移默化的影响。在他们看来，只要踏入创业者的门槛，他们就可以像那些创业者一样功成名就、光耀名门。可是，“理想很丰满，现实却很骨感”，虽然具备创业理想，但他们往往并不知道从哪里开始，再加上没有基本的创业经验和启动资金，使得他们的创业理想往往只是停留在空想阶段，真正付诸实施的往往少之又少。针对这一现象，当前应着重增强创业意向教育的针对性和实效性，在提高大学生创业兴趣的同时，帮助他们明确创业方向和创业步骤，提高他们参与创业的自信心。

三、大学生创业心理素质教育有所欠缺

创业心理素质是指“大学生在创业过程中所具备的稳定的个性心理特征，是在先天遗传因素和后天社会环境的基础上形成的心理素质的‘合金’”[①]，在创业实践过程中对创业者的创业行为起到维持与保障作用，是大学生创业成功的重要前提和条件。有研究将大学生创业需要具备的心理品质分为独立性、敢为性、坚韧性、克制性、适应性、合作性、缜密性以及外向性 8 种，其中，独立性、敢为性、坚韧性与合作性是最核心的创业心理品质。[②]有调查显示，当代大学生在独立性、敢为性和适应性等方面表现较好，但在坚韧性、合作性和缜密性方面有所欠缺。例如，《2018 年中国本科生就业报告（就业蓝皮书）》相关数据显示，在毕业半年后自主创业的 2014 届本科和高职高专毕业生中，53.1% 的本科生在 3 年后中断或者退出了创业，54.2% 的高职高专学生 3 年后中断或者退出了创业[③]。

调查中也发现，大学生在面对创业挫折和创业困难方面的表现不够理想，在回答“如果在创业过程中遇到挫折或困难时，你会如何应对？”时，36.17% 的学生回答“考虑放弃”，32.26% 的学生回答“顺其自然”，18.23% 的学生回答“请别人帮忙出谋划策”，13.34% 的学生回答“积极面对并寻找解决对策”，可见，采取积极对策的学生比例仅占三成，接近 70% 的大学生在面对创业挫折和创业困难时采取了消极的应对策略（参见图 18）。

---

① 王志峰．大学生创业心理品质的培育[J]．思想教育研究，2010（12）:45-47.

② 彭钢 . 创业教育学[M]. 南京：江苏教育出版社，1995：198-201.

③ 麦可思研究院 .2018 年中国本科生就业报告（就业蓝皮书）[M]. 北京：社会科学文献出版社，2018：102-111.

是注意力障碍（29%）以及焦虑症（27%）[①]。上述数据表明，由于创业所具有的高挑战性、高风险性以及高度的不确定性等特征，给创业者造成了极大的压力，容易导致创业者产生各种各样的心理问题，甚至诱发各种各样的心理疾病。尤其是对于大学生而言，由于他们的社会经验较为缺乏、处理事情的技巧相对欠缺等原因，导致他们在创新创业的过程中更容易产生各种各样的心理问题甚至心理疾病，针对他们开展创业心理素质教育就显得越来越迫切。

【案例 2】“创业就是大浪淘沙，成王败寇极大地考验着创业者的心理素质”——“理性主义”创业者小戴

小戴是 E 大学国际法学院法学专业的一名女大学生，她来自江苏的一个知识分子家庭，父母希望她做一名优秀的民商法律师。她曾经参与的一个创新创业项目叫作“最后一公里”，类似于共享单车项目。按照最初计划，该项目是主要面向校园大学生群体的一款“共享单车”，但后来由于各种原因没有付诸实践。在谈到对于创业的看法时，小戴自称自己是一个理性主义者，其背后却反映出小戴对于创业失败的畏惧与担心。她说：

“我觉得创业比较难，需要看机遇、眼光、胆魄与勇气。现在的大学生创业就像是大浪淘沙，成功的就成功了，失败的将会承担巨大的心理压力。可以说，优秀的心理素质是当前大学生应当具备的一种重要的心理素质，能够帮助他们抵御风吹浪打，取得创业成功。人家都说创业是对个人综合素质尤其是心理素质的考验，我觉得自己在这个方面还没有做好充分的准备，我们身边的很多人也都是这样，大家或多或少都会对创业心怀敬畏，总觉得那是一件离自己很遥远的事情。日常的生活和学习当中，我也接触过一些创业者，他们普遍都有很大压力，尤其是在创业初期或者创业遇到苦难的时候，他们的压力就会更大。因为创业者大都是比较独立的人，

---

① 搜狐网．阿甘自杀背后，是无数创业者的生死挣扎[EB/OL]．[2018-08-10]．https://www.sohu.com/a/246466898_679339.

所以，他们在遇到压力和困难时也往往倾向于不去求助，这就更加容易导致他们产生心理危机，有的甚至有可能会因为创业的巨大压力而导致精神崩溃。”

“总体上说，现在的大学生群体心理还是非常积极向上的，但同时，由于这个社会的生活节奏越来越快，大家的压力也越来越大，产生心理问题的可能性也就越来越大了，这也是社会发展的一个必然的结果吧。尤其是对于那些已经走上创业道路或者正在准备创业的大学生，他们所面临的压力可能是其他大学生的几倍甚至几十倍，这是非常可怕的。在这种情况下，我觉得针对高校大学生开展创业心理素质教育还是非常有必要的，开展创业心理素质教育应该成为当前高校心理素质教育的一个重要工作方向。”（受访者编码：E01）

在小戴的谈话中，她多次提及“压力”“困难”以及“心理素质”等关键词，代表了小戴关于创业的一些基本认识与理解，如她所言，随着社会节奏的越来越快，优秀的心理素质已经成为当代大学生尤其是大学生创业者必备的重要品质，开展创业心理素质教育应当成为高校创业教育升级发展的重要内容之一。

【案例 3】“创业是对大学生心理素质的巨大考验”——熊老师对于大学生创业的观点

熊老师是北京 A 大学的一名专业教师，同时是学校著名的创业导师，具有丰富的指导学生创业的经验。熊老师从自身经历出发，分析了大学生创业的环境，他认为现在虽然客观上创业的氛围和环境更好了，但其实挑战也更大了，客观上要求大学生必须要具备优秀的心理素质。他说：

“2015 年、2016 年的时候，只要有一个 idea 就能（从投资者那里）拿到钱（投资），而现在大家创业开始越来越理性了，现在学生创业，如果没有真的东西拿出来，去开展创业确实挑战更大了，对于学生的要求会更高。比如我做一个医疗器械的产品，大概是 2010 年 5 月份开始做，前前后后做了 14 年左右，这期间其他事情都没干，我一个人指导学生做，付出了很多艰辛。”

“对于大学生创业来说，有三个重要的方面：第一是社会经验，第二是团队的问题，第三是个人的心理素质。对于工科的创业项目，很有可能一个项目一年两年出不来，遇到这种挫折该怎么办，最重要的我觉得还是要坚持，这对于一个人心理素质的考验是巨大的。但从目前学校开展创业教育的情况来看，针对大学生创业者的心理素质教育好像并没有引起足够的重视，大家还是觉得创业就是创业的事，心理素质教育就是心理素质教育的事，两者之间并没有关联性，这一观点明显是错误的。当前，必须要加强对于学生心理素质尤其是耐挫力的培养，这样才能真正促进创业教育的深入发展。”（受访者编码：J-A01）

从上面的事例可以看出，面对创业的高风险和不确定性，创业者们必须做好充分的心理准备，并拥有坚强的创业心理品质和耐挫力。现阶段，在推进创业教育深入发展的背景下，亟须加强对大学生创业心理素质的教育，使他们不仅成为创业者，更成为具备可持续发展能力的创业者。

四、大学生创业规范意识教育明显滞后

我们的社会之所以能够正常运转，就是得益于人们对共同行为准则的一致认可和遵守，这种共同行为准则既有可能是各类外显的法律规则，也可以是内化于心的道德操守或价值追求。创业规范意识是指在创业过程中应当遵循的职业道德、行为规则和工作操守，主要包括诚信意识、法制观念以及责任意识等。创业规范意识是保证创业行为正确性的重要前提，是在个人利益与集体利益和国家利益发生冲突时处理矛盾的价值遵循和行动指南。伴随我国改革开放的步伐，拜金主义与实用主义等思想在我国大学生群体中蔓延，部分青年大学生出现道德滑坡的现象，严重影响到社会的安全稳定。尽管大学生有较好的文化素养，但由于对相关的法律法规概念不清，法制意识淡薄，容易受人蒙蔽，进而导致自己的行为逾越法律法规的底线，稍有不慎就在创业的过程中误入歧途，断送了自己的创业梦。从当前的实际情况来看，高校在开展大学生创业精神培育时对创业规范意识的强调不够，大学生往往在不熟悉行业规则和相关法律规定的情况下仓促

开始创业，往往是碰到了相关法律问题再反过来咨询相关法律部门、学习相关法律知识，这既对大学生高质量创新创业带来了影响，同时也有可能触碰到法律的底线，给大学生本人和家庭带来不可估量的损失。调查发现，当前大学生对于有关创业的各类法律规定较为陌生，有近 80% 的受访大学生表示不太了解或者完全不知道大学生创业相关规范（参见图 21）。

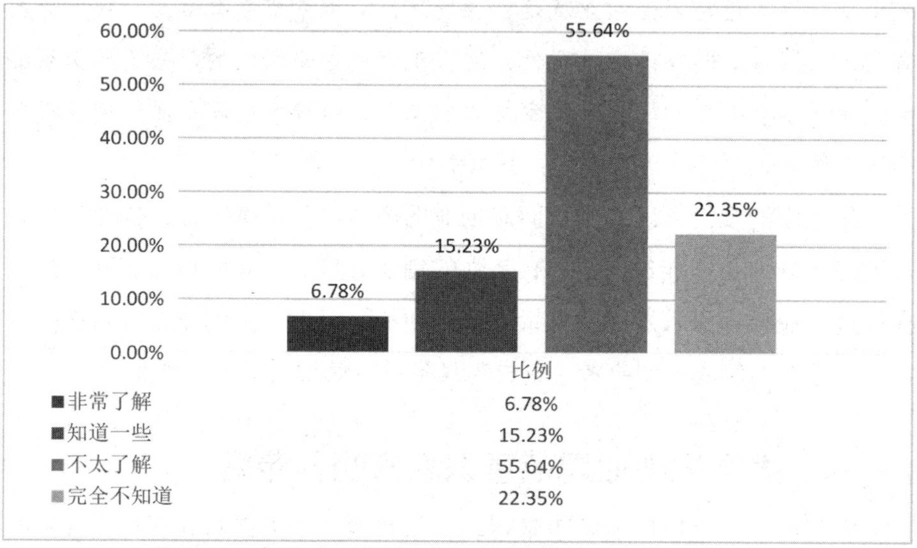

图 21　大学生对于创业相关规范的了解情况统计

伴随我国经济社会的快速发展，当前社会中逐渐出现了片面追求物质享受、追求个人利益最大化等不良现象，对于大学生本人和大学生创业都产生了严重的不良影响。在这种不良观念的影响下，一些大学生不惜违背道德底线去追求物质生活的满足，形成了扭曲的人生观和价值观。有的学者针对当代青年片面追求物质享受而形成“物质导向”的现象进行了深入分析，并且认为：“这种异化的价值取向弱化了青年的价值观理性，使之重视工具理性，青年在社会中很少考虑自身的社会责任，而一切以满足自己的利益要求为目的，这种价值观的异化往往容易带来青年行为失范的问题。”①

① 徐礼堂．当代青年精神生活的引导路径分析[J]．思想理论教育导刊，2018(8)：137-140.

随着大学生创业不断增多，上述不良现象也开始在大学生创业实践中出现，成为影响大学生创业效果的重要因素。例如，随着电商和网购市场的不断繁荣，“虚开发票”“贩卖个人信息”“校园贷”以及“刷单”等各类虚假创业信息充斥网络，诱使许多大学生将违法犯罪误当成了“创业”。有报道显示，安徽省合肥市公安局近年来侦办了多起与大学生创业相关的犯罪案件，这些涉案大学生均毕业未满三年，其中涉嫌诈骗犯罪的大学生多达 76 人，占 48%。有统计显示，与大学生创业相关的案件主要有诈骗类犯罪（约占 48%）、侵犯公民个人信息（约占 27%）以及参与传销及其他新型犯罪（约占 25%）。大学生因为创业涉及的法律问题主要呈现出以下三个方面的特点：一是互联网就业和创业成为就业创业犯罪的重灾区；二是大学生创业违法反映出大学生的法治素养亟待提升；三是涉案企业多通过网络招聘大学生入职，一部分高年级的大学生往往会通过发展“下线”的方式吸纳低年级的大学生参与违法活动。

【案例 1】**大学生因为违法创业走上犯罪的道路**

2016 年 10 月，安徽省铜陵市公安局经侦支队抓获了一个利用“网络刷单”为客户提供虚假业绩牟利的犯罪团伙，出人意料的是，该团伙的 12 名成员均是刚从大学毕业的大学生，他们被抓获时大都一脸茫然，没有意识到自己的行为触碰到了法律的底线，有的人甚至还以为自己所从事的是国家所鼓励的“创新创业”。与此同时，还有许多人利用大学生创业进行诈骗，而这些人中有许多也是在校的大学生。如有团伙利用大学生创业急于寻找投资进行诈骗，谎称可以为大学生创业项目寻找投资方，但往往需要大学生提前交 2000~3000 元不等的“保证金”，后来才发现这是一种新型的诈骗手段。

【案例 2】**“约束也意味着保护”——王老师的创业法制教育观**

王老师是 D 校的创业导师，在指导学生创业的过程中，王老师充分认识到法律法规对于创业的重要性，在她看来，创业实际上是对市场各行为主体的约束，但同时也是保护，没有法制规范的创业就像是“裸奔”的计算机，随时都有“中枪”的可能。在谈及创业法制与规范意识教育的问题时，

D 大学的王老师谈了自己的看法：

“社会的法律和规范是各个组织和机构正常运转的保障，是市场经济的运行规则。对于大学生创业而言，加强创业规范意识教育非常有必要。在很多人看来，开展创业规范意识教育束缚了大学生的创新创业，但其实这是一种误解。举个例子来说，现在很多大学生觉得创业就是要突破制度的约束，这样才能够发现更多的商机。但如果真的这样，社会的基本运行规则将会受到挑战，每个人都可以不遵守基本社会规则，这对任何一个创业者都是一个灾难。从这个角度说，创业法制规范约束了创业者，但同时也保护了创业者。”

“从我们学校开展大学生创业教育的情况来看。当前的创业教育整体上看还是处在一个初级阶段，全校还没有形成齐抓共管的工作格局。尤其是在大家的关注度越来越高的情况下，创业违法、企业失信的案例越来越多，但当前开展创业法制教育的高校还不多，许多大学生对于创业法律法规缺乏认知，一些创业者在创业中不懂法、不守法的情况屡见不鲜，还有些学生因为缺乏诚信精神而走上了创业的歧途。随着当前大学生创业数量越来越多，在高校中开展创业法制的普及教育工作就显得非越来越迫切了。”（受访者编码：J-D01）

【案例 3】“小心创业陷阱”——熊老师对大学生创业者的提醒

作为 A 大学创业指导老师的熊老师有着丰富的创业指导经验，访谈中，熊老师谈起了自己一个学生因为创业而上当受骗的经历。虽然没有受到经济损失，但这件事确实提醒了他们：“小心创业陷阱”。

“我们原来组的医疗器械，东西都做完了，壳子也设计完了，但是因为开模的价格比较高，我们合作伙伴说只能去找投资了。这其中还有一个比较好玩的事，我们同学说，网上有一个投资的公司，说要准备跟他谈融资的事，但是要交保证金。去了之后才知道，原来这个事情是骗人的。后来他去认真了解了一下，发现现在网上有很多所谓的投资公司，他们有可能一分钱投资都没有放出去，却以提供创业基金作为幌子来收取大学生创业者的保证金。更有甚者，还有所谓的投资机构把学生骗过去，限制学生的人身自由，只有交了赎金才可以走人。”

“毕竟创业的事情，好多人一开始也没有经历那么多，因为没有经验，所以有可能会被骗，我们当时都感慨，创业的陷阱可真多。从这个角度说，大学生创业者一定要多学习法律知识，多了解市场上存在的各类风险，以有效应对或者规避这些风险。这就需要高校创业教育加强对大学生的创业法制教育，既帮助大学生规范自己的创业行为，同时也可以帮助他们有效地规避各类市场风险，从而提高他们创业的成功可能性。”（受访者编码：J-A01）

由此可见，创业规范意识是大学生创业精神的重要组成部分，是保证创业精神正确方向的条件保障。随着大学生创业失信事件越来越多，应高度重视对大学生开展创业规范意识教育，提高他们的诚信精神和诚信意识，为大学生的创业成功提供充分的保障。

第三节　我国大学生创业精神培育问题的归因分析

著名社会学家齐格蒙特·鲍曼在其著作《被围困的社会》一书中提道：“在正确的手段被设计出来之前，我们首先应该知道事物的形状、它们生长的土壤、它们孕育的条件。一旦这样做，我们应付严重威胁所凭借的手段的落后性就更明显地表现了出来，并且，这种落后的手段或许更容易被改进。”[①] 为了针对大学生创业精神培育相关问题提出有效对策，我们需要就相关问题产生的原因进行归因分析，以便为相关问题的解决提出更好的解决手段。现从社会因素、高校因素、家庭和义务教育因素、大学生个体因素以及相关研究支持度因素五个方面对相关原因进行归因分析，以便于为寻找对策打下基础。

① 齐格蒙特·鲍曼．被围困的社会[M]．郇建立，译．南京：江苏人民出版社，2005：引言，25.

一、社会文化环境制约大学生创业精神的培育

高校大学生创业精神的培育离不开良好的社会环境和舆论支持，这里的“社会环境和舆论”既指政府的各类相关政策，也指社会文化和大众舆论，是一个广义上的概念。从发达国家开展大学生创业精神培育的经验来看，营造开放、宽容的社会文化和舆论环境对于大学生创业精神和创业意识的养成具有至关重要的作用。但从我国的现实情况来看，无论是从传统保守思想看，还是从社会舆论看，都存在着一些制约和影响大学生创业精神培育的不良因素，我国的创业型社会文化远未形成。

首先，传统文化中的一些思想束缚了大学生创业精神培育工作的开展。作为一个有着悠久历史的文明古国，我国的传统文化体系中不乏诸如“自强不息”“诚信为本”等内容，对于指导人们的生产实践具有重要意义。但同时，也存在着人们对于部分思想理解不到位甚至曲解的状况，束缚了大学生的创业观念和创业行为，影响了大学生创业精神培育的效果。例如，传统儒家文化提倡“学而优则仕”（《论语·子张》），提倡“做事”有余力的时候就去“治学”，“治学”有余力的时候就去“做事”，“做事”与“治学”深度融合、辩证统一。这一思想本身是有着深刻的哲学意蕴的，但在封建社会的很长一段时间里，人们对于这一思想的理解发生了偏差，慢慢出现了“做事”与“治学”的割裂，且很多人简单地将“做事”等同于“做官”，严重误解了古人的原意。在这一错误理解的影响下，许多年轻人终其一生参加科举考试，以求取功名，却大大忽略了“做事”的重要意义。时至今日，虽然人们对于商业和商人的认识已经发生了极大的改变，但类似“两耳不闻窗外事，一心只读圣贤书”“万般皆下品惟有读书高”等的思想仍然根深蒂固地存在于一些人的心中，并在一定程度上影响着人们的思想认识和行为方式，进而影响到大学生创业精神培育工作的顺利开展。

其次，从社会大众对于创业的认知态度看，不成熟、不完整的创业认知束缚了创业教育工作的开展，影响了大学生创业精神培育的效果。在许

多人的思想认识中，“创业”仍然只是少数人的“冒险性”事业，大部分人（包括一部分企业家在内）在内心深处对创业仍然存在一定的距离感。即使在当前社会创业环境极为宽松的情况下，许多人在谈论创业时仍然将其与“高风险”“高投入”“不稳定”等消极词汇联系在一起。在大学生创业的问题上，即使是一些高校教育工作者也容易持有怀疑态度，认为让大学生去创业是一项“不靠谱的事情”。近年来，在政府的大力提倡和积极推进下，我国创业教育的氛围得到了很大改善，许多人对于大学生创业的狭隘认识得到了一定程度的纠正，但仍然有许多人对大学生创业持有抵触态度，这显示出我国社会文化对大学生创业存在一定的认知偏差。总之，我国的创业环境虽然与之前相比有了极大的改善，但鼓励创新、宽容失败的社会文化氛围和舆论导向仍未形成，这将成为未来一段时期我国大学生创业精神培育工作中的主要内容。

最后，从不良社会风气对创业精神的影响看。改革开放以来，我国的经济社会环境逐渐向好，人们的物质生活条件得到了极大的改善，但同时也滋生了实用主义、拜金主义以及享乐主义等不良的思想观念。在这一观念的影响下，自私自利、吃喝享乐、追求安逸等思想观念在一部分大学生群体中普遍存在，价值取向功利化、道德信仰虚无化以及文化生活庸俗化等问题开始凸显，逐渐发展成为影响大学生成长成才的重要因素，也对大学生创业精神的培养带来了非常不利的影响。尤其面对当前社会的多元化价值观念的冲击和网络生活成为重要的生活方式，一部分青年人开始在纷繁复杂的社会中迷失自我，个人的人生理想与追求逐渐被物质生活中的各类现实刺激所代替。在一部分当代青年人看来，生活的目的在于享乐，在于追求以自私为核心的所谓“自我价值的实现”，他们奉行的生活信条是“人生若朝露，行乐需及时”“生不在忧，有钱则灵；分不在高，六十就行”，所追求的人生理想则是“宁在宝马车里哭，不在单车上面笑”，这些功利化、实用性的思想观念对一部分大学生的人生观和价值观带来了深深的影响，甚至造成了一部分大学生心理的扭曲，从而酿成违法犯罪。由于创业活动本身具有创新性、挑战性、冒险性等特点，客观上决定了创业是一项异常艰苦、突破常规的挑战性实践活动，如果一个人没有超强的吃苦耐劳的精神和坚强毅力，想要在创业中取得成功几乎是不可能的。

综上所述，当前我国大学生创业精神培育的社会环境和舆论导向对大学生创业精神的培育带来了一定影响，束缚了创业精神培育效果的显现。即使近年来人们对于大学生创业的认识变得逐渐正向和积极，但整体上支持大学生创新创业的文化氛围还尚未形成，亟须社会各界开展更多的创新性工作，以便于为创业精神的培育提供更加合适的条件和环境。

二、高校对创业教育的育人功能存在认知偏差

高校创业教育是指通过开展一系列的创业教育教学和实践活动，以有效培养大学生的创新精神、创业意识和创新创业能力的教育。从本质上看，创业教育是素质教育的一种，是素质教育在高等教育领域的延伸和拓展，“其以促进学生全面自由发展这一‘育人’的核心目标贯穿于育人的全过程”[①]。作为高等教育体系的有机组成部分，人才培养始终是高校创业教育的核心功能，是创业教育作为一种教育实践活动的价值基础。但从当前的工作实践来看，我国的高校创业教育在工作理念、功能定位、教育目标、内容与方法以及评价方式等诸多方面存在认知偏差，导致了创业教育与学校整体育人工作的严重割裂，影响了创业教育在培养大学生创业精神中的作用。

一是在创业教育发展理念上存在认知偏差。《国务院办公厅关于深化高等学校创新创业教育改革的实施意见》（国办发〔2015〕36 号）明确要求：要“树立先进的创新创业教育理念，面向全体、分类施教、结合专业、强化实践，促进学生全面发展，提升人力资本素质。”这一指导思想对于促进创业教育的科学发展、培养大学生的创业精神与创业意识具有重要意义。但从实践现状来看，当前我国部分地区和高校尚未充分认识高校创业

① 侯永雄，林文凯．创业教育与地方本科院校转型的内在耦合性及实现路径 [J]．高教探索，2015（2）：40-44．

教育的重要战略地位，没有将其有效纳入学校的整体育人体系之中，个别高校甚至还将其当作一项“临时性的任务”来看待，以至于创业教育始终游离于学校整体育人工作之外，影响了大学生创业精神培育的效果。例如，一些高校在教育方式上采取“突击式”“运动式”的方式开展创业教育，仅仅通过举办几项创业竞赛或者开展一些创业类校园文化活动来培养大学生的创业精神和创业意识，使得创业教育变成了一种“形式化”“走过场”的教育活动，对其深入发展非常不利。

以师资与课程建设为例，当前部分高校在创业教育师资与课程建设方面的投入严重不足，难以满足创业教育实践的需要，影响了创业教育工作的常态化、机制化。例如，有研究对S省64所地方普通高校创业教育师资状况的调研发现，当地高校创业课程师资的生师比达到346∶1，这一比例显然超过了教育教学实践活动的一般标准。除此之外，创业教育教师在理论素养、讲授能力、实践指导能力以及教学研究能力等胜任能力方面也表现得差强人意。该省2015年共有创业课程教师1672人，其中，团学干部兼任1257人、管理与教辅人员兼任110人、专业课教师兼任305人，而前两类人员中具有经济学、管理学等专业背景的人员仅为12.1%。[①]相关教师队伍在指导快速发展的创业教育实践时往往显得力不从心。在创业教育课程建设方面，目前我国的高校创业教育课程仍然以选修课为主，只有20.29%的高校把创业课程列为必修课，课程设置过于单一，在培养大学生创业精神工作中的作用发挥极为有限。[②]

二是在创业教育功能定位上存在认知偏差。当前，关于创业教育的功能大致分为“社会发展功能”和“个体发展功能”两类。所谓创业教育的社会发展功能，是指通过开展创业教育来鼓励高校大学生创业，进而产生“就业倍增”效应，既解决了大学生就业的问题，还可以创造就业岗位、

① 陈春晓．地方高校创业教育师资队伍建设的困境与机制创新[J]．高等工程教育研究，2017（3）：170-173.

② 徐国权．高校创业教育的影响因素与对策研究[J]．思想理论教育导刊，2010(6)：110-112.

促进经济发展。尤其是在近年来高校毕业生规模不断增加的背景下，通过“以创业带动就业”的方式解决大学生就业难题成为相当一部分教育工作者对于创业教育功能的共识，仿佛创业教育被当成了解决大学生就业困难这一难题的“灵丹妙药”。这一思想观念和行为模式重视了“创业”却忽视了“教育”，是非常不妥的。从教育效果上看，相关工作表面上看起来开展得轰轰烈烈、丰富多彩，实际上却并没有将创业的思想和精神有效地灌输到学生的内心当中，没有激发起大学生的创业精神和创业意识。

客观来说，通过开展创业教育的方式鼓励一部分有志于创业的大学生开展创业实践，进而创造更多的就业岗位，这本身的确是创业教育的一项职能，但如果将这一职能无限放大，甚至将其作为解决大学生就业难题的主要出路，则未免会导致对于创业教育功能的错误认知，进而对创业教育的良性发展带来消极影响。所谓创业教育的个体发展功能，是指创业教育对于培养个体创新精神、创业意识和创新创业能力方面的功能，是促进个体全面成长成才的重要方式和手段之一。但创业教育毕竟只是育人方式的一种，它需要与其他各类教育方式相结合才能发挥育人效果的最大化，单靠创业教育一方面的力量不可能承担起培养大学生综合素质的全部重任。因此，当前实践中用创业教育代替素质教育的做法无疑是对创业教育个体发展功能的极大误解，也是非常不可取的。

三是在创业教育目标、内容与方法上存在认知偏差。创业教育目标、创业教育内容与创业教育方法是三个紧密相连、相互制约的概念体系，共同构成创业教育活动的主体。其中，创业教育目标处于先导地位，创业教育内容处于中心地位，创业教育方法处于辅助地位。一般而言，设立了什么样的创业教育目标，就会相应地选取什么样的创业教育内容和创业教育方法。而创业教育内容和方法的选择又在一定程度上影响着创业教育目标的达成，三者辩证统一，共同作用于创业教育教学活动的全过程。从根本上说，创业教育应以培养学生的创新精神、创业意识和创业思维为主要目标，通过传授综合化的创新创业知识，进而在大学生心中埋下一颗创业的“种子”，期待在未来适合的条件下“生根发芽”。但从当前的创业教育实践来看，许多高校将培养“学生企业家”作为教育目标，在教育内容上偏重创业技能和创业实务，在教育方法上沿袭传统的讲授式方法，导致创业教育工作出现了严重的“工具价值”取向。例如，一些高校将创业教育目标的定位局限于培养能够开办公司的小老板，通过讲授创业实务和管理经营知识来培养学生的创业能力，并以参与创业的学生人数、开办公司的数量以及创业公司吸引投资的规模等作为衡量创业教育目标达成度的主要指标甚至唯一指标，个别高校还将学校里的个别“创业明星”作为榜样进行广泛宣传，将其作为创业教育目标达成的主要证明，这种简单化的工作方法将会加深人们对于创业教育目标、内容与方法的狭隘认识。

除此之外，高校创业教育在教育对象、评价方式等方面也存在着一定的认知偏差。例如，许多高校将创业教育理解为只是对部分有明确创业意向的大学生开展的教育，或者只是针对大四即将毕业的学生开展的就业指导性教育，人为地缩小了创业教育的对象范围，使得创业教育变成了针对小部分大学生的“特训营”或“速成班”，这种“重视个体忽略全体”的做法必将影响到对于全体大学生创业精神和创业意识的培养，也是与我国创业教育政策所提倡的“面向全体”“贯穿全程”以及“分类指导”的指导方针相违背的。在评价方式上，许多高校还没有建立起科学的创业教育效果评价机制，一些高校仍然只是通过考试、考察的方式来对创业教育的教学效果和学生的学习效果进行评价，或者通过考察孵化创业项目的数量以及成立公司的数量来评价创业教育的效果，这种“机械化”“简单化”的教育评价方式显然难以有效评价大学生创业精神培育的效果。

综上所述，由于高校教育工作者对创业教育存在着诸多的认知偏差，一定程度上导致了创业教育的“孤岛化”“空心化”与“形式化”，影响了大学生创业精神培育工作的顺利开展。所谓“孤岛化”是指创业教育孤立于学校整体教育工作之外；所谓“空心化”是指创业教育在师资队伍建设、课程建设以及教材建设等方面的工作严重滞后，不能适应创业教育发展的实际需求；所谓“形式化”是指创业教育的开展方式过于单一，教育效果难以保证。目前，党和政府已经意识到这一现象对于创业教育发展的不良影响，并出台了相关的指导性政策，必将在支撑创业教育科学发展中发挥越来越重要的作用。

三、家庭教育和基础教育阶段的创业素质教育欠缺

从创业精神培育的角度而言，家庭教育和基础教育阶段是为大学生创业精神的养成打下基础的阶段，是创新精神和创业意识的萌芽期，对于学生成人后的创新精神、创业素质的养成具有基础性的重要作用。但从现实情况来看，我国在家庭教育和基础教育阶段对于学生创业素质的培养非常欠缺，严重影响了大学生创业精神培育工作的成效。

首先，家庭教育对于孩子创新意识的培养不足。众所周知，最好的老师是父母，最好的教育在家庭。习近平总书记曾经指出："中华民族自古以来就重视家庭、重视亲情。家庭是社会的基本细胞，是人生的第一所学校。……我们都要重视家庭建设，注重家庭、注重家教、注重家风……，使千千万万个家庭成为国家发展、民族进步、社会和谐的重要基点。"[①] 英国学者莫里（Mori）（2000）的一项研究表明，在创业这一问题上，父母对青年的影响最大，其他家庭成员和亲属在鼓励和支持青年创业上都发挥着重要的作用。[②] 由此可见，家庭教育在孩子创新精神与创业意识的养成中具有不可替代的重要作用。但从实际情况来看，我国家庭教育在培养孩子创新精神和创业意识方面的工作开展得较少，没有起到应有的作用。例如，由于当前我国的独生子女较多，"6+1"（即 6 个大人共同抚养 1 个小孩）的现象在许多家庭非常普遍，娇生惯养和溺爱的情况较为严重。日常生活中，本来应该孩子独自承担和面对的事 * 情往往由大人代为完成，客观上减少了孩子锻炼自信心和抗挫折能力的机会，以至于许多孩子成为"温室里的花朵"，经不起风吹雨打。许多家长受传统思想观念的影响，对具有挑战性和创新性的事物抱有严重的抵触心理，不愿意让自己的孩子

① 中共中央国务院举行春节团拜会，习近平发表重要讲话[N]. 人民日报，2015-02-18(1).

② 牛长松. 英国高校创业教育研究[M]. 上海：学林出版社，2009:141.

尝试和探索新事物，影响了孩子创新能力的发展。一部分家长深受传统思想的影响，再加上对于客观环境中不确定因素的担忧，在思想上倾向于让孩子找一份稳定的“铁饭碗”工作，尽量少“冒风险”。还有一些家长在思想认识上对创新创业持有偏见，认为那是少数人的事，希望自己的孩子只要能够平平安安、踏踏实实地找一份工作就好，这种固化的传统思想观念仍在相当范围内影响着中国父母一代的思想意识，对于孩子创业素质的养成具有极为不利的影响。

其次，基础教育阶段对于学生创新能力、创业素养的培养欠缺。中小学是一个人成长发展的奠基阶段，是一个人人生观、世界观和价值观塑造的关键阶段，中小学阶段所学习的知识、所接受的锻炼将对人一生的发展起到重要影响。纵观发达国家创业教育的经验，多数国家将创业教育视为一种素质类的普及性教育，将创业教育相关内容进行了适当“前置”，以有机融入中小学的日常教育教学之中。例如，在美国，从中学甚至小学开始就对学生进行创新创业素质的培养和锻炼，将培养中小学生的创新创业精神作为重要的教育目标加以考核，这一做法既减轻了在高校阶段开展大学生创业精神培育的压力，同时又丰富了中小学的教育内容，深化了素质教育，提高了创新型人才的育人效果。但由于当前我国基础教育仍然是以应试教育为主，多数学校仍然是以传授课业知识为主要教育内容，学生创新精神与创业意识的培养被置于了可有可无的尴尬位置。例如，由于学业负担较重等原因，许多中小学校都不鼓励学生进行室外探索性的活动和实践，有的学校甚至为了管理的便利性而将体育课程减少甚至取消。还有一些学校不鼓励学生提问题，而是只让学生没完没了地背诵、练习、写作业、考试，这一机械化的教育方法严重束缚了学生创新思维的发展。有研究认为，与发达国家学生相比，我国中小学生在学习能力、背诵能力以及模仿能力等方面较为突出，但在创新能力、自信心以及抗挫折能力等方面明显不足。没有基础教育的充分发展和有力支撑，大学生创业精神培育就将成为无源之水、无本之木。

综上所述，家庭教育和基础教育对于培养大学生的创业精神和创业意识具有重要的作用，而我国当前家庭教育和基础教育在体制机制、教育内容以及教育方法等方面显然不能满足这一需求。导致这一矛盾的原因较为复杂，既有根深蒂固的传统思想的影响，也有相关制度与政策的束缚，诸多因素相互交织，影响了创业教育工作的深入开展。因此，进一步推进家庭教育和基础教育的改革显得极为迫切而必要。

四、相关理论研究成果对创业精神培育的指导不足

理论研究对于实践工作具有重要的指导作用，实践工作的好坏一定程度上依赖于理论研究的进度。从这个角度说，创业精神培育工作的深入推进必然也要建立于扎实的理论研究成果之上。从当前的实践来看，虽然我国的创业教育研究在数量上呈现快速增长趋势，但研究成果的质量以及对实际工作的指导作用相对不足，突出表现为宏观类研究多而微观类研究少、理论类研究多而实践类研究少以及借鉴类研究多而本土化研究少三个方面，创业精神培育相关研究的不均衡、不充分在一定程度上弱化了其对于大学生创业精神培育工作的指导作用。

第一，宏观类研究较多而微观类研究相对较少，创业教育研究的特色性和针对性欠缺，对大学生创业精神培育工作的指导性不强。由于不同地区、不同高校、不同学生群体之间存在差异性，创业教育所面临的问题必然多种多样，这就需要创业教育研究提高针对性，基于不同地区、不同高校、不同学生群体的具体情况具体分析。例如，从地区的维度看，我国东部地区和西部地区在经济社会发展状况、创业教育资源分配以及高校教育教学实力等方面存在着明显差异，东部地区（尤其是东南沿海地区）的经济较为发达、商业氛围浓厚，而西部地区经济发展水平一般、商业氛围不够浓厚，在这一现实情况下，东部地区高校创业教育和西部地区高校创业教育所呈现出的问题形态必然不同；从高校层面看，重点高校与普通高校、本科院校与高职院校、理工类院校与文科类院校之间在教育经费、师资力量以及生源素质等方面的情况差异较大，这也必将对高校创业教育工作的开展带来重要影响；从学生角度看，男生与女生、城镇户籍学生和农村学生、

高收入家庭学生和低收入家庭学生在对待创业的问题上必然存在着显著差异，这也会对创业教育工作带来影响。综上所述，基于创业教育影响因素的复杂性，创业教育研究必须增强针对性，要根据具体地区、具体高校、具体学生群体的特点开展研究，进而得出可靠、实用的研究结论。但从实际情况来看，当前研究多是对于高校创业教育的整体性、概括性研究，研究角度较为宏观和综合，缺乏对于不同地区、不同高校和不同学生群体问题的具体分析，影响了相关研究对于创业精神培育工作指导性作用的发挥。

第二，理论性和经验性研究较多而应用性研究较少，创业教育研究对实践中的各类创业问题关照不够，对大学生创业精神培育工作的指导作用不强。习近平总书记指出："我们坚持和发展中国特色社会主义，必须高度重视理论的作用，增强理论自信和战略定力"①。但他同时也强调，理论必须同实践相统一，用实践来检验理论的真理性。理论性研究是指侧重于对各类事物或现象反映出来的基本知识、基本理论以及基本假设的研究，强调通过研究来发现知识；所谓应用性研究，指侧重于社会现实问题，有针对性地提供特定的社会政策的经验研究，侧重于解决社会实际问题。通过将二者概念进行对比分析发现，理论性研究侧重于问题分析，而应用性研究侧重于问题解决。从现实情况来看，已有创业教育研究的理论性强于应用性和实践性，一些研究的结论往往建立在主观推断或经验总结的基础之上，研究创新性明显不足，影响了相关研究成果对创业教育实践的指导。在这一点上，美国更加注重关于创业主体的个性化特征以及创业实践路径等的微观类研究，且注重增加研究深度和拓展研究角度，而我国创业教育研究大多仍然停留在经验性的研究阶段，研究工作的水平有待提升。在这一情况下，我国的许多创业教育研究内容重复性较高、研究结果的应用性不强，相关研究结论很难在指导大学生创业精神培育的工作中发挥作用。创业的最大特征在于应用性，创业教育的主要特点之一也是应用性，从这

① 习近平．高举中国特色社会主义伟大旗帜　为决胜全面小康社会实现中国梦而奋斗——在省部级主要领导干部"学习习近平总书记重要讲话精神，迎接党的十九大"专题研讨班开班式上的讲话［N］．人民日报，2017-07-28（01）．

个角度说，缺乏对于创业教育实践问题的分析，创业教育研究就失去了最根本的价值。

第三，比较类和借鉴类研究较多而本土化研究较少，基于我国特殊社会制度、特殊文化背景开展的研究相对欠缺，束缚了相关研究对大学生创业精神培育工作的指导。由于创业教育最初源起于美国，一些研究者较为重视对于国外创业教育的借鉴性研究，取得了一定的研究成果。但同时，当前研究中呈现出“基于国外经验借鉴性研究过多、基于国内实践的本土化研究缺乏”的特点，尤其对美国、英国等资本主义国家或地区的研究较多，而基于我国经济、政治和文化特点进行的相关研究较为缺乏。有学者针对这一现象认为，“目前的研究既不能从学理层面、以富有中国话语的理论框架来阐释我国创业教育的本质特征及最终的价值实现愿景，也无法从事理层面、以具有本土化的思考来引领和规范我国高校创业教育实践的路径。”① 尤其值得一提的是，我国传统文化中蕴含着丰富的创新创业思想，深入挖掘和提炼这些创新创业要素不仅有利于发扬我国的优秀传统文化，也将在当前世界创新创业教育的发展中贡献出中国智慧。但可惜的是，当前我国有关创新创业教育的各类研究缺乏对于中国优秀传统文化的关注，相关研究有待进一步深入开展。

① 王志强，杨庆梅．我国创业教育研究的知识图谱——2000—2016 年教育学 CSSCI 期刊的文献计量学分析［J］．教育研究，2017（6）：58-64．

第五章　国外大学生创业精神培育的经验借鉴

伴随知识经济时代的到来，世界各国充分认识到开展创业教育、培养大学生创业精神对于培养创新型人才、促进经济社会发展以及提高国家综合竞争力的重要意义，纷纷采取各种措施推进高校人才培养模式的深入变革。这其中，美国、日本、英国的创业精神培育工作特色鲜明且效果突出，对我国大学生创业精神培育的有效开展具有重要的借鉴意义。

第一节　美国的大学生创业精神培育

一、美国开展大学生创业精神培育的概况

从“西进运动”[①]开始，以开拓精神和冒险精神为核心的创新创业思想就深深植根于美利坚民族的群体性格当中，并在其建国与发展的历程中展现得淋漓尽致。基于其在创业教育领域的开拓性地位，美国被公认为世界创业教育的典范，是开展创业教育时间最早且效果最好的国家之一。当前，美国已经建成了体制机制完善、课程体系健全的创业教育体系，形成了规范化的创业教育教学机制，为大学生创业精神的培育打下了坚实的基

① “西进运动”是指美国东部居民向西部地区迁移的运动，始于18世纪末，终于19世纪末20世纪初.

础。据调查，目前美国全国范围内有1800多所大学和学院开设了2200多门创业教育课程，有277个学位授予点，100多个创业研究中心，44种创业类学术期刊，200多个创业教育捐赠点。以此为基础，美国大学生的创业活动呈现蓬勃发展的态势，创业精神和创业意识高涨，创业成果不断涌现。有研究显示，美国94%的高校创业想法都能得以商业化，其高校大学生创业率和创业成功率都明显高于其他国家和地区。例如，哈佛大学商学院5%的校友在毕业1年内创业，其中13%的人创业成功①。在文化传统和经济实力的带动下，美国政府高度重视营造创业型社会文化，将创业教育上升为国家战略，建设形成了具有美国特色的创业教育生态系统。

从总体上看，美国的创业教育是其高度发达的高等教育体系中的重要一环，目前已经有效融入其人才培养的全过程，在培养一批又一批高素质创新型人才工作中发挥着越来越重要的作用。相对于通过创业教育来培养出一个个企业家而言，美国教育界更加认可创业教育的精神培育价值，致力于通过开展教育活动在每一位国民心中埋下一粒创新创业的“种子”，待到某一天适合的时间“生根发芽”。从这个角度来说，美国高校创业教育早已抛弃了“创业教育”就是“教会学生如何创业”甚至“如何开办一家公司”等的狭隘观念，这对于美国高校创业教育工作的科学发展、深入发展具有重要意义，其创新型人才在数量与质量上领先全球，且在服务美国发展中发挥着越来越重要的作用。

二、美国大学生创业精神培育的特点

（一）重视构建创业精神培育的生态化机制

生态系统（ecosystem）概念最早由英国植物学家坦斯利（Tansley）于1935年提出，意指一定地域内相关生物与环境相互作用的能量转换、

①Lerner J， Malmendier U. With a Little Help from My Random Friends: Success and Failure in Post-business School Entrepreneurship [J] . Review of Financial Studies, 2013, 26(10): 2411-2452.

物质循环以及信息传递等互动过程的统一体，是生态学的功能单位，其特点在于强调一个系统内各相关因子之间相互联系、相互作用以及功能上的统一。此后，凯瑟琳·邓恩（Katharine Dunn）和安德鲁·科贝特（Andrew C. Corbett）等学者在生态系统概念的基础上提出"创新创业生态系"的概念[①]，认为这一系统主要包括创业教育课程、校园孵化器、强大的技术转化办公室、创业师资队伍以及支持和衔接这些创新创业主体的创新网络。[②]基于创业的复杂性，培养大学生的创业精神需要政府、高校、家庭以及各类社会机构的密切配合，因此，构建一个有利于发挥各方优势的协作体系就显得尤为重要。美国教育界充分认识到构建创业教育生态系统的重要性，注重在营造开放、宽松的创业环境的基础上，通过搭建立体化、综合性的创业教育生态系统，将一个系统或者区域内的创新创业要素进行有机整合，从而发挥教育要素的合力。

如麻省理工学院（MIT）是全球创业教育的典范，其创新创业教育模式被全世界高校所推崇和效仿，成为创业型大学的领导者与开拓者。在开展大学生创业精神培育工作中，麻省理工学院非常注重整合校内各个教育资源，以发挥教育的合力，提升教育效果。在具体措施上，该校将课程教学、科研训练以及校园文化活动等相关的创业教育资源紧密地整合在一起，形成了辐射大学及社区的创业教育生态系统。在麻省理工学院的示范和带领下，美国其他高校也纷纷完善自身的创业教育体系，构建符合自身办学特色的创业教育生态系统。如加州大学洛杉矶分校于2011年开始构建学校的创业生态系统，该校的创业生态系统由相关的行政管理机构、创业基础性资源、校友资源和创业社团这四个部门组成，四部分之间相互交织，共同促进全校创业教育活动的开展。与此同时，

①刘振亚．中美高校创新创业教育生态化培育的比较研究[J]．黑龙江高教研究，2016（4）：110-113.

②Andrew Corbett, Donald Jerome A.Katz. Academic Entrepreneurship: Creating An Entrepreneurial Ecosystem[M]. Howard House: Emerald Group Publishing Limited, 2014. 99.

美国的家庭、公益组织、各类基金会以及企业也参与到高校创业教育工作之中，形成了完善的社会化创业教育网络系统，共同致力于提升大学生的创业精神和创业意识。如公益性基金会、创业家协会通过为高校提供创业教育专项基金的形式助力大学生创业精神的培育，这一资金来源成为美国高校开展创业教育的重要资金渠道；中小企业管理局则通过给准备创业和处在创业初期的种子企业提供低息甚至无息贷款的方式助力大学生创新创业，同时还可以在必要的情况下为企业提供各类技术支持，提高企业的技术门槛。从整体上看，美国高校创业教育生态系统具有完善的组织管理机构，能够有效进行宏观规划和工作推进，对于培养大学生的创业精神具有非常关键的作用。

（二）营造积极鼓励创新的开放型创业文化

美国拜杜法案（Bayh–Dole Act）是一项鼓励创新的标志性政府法案，对于促进美国的科技成果转化具有重要的推动作用，许多大学生和科研人员从这一政策中受益。该法案中对创业文化的表述是这样的："社会建构一个适于潜在创业者成长的文化环境比创办一两个企业本身对大学生来讲更为重要，因为文化会直接影响学生识别以及利用机会的能力。"① 这一成果转化法案仅仅是美国诸多支持创业的相关法案中的一个，除此之外，美国还有多项鼓励创新、支持创业的政策法规。在这些相关法规的激励之下，美国社会形成了鼓励创新、宽容失败的开放型创业文化，大众的创新创业热情被充分激发出来。从传统文化方面看，由于美国社会的多元文化特点，使得美国人在理想追求、价值实现以及职业选择上有着更多的选择余地，社会、高校和家庭对于大学毕业生的期待也不仅仅体现为获得一份薪资较高或受人尊敬的职业，创新精神和创业意识被社会大众视为比获得固定工作和薪资更加重要的东西；从高校办学理念看，美国高校普遍将创新创业融入自身的办学指导思想之中，有的大学

① 阚阅．美国创业教育发展的主要特征及若干启示[J]．华东师范大学学报（教育科学版），2016（2）：45-51．

甚至直接将“创业型大学”作为办学目标。如斯坦福大学的办学宗旨是使所学到的知识能够用于解决学生生活当中遇到的问题，能帮助他们生活愉快、事业成功；哈佛大学则认为通过创业教育不仅要教给学生创业的知识和流程，更要教会他们学会学习、学会思考，以具备创业意识和创业精神，成长为可以改变世界的人物；麻省理工学院的创业教育则是为了培养出具备创业精神的创造性人才，能以创造性思维将所学知识运用到其工作与创业过程之中。①

此外，美国社会重视在家庭教育和基础教育阶段开始对学生进行创新、创造和创业意识的培养，为大学生创业精神的培养打下了较好的基础。众所周知，儿童创造力、想象力以及自信、自尊等良好个性品质的养成不是一蹴而就的，应从点点滴滴做起。父母是孩子的第一任老师，家庭教育是孩子接触的第一课堂，如何从小发挥父母和家庭在培养孩子良好个性品质中的作用，美国在这一点上的做法给我们以深刻启示。美国的家庭教育和基础教育非常注重鼓励孩子探索新发现、尝试新事物，美国父母一代竭尽全力将上一辈人传递给他们的创新创业精神传递到下一代。例如，在日常的家庭教育中，美国的父母经常会抽出时间陪孩子一起参加各种类型的社区活动或体育运动，带领孩子接触和走进大自然，体验世界的丰富多彩，开发孩子的探索意识和创造性思维。同时，通过参加上述活动，家长也帮助孩子具备了团队合作的意识与创新意识，提高学生通过自己的努力解决问题的能力。在基础教育方面，美国除了在幼儿园开始就培养孩子们的创新意识以外，还构建了从小学到高中的创业教育体系，美国基础教育中的创业教育主要以提高职业兴趣为目标，高中阶段还设定了每人必须修满 10 学分职业教育课程的目标。美国媒体曾经以“身处校园，他们已经是首席执行官”为标题报道了美国中小学的创业活动，显示出美国在培养学生创业精神与创业意识中的前瞻性。

---

① 雷家骕．国外典型创业教育及其对我国的启示[J]．中国大学生就业，2010(14)：25-28.

（三）重视创业教育师资队伍与课程体系建设

美国高校创业教育非常重视创业教育师资队伍与课程体系的建设，将其作为提升创业教育教学实效性的中心工作来看待，创业教育的规范性与系统性程度非常高。例如，美国十分重视高素质创业教师的培养，政府和高校鼓励教师在掌握相关创业理论的基础上，通过定期参加培训及研讨等方式提高创业教育的能力与素质；同时，学校还鼓励部分有潜质的教师在保留教师职位的同时直接参与创业实践，了解创业过程，丰富创业体验，鼓励教师将自身的科研项目投入创业实践；此外，美国高校还积极聘请创业成功的企业家或成功人士担任兼职教师，用鲜活的创业案例激发大学生创业的兴趣和积极性。在百森商学院，学校积极招聘来自不同背景的创业型师资，该学院创业部的 62 名教师中，有 34 人属于兼职教师，且其中 70.59% 的教师具备创业经验；97.06% 的教师具有企业任职经验[①]。

课程建设方面，美国高校既有传授创业基础知识的理论课程，又有培养创业意识的体验课程，还有以培养学生实际动手能力为目的的实践课程，课程设置体现出“创新创业教育与专业教育结合”“线上课程与线下课程结合”以及“显性课程与隐性课程结合”以及“理论课程与实践课程结合”四大特点。例如，百森商学院的“创业学”课程融合了未来创业所需要的“创业遗传代码”和有关创业的社会知识，其创业课程体现出综合性、多样性和实践性的特点。[②] 总之，“美国的创业教育从二十世纪四十年代一直至今，已经形成了日臻完善的创业教育课程体系”[③]。在建设丰富创业课程的同时，美国高校还极为注重发挥案例教学在创业教育教学中的重要作用，以丰富、鲜活的创业案例激发学生的创业兴趣，增强学生的创业意识。可以说，案例教学已经成为美国高校开展创业教学、培养学生创业精神和创业意识

① 张昊民，马君．高校创业教育研究 [M]．北京：中国人民大学出版社，2012：179.

② 施丽红．美国创业教育支撑体系的特点及启示 [J]．教育与职业，2012（5）：158-159.

③ 沈茹．美国大学创业教育的特点及启示 [J]．中国成人教育，2014（20）：125-128.

的一个重要方法。

此外，美国在开展高校创业教育工作中还具有其他一些突出特征，比如高度重视创业教育理念的前瞻性、充分发挥社区教育在大学生创业精神培育中的作用以及注重激发社会资本的创业活力等，这些做法在推动高校创业教育快速发展、培养大学生的创业精神中都起到了重要作用。

第二节　日本的大学生创业精神培育

一、日本开展大学生创业精神培育的概况

“日本高校创业教育起步于20世纪80年代末”[①]，经过近40年的发展与探索，日本形成了政府、企业以及高校间密切合作的工作格局，各部门之间开展深度协作，共同推进创业教育的深入发展。为了培养能在未来社会驰骋的高素质创新型人才，日本政府、社会和高校高度重视大学生创业精神培育工作，在政策、资金以及后勤保障等多方面提供了完善的服务和保障。在各个部门的共同努力下，“创业教育，尤其是大学生创业教育在日本呈现高涨势头”[②]。作为同属东方文化体系的国家，日本与中国在教育理念、制度体系以及教育模式等方面有许多共同点。

与我国相似，日本的创业教育也是伴随世界范围的大学生创业热潮而产生的。20世纪90年代以来，日本政府和社会充分认识到创新创业对一个国家经济社会发展的重要意义，社会各界一致认可培养能够适应未来社会挑战的创新型人才的重要性，从营造创业文化、强化制度建设以及搭建实践平台等方面入手积极推进创业教育。自20世纪90年代日本泡沫经济瓦解之后，日本的传统产业失去了昔日的辉煌，中小企业以其便利灵活的

① 王书睿．培养大学生的自主创业精神——评《日本高校创业教育》[J]．教育发展研究，2018（12）：14．

② 李志永．日本大学创业教育的发展与特点[J]．比较教育研究，2009（3）：40–44．

优势取代了大型企业，促成了高校和产业的良性互动，各大学围绕建立风险企业提出了“创业家人才计划”并付诸实施，高校创业教育正是在这一背景下得以深入发展。从发展历程看，日本创业教育大致经历了“大学、企业各负其责”（20 世纪 60 年代）、“大学提供管理培训”（20 世纪 70 年代）、“创业教育导入”（20 世纪 90 年代）以及“创业教育理念践行”（21 世纪以来）四个阶段，四个阶段前后衔接、互相贯通，体现了日本高校创业教育“政府自上而下推动”的特点，与我国高校创业教育的发展情况大致相似。

二、日本大学生创业精神培育的特点

（一）将培养创业精神作为高校创业教育的核心

从总体上看，日本将创业教育（日语称为“起業家教育”或“アントレプレナー教育”）看作是一种“开发能力”的教育或素质教育，虽然日本教育界和产业界在对创业教育的理解上各有侧重，但基本上已经形成了对创业教育的这样一个共识，即创业教育不是指狭义的培养创业家的教育或创业家速成培训，而是从广义视角培养大学生创业精神的教育，是将创业家精神的培养、经济与商业意识以及创新创业技能作为共同目标的综合性素质教育。2000 年，日本教育改革国民会议提出了“创业家精神”的概念，并对这一概念进行了解释，强调应该通过开展创业教育培养学生的创业家精神以及相应的思维和实践能力。日本中央教育审议会在咨询报告中也提出通过创业教育培养学生具有自立性、自我表现能力、创造性、协调性以及挑战性，培养学生独立学习和思考的能力。[①] 因此，日本的大学生创业教育不是一种着眼于创业家养成的技能教育或知识教育，而是致力于培养学生社会挑战能力和冒险精神的资质能力教育，是学生通过创业课程

①［日］中央教育審議会．我が国の高等教育の将来［R］．東京：中央教育審議会，2001．12-13．

和创业实践，唤起创业意识，掌握创业技能的一种素质教育。[①]

（二）官产学密切配合开展大学生创业精神培育

与美国的创业生态系统的去中心化有所不同，日本高度重视政府在大学生创业精神培育工作中的主导作用，政府、企业与高校之间的合作非常密切，“逐渐形成了政府主导、社会参与、学校配合的特点”[②]。从政府方面看，基于促进经济发展的考虑，日本政府出台了一系列鼓励大学生创业的政策举措，力求形成各个部门齐抓共管的工作合力。例如，中央教育审议会将“大学风险企业创设”作为突破口，通过设立“创业教育激励计划”（Entrepreneurial Stimulation Project，简称 ESP），建立包括学生创业教育、大学校园指定空间、创业服务网络、社会力量以及数据库资源和信息网络在内的创业教育三维模型；文部科学省、经济产业省和厚生劳动省协作配合，共同出台了“青年自立挑战计划”和《技术专业促进法》等制度规章，以加强对大学生创新创业的指导与帮助；同时，文部科学省还与各大国有银行合作，通过为大学生提供低息贷款等方式参与到大学生创业精神培育的工作当中，解决了学生创业资金不足的问题；此外，各类企业也参与到大学生创业精神培育工作当中。一些企业通过向学校提供人才需求意见、为学生提供创业基地或参与开发创业教育教材等方式参与到高校创业教育工作之中，有效培养了大学生的创新精神和实践能力。在上述工作基础上，日本各大高校非常注重更新教育理念，密切配合政府和产业界开展创业教育改革，通过修订人才培养方案、强化校内各类教育的深度融合以及加强创业指导与实践等方式推进创业教育的深入发展，在深化创业教育改革、培养大学生创业精神的工作中担当了关键性的角色。尤其是在日本启动国立大学的法人化改革的背景下，许多大学为了在激烈的竞争中取得优势，更加注重结合国家和社会需求开展创业教育，为大学生创业精神培育营造了良好的宏观环境。

---

① 李志永．日本大学创业教育述评[J]. 外国教育研究，2009（8）：65-70.

② 李志永．日本高校创业教育[M]. 杭州：浙江教育出版社，2010：141.

（三）注重基于地域特色开展大学生创业精神培育

20 世纪 70 年代以后，随着日本经济由高速增长进入平稳增长时期，地域经济发展在日本经济发展中的地位越来越重要，日本许多地方开始探索基于地域特色的创新型发展道路，以便于在激烈的竞争中脱颖而出。在这一背景下，日本地方政府注重发挥地方性私立大学在人才供应和科研方面的优势，积极争取高等学校加入促进地方经济发展的行列。为了利用好高校这一资源，日本许多地方政府出台了多项促进高校创业教育的优惠措施，对于深化地方政府与高校之间的合作起到了重要的催化作用。与此同时，许多地方高校也逐渐转变传统的发展观念，将注意力转移到建设创业型大学的思路上，标志着日本高校人才培养目标的重要转变。在此背景下，日本许多大学在开展创业教育时极为注重人才培养与地域经济发展之间的关系。例如大阪商业大学的发展目标是成为一所“扎根地方、学习地方、贡献地方”的大学。注重与地方产业结合的创业教育培养方式能够帮助学生更加直观而深刻地理解完成学业和参与创新的重要性，对大学生的社会责任感培养起到了较好的作用，日本大学每一位学生的思想中都有把自己培养成为一个对社会有用之人的社会责任感。

（四）大中小学以及学前机构创业精神教育体系的前后衔接

高校创业教育是大学生创业精神培育的主要渠道，但大学生创业精神培养的任务不应只由高等学校来承担，各类教育的配合与支持对于大学生创业精神培育效果影响巨大。日本的基础教育向来为世界各国所认可，其在品格教育、意志品质教育以及礼仪教育方面的许多做法非常值得我们学习。通过实施多元化的学习内容和教育方式，日本基础教育得以培养出越来越多人格健全、阳光自信、充满仁爱的学子。在此基础上，日本教育界将培养学生的创业精神和创业意识这一思想贯穿到小学教育、初等教育以及中等教育等各个阶段，创业教育成为日本基础教育必不可少的内容。日本很注重开展创业教育的衔接性，注重在不同阶段对学生开展不同形式的创业教育，以培养学生的创业精神。例如，日本中小学校注重结合学校的日常教育教学来培养孩子们的团队合作能力、独立解决问题的能力和创新型解决问题的能力。在小学阶段，一些学校设置了课前勤工俭学的环节，通过打扫教室卫生、收拾餐盘以及配送报纸等方式培养学生的创业心理品质和意志品质。中学阶段，文部科学省在正式的课程体系里探索增加创新创业的内容，在“综合学习时间”里开设“商品街活动”“创业发明大王”等活动课程，为学生提供模拟创业空间，锻炼学生的创业能力。因此，日本创业教育的一个显著特色体现在注重从小学到中学再到大学的连贯性和衔接性，通过开展符合学生接受特点的、适应不同阶段教育特征的创业教育，强化了创业技能教育和创业意识教育之间的联系。[①]为大学生创业精神的培养打下了坚实的基础。

总体上看，日本大学创业教育以提高学生的创业家精神为核心，注重官产学深度合作、强化地域特色、突出前后衔接，具有鲜明的特点。从近年来日本开展创业教育改革的实践来看，日本政府和各级高等学校已经意识到创业教育工作中的“功利化”“实用化”等不良倾向，并开始有意识地引导国内高校对创业教育内在规律的认识，将教育者的关注点从创立企业转移到培养人才上来，以培养更多能在未来社会驰骋的高素质创新型国民，对我国具有一定的借鉴意义。

第三节　英国的大学生创业精神培育

一、英国开展大学生创业精神培育的概况

西欧各国中，以英国的文化和历史最为悠久，其在创业教育中的很多做法在欧洲各国中具有很强的代表性。自20世纪80年代以来，在政府的大力支持下，英国高校掀起了从“研究性大学”到“创业型大学”演变的第二次学术革命，帝国理工大学、普利茅斯大学以及爱丁堡大学等高校纷

① 李志永．日本大学创业教育的发展与特点[J]．比较教育研究，2009（3）：40-44．

纷开始营造创业文化氛围、开设创业教育课程、开展创业实践。1987 年，英国政府启动的旨在培养大学生的可迁移创业能力的“高等教育创业计划”（Enterprise in Higher Education Initiative），2009 年又发布了《全国大学生创业教育黄皮书》（NCGE Yellow Paper），这两份文件影响了英国高校的创业教育进程，对于英国大学生创业精神的培养具有重要意义。目前，英国已经形成了以政府和高校为主导、社会为辅助的大学生创业精神培养体系，构建了以“完全一体化的融入模式”“学校统筹下的中介模式”以及“外部支持模式”为代表的大学生创业精神培育模式。据统计，“在英国推行创业教育的大学中，60% 设有专任副校长（Pro-Vice-Chancellor）负责创业教育，63% 的大学将创业教育作为资深的发展使命之一”[①]，以至于有学者认为，英国是“全球开展创业教育最成熟的国家”[②]。深入分析英国高校创业教育的特点，对于推动我国大学生创业精神培育工作的深入发展具有重要意义。英国大学生创业的主要模式如表 14 所示。

表 14　英国大学创新创业教育的主要模式及其特点

教育模式	主要特点
融入模式	创业教育与专业教育融合，大学生创业精神培育体现在人才培养的各个环节
中介模式	以高校为主导，以企业和科研机构为中介，建立高校、企业以及科研机构的联合体，共同培养大学生的创业精神
社会支持模式	构建创业精神协同体系，政府、高校、企事业单位以及科研院所等机构共同参与

二、英国大学生创业精神培育的特点

（一）重视发挥政府在创业精神培育中的主导作用

20 世纪 70 年代到 80 年代，随着世界经济发展中不稳定因素的增加，

①Rae，D，Martin，L，Anteliff，V，　& Hannon，P.The 2010 Survey of Enterprise and Entre-preneurship in Higher Education[C].London：the 33rd ISBE Conterence，2010.

② 刘树根，程孝良，曹俊兴 . 英国大学创业教育的特点及其启示 [J]. 中国大学教学，2015（3）：85-88.

英国经济也面临着巨大的下行压力，社会失业率高涨，大学生就业状况不容乐观。基于这一客观现实，英国政府高度重视和倡导基于自我雇佣（Self-Employment）理念的创业实践。从 20 世纪 80 年代中期至今，英国政府对高校创业教育的发展起着主导作用，在培养大学生创业精神与创业意识工作中的核心地位一直没有发生改变[①]。英国政府非常注重构建完善的大学生创业教育组织机构，通过校地合作、校企合作等方式为有志于创业的大学生提供创业场所和配套服务。在高校内部，英国大学普遍建设了大学科技园[②]、创业孵化器以及各类创业俱乐部等实体或虚拟的创业机构；在高等学校之外，英国社会还发起成立了各类创业公益性组织，如英国全国高校企业家协会、全国创业教育中心以及全国大学生创业委员会等，这些组织在培养大学生的创业精神工作中发挥了重要作用。

同时，英国政府在资金方面为高校创业教育提供了不遗余力的帮助和支持。据统计，从 20 世纪 80 年代至 2007 年的 20 年间，英国大学生创新创业教育“80% 的经费都是来源于政府的资金支持”。直到现在，“英国政府作为高校创新创业教育实践投资的主体地位依然没有改变”。[③] 在政府的大力倡导下，各高校结合自身办学特色，积极投身创业教育，有效提升了大学生的创业精神和创业意识。与此同时，地方政府和企业也积极投身到大学生创业精神培育的工作当中[④]。例如，英国高等教育学会学科中心会针对不同高校的专业提供教学支持，如地球与环境学科中心（GEES Subject Centre）开展了融合创业信息、案例与技能的“创业教育资源包”，

① 徐小洲，胡瑞．英国高校创业教育新政策述评 [J]. 比较教育研究，2010（7）：68.

② 据统计，英国科技园的数量大概有 100 多个，其中大学科技园占到了四分之一.

③ 苗青.剑桥大学创新创业教育对我国的启发[J].河北师范大学学报(教育科学版)，2018，20（2）：48-52.

④ Beresford, Richard and Beresford, Kate. The Role of Networks in Supporting Grassroots Good Practice in Enterprise Education[J]. Research in Post-Compulsory Education, 2010,15(3):275-288.

以帮助相关教师在地理专业课程教学中有效融入创业教育的元素[①]。许多企业和社区主动与高校联系，为大学生创业教育工作的开展提供资源和平台，如剑桥大学圣三一学院建立了英国第一个科学园并吸引很多企业加入，后来越来越多的企业来到剑桥大学，共同投入剑桥大学的创新创业教育，形成了所谓的“剑桥现象”。

（二）强化课程师资建设以提高创业精神培育的实效性

在具体课程的设置上，英国创业教育的核心课程主要有“关于（About）创业”和“为（For）创业”两种。其中，“关于（About）创业”主要是指面向全体在校学生的创业基本素质教育，其最大特点在于“面向全体学生”和“渗透在学生成长成才的全过程”，这一类课程设置的主要目的在于开展创业通识教育，帮助每一位大学生具备基本的创业精神和创业意识，以便于他们能够在未来的工作岗位上创造性地开展工作；而“为（For）创业”明显具有较强的功利性导向，这一类课程主要针对那些具备创业潜力且有强烈意愿开展创业的学生，以帮助他们创办自己的企业、成功获利为教育目标。这种分层设置、精细设置的课程体系满足了不同学生对创新创业教育的需求，实现了创业教育的精细化和精益化。虽然两类课程都与大学生创业精神培育相关，但两者课程在课程内容安排、师资力量配备以及教育效果考核等方面却是不一样的。据统计，在“关于（About）创业”的课程中，全职教师占 93%，其中，61% 的教师有过商业管理经验，36% 的教师有过创业经历；在“为（For）创业”课程中， 21% 的师资是兼职，98% 的教师有过实业管理经验，70% 的教师曾经成立过自己的企业。[②] 这一举措有力地促进了创业教育教学效果的提升，非常有助于培养大学生的创业精神和创业意识。

同时，英国高校非常重视建设创业教育的师资队伍，通过多种途径吸

①GEES Subject Centre. Enterprise,Skills & Entrepreneurship Resource Pack[EB/OL] http: / /www.gees.ac.uk /prothema /entrap/entrepres.htm.

② 刘馨 . 发达国家高校创业教育的经验借鉴与启示[J]. 教育与职业，2011（11）：99-101 .

纳具有实践经验的教师参与到创业教育的工作当中来，促进了英国创业教育师资队伍来源的多样化。例如，英国高校的创业教育教师有的是专业课的教师、有的来源于各类社会团队的创业导师，还有一部分则是“驻校企业家”，这种创业师资队伍来源的多样化既体现了创业教育的多学科交叉性特点，又满足了学生创业综合素质培养的需要，是英国高校开展创业教育的重要举措。同时，英国政府重视通过设立各种基金与奖励的形式激励创业教师参与创业教育的积极性。为此，英国高等教育基金委员会专门设立了教与学优异基金，对于在创业教育中取得优异成绩的教师给予奖励。而且，英国政府和教育部门非常注重对于教师现代教学能力的培训，将其作为推进创业教育深入发展、提高大学生创业精神培育效果的重要工作内容来对待。

在开展创业教育课程与师资建设的基础上，英国高校非常注重改进传统的教育教学方法，通过提升课程设置的灵活性和强化课程内容的丰富性等提升创业教育课堂教学的实际效果，有效培养大学生的创业精神与创业素质。例如，剑桥大学创业中心通过开展“新兵训练营”“创业星期二”以及“优秀企业家讲座”等方式对学生进行创业精神和创业意识的培养，并根据学生的反馈不断进行调整，实用、有趣且贴近学生生活经验的教育方式对于大学生创业精神的培育具有重要的促进作用。近年来，随着信息技术的飞快发展，创业教育的信息化开始进入到英国高校创业教育工作者的视野当中，为此，很多高校积极引入创业教育“慕课”（MOOCs）平台，推行创业课程建设的计分卡（Scorecard）制度，目前这一制度已被有效应用于检查大学的创业潜力、分析高校创业教育的协同效果以及了解创业者的创业兴趣等多个方面①。

（三）将高校创业教育当作素质教育的重要组成部分

欧洲各国普遍重视传统文化，这一特点也充分体现在了英国高校的创

① 黄兆信，张中秋，赵国靖，王志强．英国高校创业教育的现状、特色及启示[J]．华东师范大学学报（教育科学版），2016（2）：39-44,114．

业教育工作之中。正如有的学者认为的那样，“在传统人文精神与新兴的商人创业精神的博弈过程中，欧洲各国特别是经济比较发达的西欧国家，形成了独具风格的创业理念和创业意识。”[①] 在创业教育发展的初期，人们往往从创造就业岗位、促进经济发展的角度看待创业教育，在价值取向上带有明显的功利化特点，阻碍了创业教育的深入发展。随着创业教育的发展，英国政府和高校教育者逐渐认识到“功利性”创新创业教育是片面的、缺乏发展后劲的。基于对创业教育育人价值的前瞻性认识，英国政府、社会与高校以“非功利性创业教育”为教育理念，合力推动创业教育回归到素质教育和“人”的教育轨道上来。

这里所谓的非功利性创业教育，主要是指在创业教育中更加注重传承创业的基本原理与方法，培养创业者应该具备的素质，目标是使受教育者具备创业精神、创业意识以及创业个性心理品质等。作为欧洲国家的代表，英国以其深厚的人文精神为基础，高度重视创业教育的非功利性，将深厚的人文精神融入大学生创业精神培育的全过程，提高了创新创业教育的科学性。正如有的学者认为的那样，“在英国，创新创业教育不仅培养人们成为企业家的能力，它更是一种品质教育。”[②]1975 年颁布的《20 世纪 90 年代英国高等教育的发展》绿皮书和 1987 年颁布的《高等教育——迎接新的挑战》白皮书都重点提及大学生创业精神的培养，并出台了多项举措来推动高校创业教育的开展。

---

①苏晓纯．发达国家大学生创业精神培养体制及对我国的启示[J]．湖北经济学院学报（人文社会科学版），2011，8（10）：159-161．

②谢萍，石磊．英国创新创业教育的现状及其启示[J]．世界教育信息，2018（14）：42-47，51．

第六章　我国大学生创业精神培育的路径探索

大学生创业精神培育是一项涉及政府与社会、高校、家庭以及大学生个体等多个要素的综合性创新实践活动，创业精神培育目标的实现需要各类要素的深度参与与配合，以形成各个要素内部及要素之间既互相制约又相互协同的关系，“产生单个功能集群自身无法实现的整体协同效应。”[①] 着眼于大学生创业精神和创业意识的培养，应从国家层面、高校层面和个体层面入手，形成以强化创业精神培育服务体系建设为基础、以促进高校创业教育升级发展为核心、以推动大学生创业综合素质自我养成为重点的大学生创业精神培育体系，助力高等教育人才培养质量的全面提升。

第一节　国家层面：强化大学生创业精神培育服务体系建设

创业教育的有效开展离不开国家和社会的大力支持，这不仅是由创业教育服务社会的功能属性所决定的，也是由创业教育本身的系统性和复杂性特点所决定的。基于我国所具有的制度优势、组织优势等特征，要在完善大学生创业精神培育规章制度、营造有利于创业精神培育的文化氛围以

① 任泽中，陈文娟．引入协同创新理念，优化高校创业教育 [J]．中国高等教育，2013（10）：44-47．

及搭建大学生创业精神培育的实践平台等方面进行积极探索，为有效培养大学生的创业精神打下坚实基础。

一、进一步完善创业精神培育的规章制度

从创业教育在西方发达国家发端、发展的历程来看，各国高度重视建设完善的创业精神培育制度体系。例如，以“设定创业遗传代码”“造就最具革命性的一代”作为基本价值取向，美国将创业教育作为高等教育的重要内容，围绕培养大学生创业精神制定了一系列的政策措施，构建了多元化的创业教育制度体系。早在20世纪80年代初，《拜杜法案》（1980）、《史蒂文森——威德勒技术创新法》（1980）和《小企业创新发展法》（1982）等法案就相继颁布。进入90年代以来，美国政府又陆续发布了《美国创新战略：迈向持续增长和高品质就业》《创业美国计划》等支持创业的相关法案。这些法案的出台，不仅直接推动了美国经济的增长，也培养了一大批具有创新精神和创业意识的高素质创新型人才，为美国经济社会持续发展提供了不竭动力。

第一，要积极制定各类创业支持政策，构建完善的创新创业政策体系。要着重发挥各类规章制度在凝聚创业教育工作合力、推动创业教育转型升级等工作中的重要作用，形成各类市场主体共同参与支持创新创业的氛围，为大学生创业精神的培育营造良好的社会环境。当前，要通过简化行政审批手续、降低市场准入门槛等方式激励社会有志青年参与到“大众创业、万众创新”的时代浪潮当中。同时要通过推进大学生创业激励制度改革的方式激发各类市场主体的活力，尤其要为各类新兴创业者搭建创业的“绿色通道”，使他们有机会、有条件施展自己的创业抱负，将创意变为创新和创业。例如，我国近年来深入推进商事制度改革①，使得各类市场主体数量不断增加，有力支撑了就业形势稳定和经济发展。2015年6月，国务

① “商事制度改革”是指商业事项审批由注册资本实缴登记制改为注册资本认缴登记制，取消了原有对公司注册资本、出资方式、出资额以及出资时间等的硬性规定，取消了经营范围的登记和审批，从以往的“重审批轻监管”转变为“轻审批重监管”，有效激发了各类主体的创业热情 .

院颁发《关于大力推进大众创业万众创新若干政策措施的意见》（国发〔2015〕32号）就深化商事制度改革做出规定，提出“加快实施工商营业执照、组织机构代码证、税务登记证‘三证合一’”[①]等举措，必将进一步激活大学生参与创新创业的积极性，对于培养大学生创新精神和创业意识具有重要意义。

第二，要加强创业信用体系建设，营造公平公正的市场环境。首先，要积极推进诚信经营相关制度建设，通过建立信用档案、强化市场监管以及加大对于违法创业行为的惩处力度等方式，充分发挥市场在创新创业资源配置中的核心作用，促进形成“公平竞争、诚信经营”的诚信创业氛围；其次，要制定完善的创业预警和退出机制，对于因各种原因无法继续经营的创业项目或创业公司，要及时进行风险评估，并制定完善的退出方案，以形成“有进有出、合理有序”的创业竞争机制，帮助人们解决参与创新创业的后顾之忧；此外，还要重点加强对于大学生创业的扶持力度，通过出台创业激励措施、完善创业支持政策等措施促进大学生企业的健康成长，发挥大学生创业对于社会青年参与创新创业的带动作用。其中，要重点就创业中可能存在的风险以及应当注意的问题对大学生进行宣传教育，帮助他们树立“诚信做人、诚信创业”的意识，让他们认识到诚信品质与创业成功之间的联系，为大学生养成良好的创业品质打下坚实的基础。

第三，要加强对各个地区和高校落实国家创业服务政策和制定地区和高校创业服务政策情况的督导检查和反馈。当前，要鼓励各地区和高校将创业教育与地区的经济社会发展以及高效的教育教学工作相结合，以提高创业服务政策的实效性。从地区层面看，要鼓励各个地区结合区域特点制定地区层面的创业服务与激励政策，确保国家各类创业鼓励政策的有效实施；从高校层面看，要鼓励各个高等学校将创业教育与学校

---

① 国务院．关于大力推进大众创业万众创新若干政策措施的意见（国发〔2015〕32号）．2015-06-11．

的创新发展结合起来，形成“借助学校优势发展创业教育、通过创业教育提升办学质量”的良性循环。同时，还要加大对于创业教育政策落实情况的检查力度，对于落实政策不及时、执行政策不到位的地区和高校要督促其及时整改，必要情况下还要将开展创业教育情况与经费拨付、工作业绩考核等挂钩，以增强各地区、各高校对于创业教育工作的重视程度，为有效培养大学生的创业精神打下坚实基础。总之，各级地方政府和高等学校既是政策的制定者，也是政策的执行者，在提高政策执行实效性工作中扮演着重要的角色。因此，各级地方政府和高校要充分认识到创业教育工作对于我国建设创新型国家、实现民族伟大复兴的重要意义，以时不我待的使命感和责任感深入推进创业教育工作落实、落细，以有效培养大学生的创业精神和创业意识。

二、营造有利于创业精神培育的文化氛围

人是文化的创造者，同时也受到文化的深刻影响，因此，人的发展与社会文化环境密不可分。“社会建构一个适于潜在创业者成长的文化环境比创办一两个企业本身对大学生来讲更为重要，因为文化会直接影响学生识别以及利用机会的能力。”① 这说明，对于培养个体的创业精神和创业意识而言，社会环境具有潜移默化的重要影响，其作用不可忽视。基于此，我们要从以下几个方面深入推进社会文化氛围建设，为大学生创业精神培育营造有利条件。

首先，要进一步传承中国共产党“精神谱系”②，积极倡导干事创业的正向舆论氛围。在长达近 100 年的奋斗与实践中，中国共产党领导人民取得了革命建设和改革开放的伟大胜利，积淀形成了具有中国特色和时代价值的“精神谱系”，成为我们党和国家弥足珍贵的思想财富，指导着我们在新时代背景下的伟大征程。例如，在民主革命时期，中国大地上产生

① 阚阅．美国创业教育发展的主要特征及若干启示 [J]. 华东师范大学学报（教育科学版），2016（2）：45-51.

② 蔡志强．中国共产党精神谱系的时代品格 [J]. 人民论坛，2018（25）：22-24.

了井冈山精神、长征精神、延安精神以及西柏坡精神等；在和平建设时期，"焦裕禄精神""红旗渠精神""两弹一星精神""载人航天精神"以及"抗震救灾精神"等又进一步充实到中华民族的精神宝库之中，丰富了民族精神的内涵；改革开放以来，我国大地上又诞生了"经济特区拓荒牛精神""孔繁森精神"以及"新时期创业精神"等，进一步丰富了中国共产党人的"精神谱系"。这些精神凝聚了丰富的中国智慧、体现了鲜明的中国特色，成为一代又一代中国人取之不尽用之不竭的精神源泉。例如，在与洪水的搏斗中，我们形成了"万众一心、众志成城，不怕困难、顽强拼搏，坚忍不拔、敢于胜利"的抗洪精神，在长期的艰苦奋斗中，我国航天工作者铸就了"特别能吃苦，特别能战斗，特别能攻关，特别能奉献"的载人航天精神。这些在艰辛实践中诞生的思想成果，对于指导大学生创业精神培育具有不可替代的重要意义。基于此，我们要在全社会进一步宣传和弘扬中国共产党的"精神谱系"，积极倡导干事创业的舆论氛围，让每一位中华儿女都能深切体会到精神的力量与价值，都愿意用实际行动加入传承中国"精神谱系"的行动中来，共同为中国梦的实现献计献策。

其次，要进一步加强宣传教育，积极营造宽松和谐的创业型社会文化。创业是一项注重充分调动个体积极性的社会实践活动，一个宽松和谐、鼓励创新的社会文化对增强大学生的创新精神和创业意识具有至关重要的作用。从创业的角度看，社会文化是大学生创业精神养成的重要促进要素，大学生创业精神的培育离不开社会文化和舆论环境的持续改善。一个宽松和谐、鼓励创新创业的文化环境能够促使身处其中的人勇于实践、积极探索，即使失败也坦然面对；反之，一个封闭狭隘、思想僵化的社会文化则会压抑创业思想的萌芽，使得每一个人都不敢"越雷池一步"。基于这一认识，我们各级政府和高校要积极引导社会舆论，帮助各级教育工作者、家长和大学生树立科学的创新创业观念，营造"创新为荣、宽容失败"的氛围，以形成"人人乐于创业、人人勇于创业"的正确舆论导向，鼓励每一位大学生通过自己的努力去追求梦想。当前，尤其要注意纠正人们关于创业和创业教育的狭隘认识，帮助他们认识到，创业教育并不是要让每一位大学生都去创业，而是在鼓励一部分具有创业潜力的大学生基于自身条件开展创业的同时，在更多的大学生心中埋下一颗创业的“种子”，帮助他们具备创业的精神和意识，以形成适应未来社会发展的高素质创新型人才。

最后，要进一步推进家庭教育和基础教育的深入变革，有效培养中小学生的创新精神和创新意识，为大学生创业精神的培育打下坚实基础。习近平总书记在学校思想政治理论课教师座谈会上的讲话中指出：“青少年阶段是人生的‘拔苗孕穗期’，最需要精心引导和栽培。”[①]这一讲话强调了家庭教育和义务教育阶段在一个人人生发展各阶段中的重要位置，对于指导少年儿童的教育工作具有重要指导意义。在“大众创业、万众创新”的背景下，要充分认识到培养少年儿童创新精神与创业意识的重要性，将其作为大学生创业精神培育的基础工程来加以认识。要通过对新一代的“80后”“90后”父母进行创新创业意识教育，帮助他们更新育儿观念，主动参与到培养孩子创新精神和创新意识的工作当中；同时，要对少年儿童的隔代抚养人进行宣传教育，将国家鼓励创新创业的相关政策与老年人的日常生活感受相结合，提高他们参与培养儿童创新意识和创新思维的积极性；此外，还要在开展家庭教育的基础上，深入推进义务教育阶段的素质教育改革，以提高中小学生的创新意识和创新能力。要在保持我国义务教育传统优势的基础上，重点在培养中小学生的创新意识与创新能力、抗挫折能力以及自信心等方面开展更多创新性的工作，为他们进入大学阶段参与创新创业做好充足的知识准备、能力准备和心理准备。

三、搭建大学生创业精神培育的实践平台

从传统教育思想来看，我国一直强调实践教育对于培养人的综合素质的重要作用。例如，我国教育家陶行知在20世纪初就提倡手脑并用，提倡教、

---

① 习近平．用新时代中国特色社会主义思想铸魂育人，贯彻党的教育方针落实立德树人根本任务[N]．人民日报，2019-03-19（01）．

学、做相结合，强调“教为了做、学在做中”的教育理念，为此，他专门写了一首手脑相长歌：“人生两个宝，双手和大脑。……用手又用脑，才算是开天辟地的大好佬”[①]。大学生创业是一项涉及人力、物力与财力投入的创新性实践活动，实践性是大学生创业教育最根本的属性。基于创业教育的这一特点，要高度重视创业实践教育，通过提倡“手脑并用”“知行合一”，切实增强学生的创业精神和创业意识。

一是要建设各类创意训练平台。大学生创业一开始大多源自一个创意或创新性想法，基于这一认识，要通过开展创新创业类学科竞赛、举办创业类社会实践等方式为大学生搭建创意训练平台，让每一位大学生的创新性想法都能得到模拟和演练，从而为创业萌芽的产生打下基础。例如，我国近年来积极推进中国“互联网 +”大学生创新创业大赛、“挑战杯”全国大学生创业计划大赛等的组织工作，参赛规模逐年上升，赛事质量不断提高，这两项竞赛已经成为当前我国推进大学生创意转化、培养大学生创业精神的重要载体，在创新型人才培养中发挥着越来越重要的作用。以中国“互联网 +”大学生创新创业大赛为例，自 2015 年举办首届比赛以来，该项赛事已经连续成功举办四届，2018 年的比赛中，共有来自全国 2278 所高校的 265 万名学生参赛，参赛项目达 64 万个。同时，还有 70 万名大学生、14 万个创新创业项目参加“青年红色筑梦之旅”活动，积极参与公益事业和农村扶贫。下一步，要在继续办好“互联网 +”大学生创新创业大赛等创业类学科竞赛的基础上，开发出更多、更好的创意训练平台，发挥学科竞赛“以赛促教、以赛促学、以赛促创”的作用，以有效提升大学生的创新创业意识。

二是要建设各类创业实践平台。创业实践是创业理论转化为创业行为的中间环节，是检验创业项目可行性与商业性的重要步骤，因此，要高度重视大学生创业实践平台建设。经过近几年的发展，我国许多高校都建设了大学生创业园或创业孵化基地，一些高校还将创业园或创业孵化基地建

① 柳斌．改造我们的教育 [M]．北京：人民教育出版社，2012：72.

设与校外产业进行有效融合，形成了产教融合的创业实践平台运营模式。例如，清华大学 x-lab（三创空间）是清华大学发现和培养新型创意创新创业人才的教育平台，于 2013 年 4 月 25 日正式成立。该平台致力于帮助学生学习创意创新创业的知识和技能，培养学生的创造性精神和创造性思维。在运行模式上，该平台依托清华大学经济管理学院，由校内 16 个院系联合共建，并与清华科技园、清华控股、清华企业家协会以及同方股份等市场主体建立了战略合作伙伴关系。目前，这一实践平台运行模式正在为其他高校广泛认可，成为创业实践平台运行的参考样本。高校要进一步增强创业园和孵化基地的开放性，在保证创业园和孵化基地正常运转的同时，强化其与校外孵化器的联系和对接，用市场机制引导创业园建设的良性发展。例如，可以将创业园或者创业基地的日常管理工作委托给学生创业团队来管理，这样既锻炼了学生的管理协调能力，也达到了基地管理的目的。同时，要加强基地内部各创业团队以及基地团队与校外企业之间的联系，形成团队建设相互学习交流的机制。在内部交流方面，要以创业沙龙、读书会等活动为载体，加强各创业团队之间的交流沟通，通过朋辈教育达到提升创新意识和创业精神的目的；在与校外企业的沟通上，可以通过定期邀请校外企业专家或者知名校友到校开展讲座的方式，将他们的创业故事分享给学生创业者，以增强大学生创业者对于创业的感性认识，坚定他们的创业理想。

三是要建设各类创业支持平台。管理学家丁栋虹在其《企业家精神》一书中提道："如果你爱他，就让他成为企业家；在缔造实业王国的创业征途上，他将领略人生无与伦比的快乐。如果你恨他，就让他成为企业家；在承载企业成长的竞争博弈中，他要遍尝人生真实惨烈的痛苦。"① 创业既代表着荣誉、鲜花和掌声，同时也意味着失败、痛苦和眼泪。面对创业的高风险性和不确定性，高校创业教育管理者要高度重视搭建大学生创业支持平台，以帮助大学生有效规避创业风险、提高创业实效。

① 丁栋虹．企业家精神[M]．北京：清华大学出版社，2010:12.

首先，要建立创业资金募集平台，通过申请校内专项、吸纳校外投资等方式募集资金，将其用于帮助缺乏启动资金的创业项目和团队走出第一步；其次，要建设创业技术服务平台。通过建设一支专业化的创业导师队伍，开展“一对一”技术指导、组织创业模拟训练等方式强化创业项目的技术性和专业性，提高创业的成功率。另外，要建设创业心理辅导平台。通过组建创业心理辅导团队，定期对创业大学生开展心理帮扶，增强他们对于创业失败可能性的认知，从而提高他们的抗挫折能力和创业自信心。

四、提升创业精神培育相关研究的研究质量

要基于创业教育研究的现状，在保证研究数量的基础上，进一步提高各类研究的质量与水平，尤其要在增加专题类研究、突出定量研究以及探索本土化研究三个方面开展更多的创新性工作，以提升创业教育研究对创业教育实践的指导作用，发挥创业教育研究在提升大学生创业精神中的作用。

首先，要有效增加大学生创业精神培育的专题类研究，提升创业精神培育专题研究在创业教育类研究中的比重。创业教育类研究涉及创业教育基本理论问题研究、创业教育体制机制问题研究、创业教育问题与对策研究以及创业教育的比较研究等多个类别，虽然这些研究中多多少少都涉及了创业精神培育的相关问题，但基本上都属于“蜻蜓点水”“浅尝辄止”，学者们对于创业精神培育问题的思考基本上仍然停留在将其作为一种指导思想或者工作理念的阶段。基于这一状况，要将对创业教育问题研究的角度聚焦到大学生创业精神培育的问题上，以提升创业教育研究的针对性。各级教育主管部门和高校要转变教育观念，引导广大高校教师和研究人员在创业教育工作中更加关注大学生创业精神培育问题。在对已有各类创业教育研究工作进行总结和考评时，要突出考察相关研究成果对于创业精神问题的认识和分析情况，要鼓励高校教师和研究人员投入更多精力分析创业精神相关问题，结合高校教育现状和创业

教育的实际提出培育大学生创业精神的有效路径；在设置各级各类教育研究选题时，要在适当增加创业教育研究选题的同时，将大学生创业精神培育类的研究选题置于更加突出的位置，以引导创业教育研究朝着关注大学生创业精神培育的方向发展。

其次，要在保证定性研究工作质量的基础之上，有效提升量化研究的数量和质量，发挥量化研究的优势，以便于更加直观地了解当前我国创业教育和大学生创业精神培育的现状，为推进创业教育工作的深度发展提供建议。从当前创业教育的研究现状看，定性研究的数量大大超过定量研究的数量，且定性研究在研究内容、研究角度以及研究结论上多有重复，影响了创业教育研究结论对实际工作的指导作用。针对这一情况，要在保证现有定性研究工作质量的基础上，鼓励高校教师和研究人员结合各自学科优势，创新研究方法和研究工具，开展多样化的创新研究，以提高相关研究工作的可靠性和实用性。当前，要重点探索将大数据技术、可视化分析以及交叉分析等量化研究方法引入到创业教育的研究工作之中，通过采集大学生创业相关数据并进行深度分析，进而得出客观、科学的研究结论，提高研究工作科学性，为推动创业教育研究的指导作用打下基础。

最后，要不断提升本土化研究的数量和质量，结合本土实践，突出中国元素，为构建具有中国特色的创业教育体系打下基础。由于我国在社会制度、文化环境以及教育体制等方面与西方发达国家存在明显差异，因此，我们要在创业教育研究中更加突出中国特色和中国元素，探索形成创业教育研究的中国话语体系，从而为大学生创业精神培育注入持久的精神动力。一是要鼓励各个高等学校结合所处区域特点和高校办学特色研究创业教育问题，探索差异化的创业教育发展路径，形成独具特色的创业教育教学模式，并进行经验总结和推广；二是要发挥我国传统文化的优势，挖掘传统文化中的创新创业教育要素，将其与我国当前的创业教育工作进行有机结合，提出切实可行的工作建议；三是要鼓励高校学生工作队伍教师关注和思考创业教育问题，指导他们基于自身工作实际开展创业教育相关研究，尤其要总结和提炼如何基于我国思想政治教育的优势探索创业教育的新途径和新模式，真正把创新创业教育作为思想政治教育创新发展的新载体、新路径。

第二节　高校层面：促进大学生创业教育的升级发展

“与一般意义上的创业活动不同，高校创新创业教育的逻辑起点和鲜明特色在于创新人才的培养”[①]，脱离了人才培养功能，创业教育就失去了生命内涵和创新源泉。作为一种新型的教育形态，创业教育是在高等教育的体制内孕育产生的，是高等教育创新发展的新形态和新阶段。在全社会深入推进“大众创业、万众创新”的背景下，高等学校要充分发挥创业教育在推进人才培养模式改革中的作用，以制定完善的人才培养方案为依托，充分发挥学校的专业优势、学科优势，以有效培养大学生的创新精神和创业意识。

一、强化思想政治教育对创业教育的引领作用

高等教育的目的不仅仅是要教授给学生必要的专业知识和技能，更要帮助他们理解他们所赖以生存的世界，以及如何用自身所具备的知识更好地影响和改变世界，在实现自我价值的同时实现社会价值。从这个角度说，创业教育的重要任务之一是促进个体的能动性和自觉性，在认识客观世界的过程中不断地改造主观世界。“新时代，思想政治教育是实施和推广创新创业教育的重要保证”[②]，因此，发挥我国思想政治教育的思想优势与

① 李家华，卢旭东．把创新创业教育融入高校人才培养体系 [J]．中国高等教育，2010（12）9-11．

② 冯刚．改革开放以来高校思想政治教育发展史 [M]．北京：人民出版社，2018：365．

组织优势是保证创业教育方向、提高大学生创业精神培育效果的重要基础。2018 年，教育部出台《关于加快建设高水平本科教育全面提高人才培养能力的意见》(教高〔2018〕2 号)，明确要求“推动创新创业教育与专业教育、思想政治教育紧密结合”[①]，这为有效发挥思想政治教育对于创业教育的引领性作用指明了方向。

第一，要高度重视思想政治教育引领创业教育发展的意义。思想政治教育是中国共产党在长期的革命实践中探索出来的一条重要的工作模式和方法，是我们推进各项事业发展的重要法宝，“是中国特色社会主义伟大事业成功的生命线”[②]。20 世纪 80 年代以来，我国的思想政治工作始终坚持马克思主义的立场、观点、方法不动摇，始终坚持“立德树人”的教育宗旨不动摇，为经济社会发展做出了不可磨灭的贡献。至今，我国思想政治教育“已经形成了较为成熟的学科定位和教育教学体系”[③]，在工作制度与机制、师资与课程以及教育教学方法方面具有成熟的工作经验，对其他各类教育的组织与实施具有重要的指导和借鉴作用。从教育功能的角度看，思想政治教育是以思想观念、政治素养和道德规范为核心的意识形态教育，目的在于帮助受教育者形成正确的思想政治观念和良好的社会道德素质，成长为社会主义事业的合格建设者和可靠接班人。从这个角度说，思想政治教育是推动大学生成长为全面发展的教育，是将个体发展与国家和民族发展有机结合的教育，它同时满足人的全面发展需要的价值和满足社会发展需要的价值。[④]习近平总书记指出：“做

---

① 教育部.《关于加快建设高水平本科教育全面提高人才培养能力的意见》，教高〔2018〕2 号，2018 年 9 月 17 日.

② 王树荫，温静. 改革开放以来思想政治教育的基本经验 [J]. 思想教育研究，2019 (3)：46-51.

③ 金伟琼，陈永霖，吴蕾蕾. 高校创新创业教育与思想政治教育的融合 [J]. 中国青年社会科学，2018 (6)：68-72.

④ 骆郁廷. 思想政治教育引论 [M]. 北京：中国人民大学出版社，2018：18.

好高校思想政治工作，要因事而化、因时而进、因势而新”[①]。在“大众创业、万众创新”的背景下，思想政治教育要积极关注社会现实问题，充分发挥其对于创业教育的引领作用和导向作用，这既是思想政治教育创新发展的内在要求，也是思想政治教育服务高素质创新型人才培养工作的重要方式。

第二，要创新思想政治教育引领创业教育发展的工作形式。青年一代的面貌决定着国家和民族的精神面貌。面对时代发展赋予的新任务，高度重视并且充分发挥思想政治工作的价值导向作用是我国创业教育的显著特征和重要优势。基于这一优势，思想政治教育应创新工作形式，帮助大学生学习和掌握马克思主义的世界观和方法论，引导大学生树立科学的创业价值观。要让学生认识到人生价值的实现在于个人对社会的责任和贡献，帮助大学生在创业理想、创业动机以及创业心理品质等方面获得全面提升。同时，思想政治教育要深刻把握高等教育发展的新趋势和新动向，充分发挥自身优势，用先进的理念引领创业教育的科学发展，用自身优势引导大学生的创业实践，纠正大学生创业中的偏差和误区，提高大学生创新创业的科学性、层次性和实效性。可以说，依托思想政治教育的大学生创业是我国大学生创业区别于其他国家大学生创业的鲜明特色和显著特征，依托思想政治教育的创业教育是我国创业教育区别于其他国家创业教育的鲜明特色。

思想政治教育引领创业教育发展要遵循三个“始终坚持”的发展理念，即始终坚持以马克思主义为指导，坚定马克思主义的立场、观点、方法不动摇；始终坚持着眼于培养具有坚定理想信念、良好道德心理品质以及开创性精神的高素质人才；始终坚持围绕人才培养中心工作促进改革，用改革的变化解决融合发展中的问题，增强改革的主动性、实效性。具体来说，就是要用社会主义的理想信念教育强化学生的创业意识，端

① 把思想政治工作贯穿教育教学全过程，开创我国高等教育事业发展新局面[N]. 人民日报，2016-12-09（1）.

正学生的创业动机，降低创业的盲目性、随意性；用社会主义的思想政治教育增强学生的责任担当意识和创业报国意识，增强创业的开阔视野，提高创业的层次性；用社会主义的道德心理素质教育强化学生的创业品质和心理素质，形成脚踏实地、精益求精的创业习惯，提高学生创业的耐挫力、意志力。

第三，要搭建思想政治教育引领创业教育的实践平台。首先，要高举习近平新时代中国特色社会主义思想的伟大旗帜，紧密围绕“培养什么样的人、如何培养人、为谁培养人”这一根本任务，充分发挥思想政治理论课的“主渠道”和“主阵地”作用，确保所培养的人才具备高度的民族使命感和社会责任感。要通过加强教师队伍建设、优化课程内容以及改进教学方法等方式，增强思想政治理论课的吸引力和号召力，将社会主义核心价值观的理念潜移默化地渗透到学生的思想当中，内化为思想，外化为行为。要在思想政治理论课教学中对学生进行爱国主义教育和世情国情教育，帮助学生认识到开展创新型国家建设对于促进社会转型发展、实现国家富强和民族复兴的重要意义，以增强他们的使命感和责任感。其次，要在创业教育相关课程中有机渗透思想政治教育的理念、方法和观点，将“课程思政”① 的理念贯穿于各类创业课程教学的全过程，探索“创业教育课程思政”的新模式与新方法，让所有的创业教育课堂都肩负起育人功能、承担起“立德树人”的职责。最后，要继续办好“中国‘互联网＋’大学生创新创业大赛”“‘挑战杯’全国大学生课外学术科技作品竞赛”以及“‘挑战杯’全国大学生创业计划竞赛”等创业类竞赛，同时要提升专业实习、社会实践在全员育人中的作用，整体上促进“第二课堂”在大学生创业精神与创业意识养成中的作用。

此外，基于教育信息化的飞速发展，要积极创新思想政治教育的形式与内容，发挥各类互联网平台的普及性、便捷性以及趣味性的优势，以提

① 结合“课程思政”的概念，本处将“创业教育课程思政”定义为：所有创业教育课程的知识体系都体现思想政治教育和德育的元素，所有创业教学活动都肩负起立德树人的功能，全体创业教师和导师都承担起立德树人的工作职责．

高思想政治教育的实效性。具体实践中，要高度重视发挥微信、微博、网上社区、智慧校园以及“慕课”等新型传播媒介的作用，通过在已有思想政治教育网络平台开辟创业专栏、定期推送创业类励志故事等形式，探索建设思想政治教育引领创业教育的“第三课堂”。总之，要通过建设第一课堂、第二课堂和第三课堂的方式，有效发挥思想政治教育对于创业教育的引领作用，营造有利于创业教育工作的实践平台，促进大学生创业精神的有效提升（如图 22 所示）。

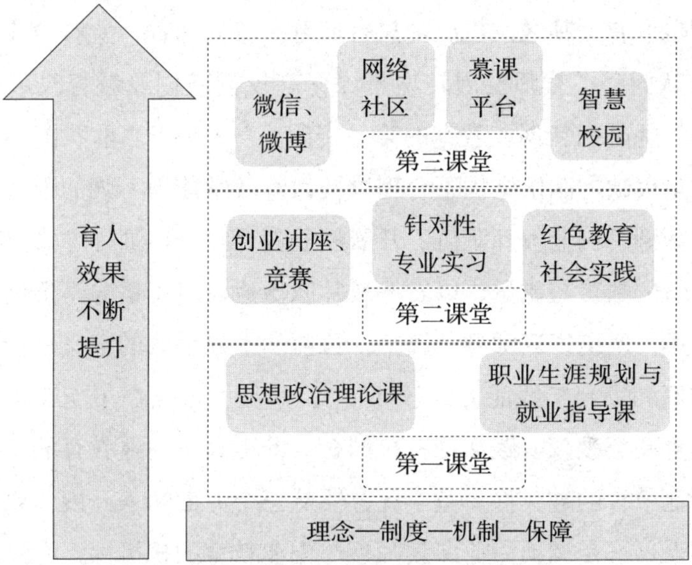

图 22　思想政治教育引领创业教育“三课融合”模式示意图

二、推动创业教育与专业教育的深度融合

习近平总书记在同北京大学师生座谈会上的讲话中指出：“‘凿井者，起于三寸之坎，以就万仞之深。’社会主义建设者和接班人，既要有高尚品德，又要有真才实学。”① 作为一种致力于培养大学生创新精神和创业意识的“生成性教育”，创业教育与历史、社会、人文等学科的最大区别

① 习近平．抓住培养社会主义建设者和接班人根本任务，努力建设中国特色世界一流大学 [N]. 人民日报，2018-05-03（1）.

在于它在实践过程中逐渐形成自身的教育目标、教育内容和教育方式。但同时，创业教育目标的实现不可能脱离专业教育而完成，大学生创业精神培育必须建立在学习掌握扎实的专业知识的基础之上。因此，当前我们要通过建设“双师型”师资队伍、强化课程体系建设以及改变传统的教学方法等方式推进创业教育与专业教育的深度融合，为大学生创业精神培育提供坚实保障。

首先，要加强创业教育师资队伍建设，为大学生创业精神培育工作的有效开展提供有力保障。清华大学原校长梅贻琦曾说：“大学者，非有大楼之谓也，有大师之谓也。”只有拥有一流的师资，才有一流的教育。相关研究认为，“教师发展转型是深化高校创新创业教育改革的重要环节，……教师是创新创业教育的第一资源。”① 基于当前我国高校创业教育师资数量欠缺、队伍结构不合理以及教育教学能力不强的现状，要通过建设“双师型”创业教师队伍、开展创业教育师资培训等方式提高创业教育师资队伍的数量与质量，以发挥教师队伍建设对于培养学生创业精神的主导性作用。所谓“双师型”教师，目前学术界公认的定义是指“兼具扎实理论功底和突出实践能力的教师”②。其最大特点在于能够将创业教育与专业教育两类教育实践活动有机结合，既提高了创业教育的实效性，也增强了专业教育的趣味性。基于此，要从三个方面切入开展“双师型”教师队伍建设：一是调动专业课教师参与创业教育的积极性，将一部分积极性较高、综合素质高的专业课教师打造成“双师型”教师；二是邀请企业负责人或技术人员担任创业导师，通过开展联合制定人才培养方案、联合开发创业课程与教材以及联合开展创业项目研发等方式，将企业优秀人才吸纳到高校创业教育教师队伍中来，为创业教育师资队伍补充“新鲜血液”；三是要调动思想政治教育理论课教师、高校辅导员以及班主任等教师队伍

---

① 沈健．高校教师创新创业教育能力建设——江苏的理解、实践与构想[J]．中国高等教育，2015(17)：11-13.

② 刘巨钦．创业教育与专业教育的有机融合：大学生能力培养的有效路径[J]．当代教育理论与实践，2019(1)：75-79.

的积极性，发挥他们责任心强、联系学生紧密以及思想政治教育能力突出的特点，将一部分优秀教师发展成为“双师型”创业教师。与此同时，要对遴选出的“双师型”创业指导教师进行定期的专门培训，在帮助他们更新教育理念的同时，有效提升其创业教育能力和技巧，以提高创业教育教学的实效性。

其次，要探索建设科学的创业教育课程体系，发挥课程教学在大学生创业精神培育中的主渠道作用。创业教育是一项综合性、创新性的教育教学实践活动，虽然在实践中存在着校园文化、实践活动、科技竞赛等多种教育形式，但系统化的知识传授仍然是传授创业理论知识、培养创业精神和创业意识的主要途径。发达国家的经验表明，课程体系建设是影响创业教育教学效果的重要因素，是推进创业教育深入发展的关键。例如，美国高度重视创业教育课程体系建设，形成了“纵横交错的创业教育课程体系”①。从纵向上看，美国的初等教育、中等教育和高等教育都开设了创业教育的相关课程；从横向上看，美国创业教育课程的内容涉及创业意识类课程、创业能力类课程以及创业实务课程等，且在不同教育阶段的侧重点不同，这一完善的课程体系对于美国大学生创业精神和创业意识的培养起到了重要的支撑作用。相对而言，我国当前的创业教育课程建设还处在摸索阶段，课程设置单一、教学内容理论性过强以及教学方法欠缺灵活性等问题严重束缚了创业教育效果的提升，不利于大学生创业精神的培养。

当前，我们要着力构建层次化、模块化的创业教育课程体系，切实发挥课程教学在大学生创业精神培育中的作用。基于我国当前的教育实际，要在初等教育和中等教育阶段建设若干门创新创业类启蒙课程，将创业教育内容有机渗透到中小学的教育教学体系之中，帮助中小学生具备初步的创新精神和创业意识；在大学阶段，要基于高等学校的办学特色，结合学

① 李同果，罗立顺．发达国家大学生创业教育的经验与借鉴[J]．学校党建与思想教育，2014（10）：28-30.

校的专业设置和学生的实际特点，打造专业化、模块化的创业教育课程。尤其要注重改变传统的单一化课程设置模式，充分体现创业教育课程的丰富性和趣味性，以吸引大学生的深度参与。在部分有条件的高校，可以在开设创业教育选修课的基础上，重点打造若干门创业教育的必修课，形成“必修与选修相结合”“理论与实践相结合”的综合化、立体化创业教育课程体系。在此基础上，还要重点建设若干套创业教育的配套教材，教材内容要突出创业教育的特点，做到“理论性”与“实践性”和“趣味性”的有机统一，以支撑创业教育课程建设的发展。

最后，要积极改进传统的教育教学方法，提高创业教育教学的实效性。教育教学方式是影响教育效果的重要因素。“创业精神既不是科学，也不是艺术，而是一种实践。”[①] 基于创业教育的实践性特征，如果沿用传统“教师教、学生学”的教学模式，不仅难以取得实际效果，而且有可能引起学生的厌烦情绪，进而在内心产生对于创业和创业教育的抵触，影响创业教育的效果。针对传统教育方法重视知识传授而忽略能力培养、重视理论教学而忽视实践训练以及重视教师主导而忽视启发式的特点，当前的创业教育教学方法应在拓展教学途径、增加教学互动环节以及提倡案例教学等方面进行深度变革，以适应高等教育教学改革发展的总体趋势和创业教育教学的实际特点。例如，可以在创业教育教学中探索“项目引领、任务驱动”式的建构主义教学方法，通过在创业教育课程教学中设置各类项目，将创业教育的内容进行有效分解，以鼓励学生带着任务去学习，从而养成自主探索、自主学习的好习惯，有利于充分调动大学生参与创业教育教学的积极性和主动性，以增强创业教育教学的效果。

具体实施主要包括三个阶段：第一阶段是创业项目的选取，可以提前将创业教育课程内容分解成若干个创业项目，各个项目之间要力争难度相当，以便于后续的效果评价。第二阶段是项目的分配、实施与总结，是这

---

①[美]彼得·F. 德鲁克. 创新与创业精神[M]. 上海：上海人民出版社，2002：2.

一教育教学模式的主体。要对班里同学进行随机分组，指导他们对于项目开展进行前期设计和规划，实施过程中进行及时的提醒和纠正。经过 2~3 次课的项目实施，各小组对项目实施的情况进行总结和分享，对完成任务较好的项目组给予奖励。第三阶段是项目的完成与评价阶段。主要是由创业教师对各个小组开展创业项目研究的情况进行总结点评，总结项目进展过程中的优缺点，提出下一阶段项目研究的要求等。通过“项目引领、任务驱动”式的教学，有利于调动大学生参与创业项目研究与实践的积极性，正在成为当前创业教学的重要方式（如图 23 所示）。

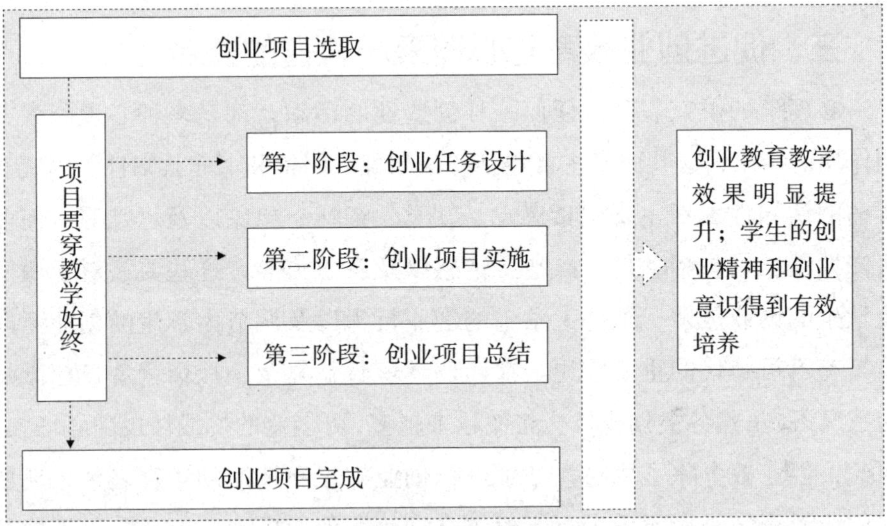

图 23　“项目引领、任务驱动”创业教育教学模式示意图

此外，要有效发挥榜样示范和案例教学在大学生创业精神培育中的作用。作为中国共产党思想政治教育的重要方式[①]，榜样教育对于培养大学生的良好个性品质具有不可替代的重要作用。基于案例教学所具有的情境性、真实性以及趣味性等特征，这一方法自 1870 首创之初就受到广泛推崇，并从美国迅速传播到世界各地。有研究显示，“美国哈佛商学

① 王树荫，马二杰．全面抗战时期《解放日报》劳动英雄话语及其功能探析 [J]．思想教育研究，2017（10）：82-87．

院课堂教学中案例教学的比例高达 80%”①。实践中，教育者要注意挖掘和分析各类优秀创业案例，既总结其成功经验，也分析其失误和不足，并用大学生喜闻乐见的方式呈现给学生，形成具有较强说服力的创业指导建议，服务于大学生的创新创业实践。各级教育主管部门要注意收集和整理各类创业典型案例，建设和完善创业教育案例库，为开展案例教学打下基础。同时，要结合专业领域对各类案例进行分类整理，提高案例应用的针对性和实效性，以便于发挥案例教学在推动创业教育与专业教育深度融合中的重要作用。

三、促进创业教育与心理素质教育的整合

心理学的研究表明，任何一种创造性的活动，都是多种心理因素共同作用的结果，这些因素主要包括“认知性”因素和“非认知性”因素。所谓的认知性因素主要包括感觉、知觉、记忆、想象以及思维等，而非认知性因素则包括动机、兴趣、情感以及意志力等，这些要素对于激发大学生的创业热情、维持大学生的创业行为以及调节大学生的创业意向等具有不可替代的重要作用。在商业环境日益复杂、社会竞争日趋激烈的情况下，虽然各类创业机会看似越来越多，可创业的挑战性也随之增大。因此，创业教育除了要对大学生进行创业知识和技能的教育之外，还要将创业教育与心理素质进行有机结合，培养他们乐观向上、坚忍不拔的创业品格，帮助他们成长为拥有健全品格、勇于承担社会责任的时代弄潮儿。

一是要将创业教育课程与心理素质教育课程进行整合，探索开设创业心理选修课。基于创业教育与心理素质教育具有共通性的特点，要将创业教育课程与心理素质教育课程进行整合，通过在创业教育课程中渗透心理素质教育的内容和在心理素质教育课程中增加创业案例的方式，促进两种

① 王艳．案例教学视角下的大学生创业能力培养[J]．江苏高教，2018（4）：92-94．

教育形态的融会贯通，共同作用于学生创业心理素质的提升。基于高校开展心理素质教育的实际情况，要在已有心理素质教育的框架内加入创业教育的元素，引导专题讨论创业所需的心理准备、创业过程中可能会遇到的心理问题以及解决办法等，为形成学生的优秀创业心理素质打下基础。例如，针对大学生创业中可能会出现的团队建设、时间管理以及挫折应对等议题，要将相关心理理论与之进行有机结合，用心理学理论为学生答疑解惑，寻求问题解决的办法与路径。其最终目的是帮助大学生更好地了解自己，增强自我心理认知，从而形成正确的创业心理。同时，为了提高创业心理素质教育的针对性，有条件的高校可以探索开设创业心理选修课，为学生专题讲解创业中可能要面对的各类心理问题，从而提高学生的创业心理准备，形成良好的创业心理品质。

二是要将创业辅导平台与心理咨询平台进行整合，有效解决学生的创业心理困惑。基于创业教育的普及性越来越高，学生的创新意识和创业精神被充分调动起来，越来越多的大学生有意愿参与到创新创业实践当中，随之而来的心理困惑和心理问题也必然呈现逐渐增多的趋势。基于这一客观现实，创业心理问题正在成为当代大学生心理问题表现的一种新形式。因此，我们要充分重视解决学生创业过程中的心理困惑和心理问题，借助学校心理咨询平台的优势，通过将心理咨询平台与创业辅导平台进行有机整合，以发挥心理咨询与创业辅导在解决学生创业困惑、增强学生抗挫折能力以及提高学生创业心理品质中的作用。在开展创业心理咨询中，心理咨询师或创业辅导教师除了要具备一般的心理咨询知识和技巧外，还要学习和掌握各类创业教育的理论和方法，尤其要对现实生产生活当中的各类创业案例进行分析，以提升创业心理咨询的说服力。例如，鉴于当代大学生对马云、马化腾、雷军等成功企业家具有天然亲近感的事实，要深入研究这些企业家成功背后的故事，挖掘成功案例所蕴藏的心理教育价值，并以生动的形式呈现给学生，以帮助他们树立正确的人生观、价值观和创业观。同时还要挖掘大学生身边的创业案例，通过讲述前辈和学长的创业故事，发挥榜样激励的作用，培养他们的创新思维和创业意识。总之，通过采取上述措施，要使大学生认识到，创业不仅意味着成功和鲜花，同时也意味着忍受挫折和失败，要想取得成功，就必须要付出努力和艰辛，同时要对于可能出现的各种挫折有充分的心理准备，这既是创业成功的必备条件，也是成长成才的基本要求。

三是要积极开拓网上创业心理素质教育的渠道，创新工作形式与内容，提高创业心理素质教育的实效性。随着信息社会的到来，互联网日益成为当代大学生工作、生活和学习中必不可少的组成部分。基于网络所具有的隐蔽性、便捷性等特点，其在大学生心理素质教育中具有独特优势，已经成为高校开展心理素质教育的重要途径。在此背景下，创业心理素质教育要主动借助这一优势条件，通过开通创业主题微信微博、建设网上翻转课堂以及开通网络心理咨询等方式传播创业心理的相关知识，提高学生的创业心理素质；同时，基于当前网络创业现象越来越多的事实，要将网络所具有的虚拟性特点向学生进行普及宣传，将可能会出现的违法创业事例通告学生，以提升对于各类诈骗行为的识别能力，提高他们的创业心理综合素质。

四、加强创业教育与规范意识教育的结合

“界定创业行为‘善与恶’的边界，是创业精神的知性形式，即创业规范意识。”① 通过开展创业规范意识教育，有利于弱化市场经济的负面效应，修正创业者的创业价值取向，确保大学生创业的创业方向和创业质量。从当前的实际情况来看，要通过提倡诚信为本的职业道德、完善大学生创业相关法律制度以及开展创业法制教学等形式提高大学生的诚信精神与诚信意识，确保大学生创业的正确方向。

第一，要提倡诚信为本、公平竞争的职业道德。习近平总书记指出：“‘人而无信不知其可’；企业无信，则难求发展；社会无信，则人人自危；

① 谷力群．论大学生创业精神的培养[D]．沈阳：辽宁大学，2013：71．

政府无信，则权威不立。”[①] 这一论述深刻阐明了诚信精神对于做人做事的重要性。诚信是做人之本，守信是立业之基，诚实守信是事业获得长远发展必须遵循的基本准则。在市场经济环境下，诚信精神和诚信意识成为个人发展和事业成功的根本保证。首先，要将诚信教育与日常的教育教学工作相结合，将诚信意识培养有机渗透到高等教育的日常管理、课堂教学以及校园活动之中，培养全体大学生遵守规则的意识；其次，要对正在准备创业的大学生提供创业前期指导与诚信意识教育，从创业一开始就树立诚信创业的理念，从而为个人创业实践的可持续发展提供可靠的法制保障；最后，对于已经开展创业或成立公司的大学生创业者，要结合公司的财务制度、股份形式以及经营范围等内容开展有针对性的诚信意识教育，以提高他们的合法经营意识。要通过加强宣传教育、邀请创业者现场辅导等形式帮助创业者熟悉行业规则，强化诚信经营的理念，以促进企业的可持续发展。

第二，要完善大学生创业相关法律制度，积极开展创业法制教育宣传。在当前已有创业规章制度的基础上，要结合大学生创业的特点，对各类创业类政策进行整理，将相关要求及时补充到现有的制度框架当中，以完善大学生创业服务政策体系。同时，要加强创业法制宣传，通过报刊、电视广播以及网络媒体等各种渠道向大学生传递遵纪守法对于成功创业的重要性，形成国家、社会、高校与家庭共同参与的创业法制教育合力。要通过邀请法制专家进校园、法制宣传日等方式开展创业法制规范教育，提升学生的法制意识和法制思想，帮助学生认识遵纪守法创业对于国家、市场以及个人的意义。通过教育活动使创业者们认识到，任何人的创新创业都必须建立在遵守国家法律法规的基础之上，任何逾越法律鸿沟的创新创业行为都必然要受到法律的严惩。同时，还要结合当前高校已有的法制教育体系，从法律角度对大学生的创业行为边界进行有效框定，帮助他们清楚地了解哪些事情可以做、哪些事情不能做。没有制度约束的创业不是真正的

① 习近平. 之江新语 [M]. 杭州：浙江人民出版社，2007：18.

创业，只有在法制规范的约束下，才能形成公平竞争的市场环境，也才有利于大学生创业走得更远、更为坚定有力。

第三，要充分发挥课堂教学的主渠道作用，将创业规范意识教育的内容有效渗透到创业教育课程当中，有效提升大学生的创业规范意识和法制精神。一是要借助于“思想道德修养与法律基础”“大学生创业指导”以及“形势与政策” 等思想政治教育课程平台开展创业规范意识普及教育，通过在相关课程中增加创业违法案例分析的内容，教授给学生创业法律相关知识，以发挥好课堂教学主渠道在培养大学生创业规范意识与法制精神中的主导性作用。二是要结合各类校园文化活动开展创业法律知识的宣传教育，通过案例分析、模拟教学等方式增强大学生的知法、懂法与守法意识，教育学生养成遵纪守法的习惯，并将遵纪守法的意识贯穿于自己的创业实践活动之中。三是要通过创业教育课程教学、创业法制宣传以及创业违法案例分析等方式，帮助学生养成社会契约精神。要通过开展创业违法案例宣传、开展创业违法案例分析以及观看法制宣传影视作品等方式，帮助大学生树立尊重市场规律的意识，形成遵守行业规则、履行相关约定的社会契约精神和观念。一旦在创业过程中遇到纠纷时，要具备法律意识，以有效保护自身的合法权益，将可能的损失降到最低。

第三节　个体层面：不断提升自身的创新创业综合素质

马克思主义唯物辩证法认为：“在事物的运动发展变化过程中，外因只起次要和辅助作用，内因才起根本和决定性作用”。创业实践活动中，创业者的成就需要、内控特质、创新性与独立性以及坚韧品格等对个体的创业意向和创业成效具有关键影响，有时候甚至起着决定性的作用。基于社会教育环境的发展变化和大学生特点的变化，当今的教育（尤其是创新教育）必须要把培养大学生创业素质的主体由老师变为学生自身，由学生的传授和说教变为学生的主动学习和思考。从这个角度说，积极调动大学生参与创业教育的积极性和主动性、激发他们参与创业教育活动的内生动力，对于培养他们的创业精神同样具有不可替代的重要作用。

一、主动增强社会责任与担当意识

古典经济学家亚当·斯密（Adam Smith）认为，虽然人都是有一定的自私性的，但人同时还具有“同情”“怜悯”以及“关心他人”等的无私情感，重要的是对人类各种情感或激情及其合宜性做出恰当的分析。亚当·斯密认为，理性、道义和良心能够抑制“最强的自爱欲望之火”，是判断我们行为的“伟大的法官和仲裁人”[①]。作为西方著名的古典经济学家，斯密关于同情、仁爱等的观点与马克思主义的集体主义、爱国主义等观点具有一定的相通性，即共同强调要将正确处理自身合理需求与服务他人有机结合，在服务他人、贡献社会中实现自己的人生价值。从这个角度看，一个创业者只有具备了崇高的创业理想，才能有效抑制“自爱欲望之火”，才能保证创业的正确方向。可以说，良好的创业理想应该是个人理想与社会理想、获取眼前利益与赢得未来以及注重理想与联系现实三个方面的有机统一。

第一，要将个人创业与国家建设和民族复兴的伟大事业进行深度融合，实现个人发展与国家社会发展的“同频共振”。首先，要不断提高个人的思想境界和认知水平。习近平总书记指出：“中国梦是国家的梦、民族的梦，也是每一个中国人的梦。‘得其大者可以兼其小’。‘宏大叙事’的国家梦，也是‘具体而微’的个人梦。”[②]由此可知，每个人的前途命运都与国家和民族的命运紧密相连，国家梦与个人梦高度统一。作为当代知识精英群体的代表，当代大学生要主动将个人梦的实现融入国家梦，实现个人梦与国家梦的同向同行。其次，要主动把握时代大势与领域前沿。大学生要学

①［英］亚当·斯密．道德情操论［M］．北京：华夏出版社，2014：8.

②中共中央宣传部．习近平总书记系列重要讲话读本［M］．北京：学习出版社、人民出版社，2016：09.

会将自身创业与时代发展相结合，主动顺应时代发展的大趋势和大方向，紧扣时代脉搏来开展个人的创业项目研究与实践。尤其是在经济社会飞速发展、信息技术日新月异的时代背景下，大学生创业者要保持足够的定力，通过与行业专家交流、阅读专业书籍以及上网查找资料等方式掌握领域内的前沿动态，确保认清大方向和大趋势，以确保创新创业的时代性、创新性和实用性。最后，要学会发现自己身边以及社会发展中存在的各类“痛点”问题，并对问题原因进行深入分析，努力用自己的专业知识进行解决，以培养自身的创业意识。从当前许多成功创业的案例可以看出，大学生的创业越来越贴近于生活实际，一些创业想法的产生往往来源于解决自己生活当中面临的某一个小问题。因此，大学生创业者要具有问题意识，多留意观察身边的人和事，为创业项目的产生做好充分的准备。

第二，要将宏伟理想与脚踏实地相结合，从细节入手，从小处着眼，切实提高个人的实践综合能力。老子曰：“合抱之木，生于毫末；九层之台，起于累土；千里之行，始于足下。”这句话形象地说明了干事创业要从细处、小处做起的道理。作为新时代的大学生，他们中很多人有着远大的抱负和追求，对未来充满着美好的憧憬和希望。但是，就创业而言，仅仅具有远大理想和抱负还是远远不够的，除此之外，当代大学生还要具备将这些远大抱负付诸实践并取得成绩的实干精神，“仰望星空”与“脚踏实地”相结合才能真正有助于个人创业梦想的实现。首先，要结合专业学习，掌握将创新项目转化为创业项目的方法，使自己的创业想法能够“落地生根”。要能够将个人的创业行为与解决社会“痛点”问题相结合，结合社会发展需要开展创业项目研究，以提高创业项目的针对性和实用性。其次，要熟悉组建团队和建立公司的相关流程，并主动学习团队建设与公司管理的相关技巧，如设立团队的创业愿景、明确公司发展的目标定位以及合理设置股权结构等，为创业项目的深入推进打下基础。最后，要学习企业经营与管理的相关方法。要主动学习和掌握风险防范与化解的各类方法与技巧，以有效提高公司经营管理的效率。目前，一些大学生创业公司探索了在公司内部设立党支部的举措，既有效提升了创业公司的管理效率和管理水平、强化了公司成员间的凝聚力和向心力，又提升了公司员工的社会责任感和使命感，对于提高公司的管理水平、推进公司治理结构的科学化、现代化起到了重要作用。

第三，要养成持之以恒、坚持不懈的做事风格。创业是一项来不得半点虚假的实践活动，在当前社会风气普遍较为浮躁的情况下，养成脚踏实地、持之以恒的做事风格对大学生创业者而言显得愈加弥足珍贵。首先，大学生创业者要认真学习好各类专业课程，将创业实践建立在扎实的专业知识基础之上。作为当代大学生，他们的最大优势在于大学阶段所接受的专业学习和锻炼。因此，大学生创业者要主动将创新创业与专业学习紧密结合，将创业项目的选择建立于专业知识基础之上，以提高创业的技术门槛，为创业成功打下基础。其次，要养成理论联系实际的习惯，坚决防止好高骛远和眼高手低情况的发生。由于我国教育体系存在注重理论传授、忽视实践训练等原因，以至于许多大学生存在动手能力差、理论脱离实际的情况。例如，有些大学生虽然具备了一定的专业知识和创业能力，却难以将创意转化为创业；还有一些大学生在创业初期往往较为顺利，但因为项目本身不够接地气等原因，往往在创业中后期却陷入资金、团队、技术以及经营等多方面的困难。因此，大学生创业者应高度重视理论联系实际，既要突出创业项目的创新性，又要兼顾项目的可行性，理论联系实际才能推动创业项目的深入发展和长远发展。此外，大学生创业者要养成自始至终、尽力而为的做事风格，要有“板凳能坐十年冷”的坚定意志和决心，切忌不停地改变创业目标。当前的创业越来越显示出高技术、高资本之间的竞争，留给大学生创业者的空间其实极为有限。在这种情况下，大学生创业要想取得突破，就必须在自己最为擅长的领域进行“深挖”，形成技术壁垒以提高竞争优势。

二、继承发扬艰苦奋斗的优良传统

与传统专业教育相比，创业教育的一个重要特点在于其实践性和创造性。学生不仅要理解和掌握创业知识和创业技能，还要能够将这些知识与技能创造性地运用于解决社会生产与生活中的各类“痛点”问题，而这一过程无疑是充满挑战的。因此，创业者要充分认识到创业本身的挑战性和复杂性，要积极锤炼自身的艰苦奋斗精神，依靠顽强意志克服创业过程中可能会遇到的各种艰难险阻，实现自我成长与自我超越。

第一，要深刻认识艰苦奋斗优良传统的时代价值。习近平总书记指出：“实现伟大梦想，必须进行伟大斗争”，“任何贪图享受、消极怠慢、回避矛盾的思想和行为都是错误的”。[①] 有人说，回望中国共产党的光辉历程，其本身就是中华民族和中国人民破除重重困难、取得最终胜利的创业史，而一代代的中国共产党人则是这部创业史的主角。“为有牺牲多壮志，敢教日月换新天”，近 100 年来，中国共产党克服重重艰难险阻，书写了无愧于时代、无愧于人民的华彩篇章。在历史的长河中，中华民族的无数仁人志士用坚强的意志谱写了一曲曲慷慨激昂的创业之歌，有的甚至付出了生命的代价，这成为中华民族取之不尽用之不竭的宝贵精神财富。随着时代的变迁与演进，当今人们的生产生活条件发生了根本性的变化，但老一辈无产阶级革命家所留下来的艰苦奋斗精神却仍旧熠熠生辉，成为指引我们不断前进的重要精神动力。作为新时代知识精英的代表，当代大学生要主动学习并继承发扬老一辈无产阶级革命家艰苦奋斗、自强不息的精神，并将其与自身的创业实践进行有机结合。

第二，要积极养成吃苦耐劳的优秀品质。习近平总书记指出：“社会主义是干出来的。”[②] 在长期革命实践过程中，老一辈无产阶级革命家用自身的实践证明，贪图享乐、追求安逸就不可能取得事业的成功，就要在困难面前“栽跟头”。当前，面对越来越复杂的国际和国内环境，大学生的创新创业既面临难得的发展机遇，又面临各种各样的风险与挑战，这对于大学生创业者提出了严峻的挑战。作为成长于物质条件极大丰富时代背

---

① 习近平 . 决胜全面建成小康社会 夺取新时代中国特色社会主义伟大胜利——在中国共产党第十九次全国代表大会上的报告 [N]. 人民日报，2017-10-28(1-5).

② 中国共产党新闻网 . 品读习近平“社会主义是干出来的”[EB/OL].[2016-07-21] http://cpc.people.com.cn/pinglun/n1/2016/0721/c241220-28573934.html.

景下的“90后”“00后”，当代大学生对于优越的物质生活条件和舒适的生活环境形成了严重的依赖性，以至于在吃苦耐劳与抗挫折能力等方面的表现差强人意，对大学生的全面成长成才非常不利。有的大学生认为，吃苦耐劳是老一辈人的传统，已经不再适合新时代背景下的大学生。这种认识不仅不利于大学生创业实践的深入发展，而且会对大学生人生观、世界观和价值观的形成带来诸多消极影响。“青年兴则国家兴，青年强则国家强”①，面对时代发展的新要求与新挑战，当代大学生创业者除了要具备创新精神与创业能力以外，还要对于创业的艰辛性做好充分的心理准备，在日常生活和学习中主动培养自身吃苦耐劳的优秀品质，努力用辛勤汗水浇灌创业之花，收获创业成果。

第三，要养成勇于挑战、百折不挠的坚定意志。创业的路途不可能一帆风顺，必然要面对各种各样的艰难险阻和风险挑战，这是由创业本身的特点以及社会环境所共同决定的。纵观国内外的创业成功案例，可以发现，没有任何一位企业家的创业道路是一路平坦的，关键在于他们能够在遇到困难和挫折时勇于面对，不惧怕，不退缩，以超强的意志和胆识迎难而上，克服艰难险阻并最终到达创业成功的彼岸。我国教育家陶行知曾说：“敢探未发明的真理，即是创造精神；敢入未开化的边疆，即是开辟精神。……创造开辟都要有胆量。”②作为新时代背景下成长起来的新一代社会主义的建设者和接班人，当代大学生要积极磨炼自己勇于面对困难、百折不挠的坚定意志和决心，多向老一辈无产阶级革命家和创业前辈学习，继承和发扬他们的艰苦奋斗精神、开拓进取精神以及无私奉献精神，用以武装自己的头脑，为创新创业注入强大的精神动力。在干事创业遇到困难时，要保持积极乐观的心态，始终坚信“道路是曲折的，前途是光明的”，在强大的意志力面前，困难将会不战而退，成功将属于矢志不移的当代创业者。

① 习近平．决胜全面建成小康社会　夺取新时代中国特色社会主义伟大胜利——在中国共产党第十九次全国代表大会上的报告[N]．人民日报，2017-10-28(1-5).

② 陶行知．中国教育改造[M]．北京：北京联合出版公司，2015：15.

三、不断提高创新精神与创新能力

《易经》云："《易》与天地准，故能弥纶天地之道，仰以观于天文，俯以察于地理，是故知幽明之故。"① 从社会不断发展变化对人提出的要求来看，当代大学生最需具备的"真才实学"就是创新精神和创新能力。创新是创业的核心，创新精神是创业精神的前提与基础，因此，大学生创业精神的培养离不开创新精神和创新能力的培养。作为创新创业的参与者，当代大学生要增强积极性和主动性，强化创新精神和创新能力的自我培养，为培养创业精神打下坚实的基础。

首先，要学习和掌握扎实的专业基础知识，为创新精神和创新能力的培养打下基础。英国科学家牛顿曾经说："如果说我看得更远一点的话，是因为我站在巨人的肩膀上。"这里所谓的"巨人的肩膀"其实就是前人积累下的浩如烟海的科学文化知识。在漫长的历史长河中，前人用他们的智慧去探索世界和认知世界，积累下了丰富而系统的知识，对后人有着深刻的启迪，成为创新思想产生的重要蓄水池。心理学研究表明，创造性思维的养成具有明显的"厚积而薄发"的特点，即创新意识和创新精神的培养要建立在扎实的专业基础知识之上，没有专业基础知识作为依托，所谓的创新就变成了无源之水、无本之木。基于这一认识，大学生要认真学习专业基础知识，形成厚实的知识基础，为培育创新精神做好铺垫。同时，基于当前各类知识之间具有交叉、融合的特点，要高度重视对于跨学科知识的学习，以形成广阔的知识视野。马克思主义认为，世界上万物之间是普遍联系的，有些事物之间的联系是直接的、必然的和内在的，而有些事物之间的联系则是需要通过借助于中介的力量来完成，而创造性思维就是致力于改变事物之间原有联系的过程②。从这个角度说，我们要在对于专

① 王道正注译．易经全本详解 [M]．成都：四川大学出版社，2014：418．

② 孟凡仲，田相华．论创新型人才的思维特点及其自我培养 [J]．社会科学战线，2008（10）：220-224．

业知识充分学习和掌握的基础之上，高度重视学习和涉猎相关学科领域的知识，通过打破原有知识之间的界限，建立知识之间的新联系，进而发现新事物、养成新思维。

其次，要对事物保持好奇心，养成勤学善问、打破常规的问题意识和行为习惯。我国著名教育家陶行知曾就培养学生的问题意识做过一首五言律诗："发明千千万，起点是一问。禽兽不如人，过在不会问。智者问得巧，愚者问得笨。人力胜天工，只在每事问。"可见，会不会、能不能、愿不愿意提出问题是人之为人、人定胜天的重要保证。心理学研究表明，"人人都有创造性"①，关键在于对这种创造性的保持和发掘。纵观世界上的各类新发明、新创造，无一不带有深深的"问题意识"和"好奇心"的烙印，可以说，没有好奇心和问题意识，就没有人类社会的进步与发展，就没有我们当今的便捷生活。作为好奇心和问题意识最为强烈的阶段，大学阶段是一个人问题意识养成的关键阶段，是大学生的好奇心充分施展的阶段，保护并且发扬这种问题意识与好奇心对于个体创新精神与创新能力的养成至关重要。基于上述认识，当代大学生要主动学习和涉猎新知识、新领域，既要在课堂学习中多思考、多提问，又要注意经常深入实践去发现问题和探索未知，尤其要结合社会发展、国家进步和人民群众的生产生活需要来发现问题，进而形成"课内与课外相结合""理论与实践相结合"的学习习惯，为创新精神和创新能力的培养打下基础。

最后，要经常开展多样性的创造性思维训练，促进创新精神和创新能力的有效提升。有研究显示，"创新人才在一定意义上就是创造性思维加创造性人才"，由此可见，开展经常性、多样性的创造性思维训练对于培养创新精神、提高创新能力具有独特的意义。一是要训练个人的发散性思维品质。发散性思维又称辐射思维、扩散思维或求异思维，指

① 林崇德，罗良．建设创新型国家与创新人才的培养[J]．北京师范大学学报（社会科学版），2007（1）：27-33．

的是“一种不依常规、寻求变异，从多方面探求答案的思维形式”[①]，是创造性思维的主要组成部分和个体创造潜能的重要预测变量。创造性思维表现为思维视野广阔、思维呈现出多维发散性特点等，如“一题多解”“一物多用”或用多种办法去解决一个问题等。日常生活和学习中，大学生要通过进行冥想练习、参加辩论赛以及参与科研项目研究等途径，养成对同一问题或同一事物从不同角度进行思考的习惯，进而为发散性思维的养成奠定基础。二是要训练个人的逆向思维品质。逆向思维又称求异思维，是指对于司空见惯的似乎已成定论的事物和观点进行反向思考的一种思维方式。而逆向思维法是指在用常规方法解决某一问题遇到困难时，采用反向思维或反向推理的方式解决问题的办法。基于这一方法有利于使各类难题获得创造性解决的优势，当前这一方法已经受到人们的广泛重视。学习中，大学生应当养成多学多问的习惯，当一件事情或一个问题从常规角度难以解决时，要注意从反方向进行思考，进而为问题的解决开拓新思路。

四、有效强化创新创业自我效能感

创业过程中，个体对于自身能力的判断对创业实践的开展起着至关重要的作用。美国著名心理学家班杜拉（Bandura）在对前人心理学研究成果进行总结时发现，以往的学习理论研究把关注点放在了获取知识或行为的反应类型上，而支配知识和行为之间作用的过程却被大大地忽略了。班杜拉认为，“人们所持有的自我效能感强弱会影响决策行为以及可能完成预期目标的行动全始终。”[②]之所以会出现这一情况，是因为实践者主体的内部因素决定着知识和行为之间的转换。这里所谓的自我效能感，是指“个体对自己能否在一定水平上完成某一活动所具有的能力判断、信念或主体

① 滕静，沈汪兵，郝宁．认知控制在发散性思维中的作用[J]．心理科学进展，2018,26（3）：411-422.

② 王忠军，刘云娟，袁德勇．职业延迟满足研究述评[J]．心理科学进展，2012，20（5）：705-714.

自我把握与感受”[①]。此后，自我效能感理论又于20世纪90年代被博伊德（Boyd）等学者应用于创业研究领域，从而产生了“创业自我效能感”的概念，即“创业者对自身拥有的创业技能能够完成各项创业活动和行为的自信强度”[②]或“一种可变且有助于创业者依据本身的特征如知识和技能等进行创业的个人信念和自信”。[③]目前，创业自我效能感的培养与训练已经成为高校创业教育研究的重要内容。

第一，要积极参加各类创业实践训练，养成积极归因方式，培养创业自信心。研究表明，先前经验和实际成就是个体创业自我效能感培养的重要途径，对于大学生创业而言，这一途径主要体现在学习和掌握创业基础知识并将相关知识与技能应用于实际，进而获得创业体验。当个体通过不懈努力而在创业实践中获得成功时，就会获得良好的情感体验和积极的创业自我效能感。而这一自我效能感反过来又可以强化大学生的创业兴趣和创业动机，从而形成自我效能感与创业之间的良性循环，有效促进创业精神的养成。实践中，大学生要积极参加创业大赛、创业训练营等实践活动，并注意形成对待成功与失败的积极归因方式，以此提高创业信心。

美国认知心理学家韦纳（B.Weiner）提出的归因理论（Attribution Theory）认为，个人成就的获得有赖于对过去工作是成功还是失败的不同归因，归因方式的不同将会对今后的情绪及行为产生重大影响。这一理论将归因要素分为六个方面：努力、能力、任务难度、机遇、身心状态以及外界环境，并按照内外因、稳定性与可控性三个维度进行组合（如表15所示），即努力、能力与身心状态属于内部因素，任务难度、机遇以及外界环境属于外部因素；能力和任务难度属于稳定因素，其他属于不稳定因

---

① 韩力争．大学生创业自我效能感结构研究[D]．南京：南京师范大学，2011：11-12．

②Boyd, N. & Vozikis, G. The influence of self-efficacy on the development of entrepreneurial intentionsand actions［J］. Entrepreneurship Theory and Practice, 1994, 18（4）: 63-77.

③ 杨月，万诗雨，乔文佳．大学生创业自我效能感与创业意愿的关系研究[J]．中国集体经济，2018（26）：65-67．

素；努力是可控因素，其他都属于不可控因素。研究表明，自我效能感与归因方式之间存在着紧密联系，一般而言，如果将成功归因于内部因素和稳定因素或将失败归因于不稳定因素时，可以提高个体的学习积极性，有助于增强个体的自我效能感；而将失败归因于内部因素或稳定因素时，则会导致个体的内疚和无助感，不利于形成自我效能感。基于这一认识，大学生创业者要对自己的创业行为进行客观的分析，并在此基础上正确对待自身的成功与失败，养成积极性的归因方式，以利于创业自我效能感的培养。

表 15　韦纳归因理论的“三维度模式”因素分析表

	稳定性		内 / 外在性		可控性	
	稳定	不稳定	内在	外在	可控	不可控
能力高低	+		+			+
努力程度		+	+		+	
任务难度	+			+		+
机遇		+		+		+
身心状态		+	+			+
外界环境		+		+		+

第二，要深入分析身边各类创业者的案例，吸取经验教训，获得“替代性经验”，促进创业自我效能感的养成。班杜拉（Bandura）的社会学习理论认为，个体能够通过观察他人的行为形成对于自我能力的认知。例如，一个人观察到他人通过采取某些方法取得成功时，他就会主动学习和掌握这一方法；当观察到他人因为进行某些操作导致失败时，他也会主动避免自己采取类似操作，以有效避免失败，这一过程就叫作“替代性经验”或者“替代性强化”。实践证明，学习创业者的成功经验、吸取创业者失败的经验教训有利于促进创业者自身的快速成长，是培养个体创业意识、提高创业自我效能感的重要方式。当前，大学生创业者要借助互联网等手段，对各类创业者的创业案例进行整理和分析，梳理成功创业者的有效经验和做法，将其用于指导自己的创业实践；同时，要高度重视分析典型的创业失败案例，吸取创业者失败的经验教训，学习创业者在遇到挫折和风险时

的应对措施和方法，以便于自己在遇到类似的情况时进行有效应对。总之，大学生创业者要想在创业中取得成绩，就必须要对身边的创业者案例进行分析和借鉴，不仅学习他们的成功经验，而且要分析他们失败的经验教训，以此促进自我效能感的增强，有效养成积极、正向的创新意识和创业精神。

第三，要广泛听取前辈或同辈创业者、创业导师以及专业教师的建议。《论语》中说："子曰：三人行，必有我师焉；择其善者而从之，其不善者而改之。"（《论语·述而》）这一论述说的是，别人必定有值得我们学习的地方，我们要时刻保持谦虚谨慎的态度，积极学习别人的优点与长处，及时改正和弥补自身的缺点与不足。目前，我国高度重视大学生创新创业的实践，并要求各个高校为大学生配备一定比例的创业教师和创业导师，以发挥教师在指导学生创新创业中的重要作用。作为大学生而言，要主动向创业教师和导师进行学习请教，尤其要结合各个教师的专业特长，将教师的专业方向与自身的创业方向进行有机结合。必要情况下，可以将教师吸纳到自己的创业团队当中，形成"项目制导，师生同创"的创业实践机制。另外，大学生创业者还应通过阅读创业者的相关书籍、观看创业纪录片以及拜访交流等形式向创业前辈学习，尤其要学习他们踏实肯干、认真刻苦的创业精神和意志品质，并将其与自身的特点进行结合，以有效提升自身对于创新创业的认知水平和理解深度，推动自身创业的提质、增效、升级。

第四，要保持良好的生理和心理状态，提高身体素质和心理素质，缓解各类不良情绪，为创业自我效能感的养成保驾护航。自我效能感理论将个人良好的生理和心理状态作为衡量效能感水平的重要指标，这是由于生理和心理状态对于个人的自我认知具有重要影响作用。比如，一般情况下，当我们经常参加体育锻炼时，身体素质就好，面对困难时的自信心就会越来越强；反之，当我们消极参加体育锻炼时，我们的身体素质就会比较差，迎接困难和挑战时自信心也必然受到影响。由此可见，身心之间存在相互作用的关系，这是自我效能感理论的重要心理基础。同时，自我心理暗示对自我认知和心理健康之间也有着重要影响，消极的自我暗示可误导个人的判断和自信；而积极的自我暗示则可以促进个人的自我肯定，有助于形成积极的思维惯性和模式，从而帮助我们改变对生活的态度和期望，助力事业的成功。基于创业所具有的风险性、挑战性以及创新性等特征，创业目标的达成必定需要创业者具备超出一般人的生理和心理素质。在这种情况下，大学生除了要具备创新精神与创业素质、掌握创业知识与技能外，还应当培养自身良好的生活和学习习惯，通过加强体育锻炼、进行自我暗示等方式提高自身的身体和心理素质，以提高有效应对创业风险的身体和心理准备。

结　语
用创业精神赋能个人成才　成就民族伟业

“创新是一个民族进步的灵魂，是一个国家兴旺发达的不竭动力。”① 伴随知识经济与信息技术的飞速发展，世界格局正在发生着深刻变化，创新作为推动各国经济社会发展的主体地位愈发牢固。在这一过程中，我国既面临难得的发展机遇，又面临严峻的风险考验，紧紧抓住创新机遇、牢牢把握创新主动权成为我国推进经济社会发展、实现两个一百年奋斗目标的重要遵循。20 世纪 80 年代以来，我国多位领导人均就创新的重要性做过重要论述，并产生了具有中国特色的创新理论体系，有力支撑了中国的创新创业教育实践。尤其是十八大以来，以习近平同志为核心的党中央高瞻远瞩，深刻洞察了世界发展的新形势和新变化，适时提出了实施创新驱动发展的重大战略，对于推动我国经济社会的深入发展、实现中华民族的伟大复兴具有重要意义。2017 年，习近平总书记在十九大报告中指出：“创新是引领发展的第一动力，是建设现代化经济体系的战略支撑。要……培养造就一大批具有国际水平的战略科技人才、科技领军人才、青年科技人才和高水平创新团队。”② 这一报告对于进一步推动高校创业教育深入发展、提高创新型人才的培养能力与培养水平提出了明确要求。

① 中共中央文献研究室．十四大以来重要文献选编（下）[M]. 北京：人民出版社，1997：1389.

② 习近平．决胜全面建成小康社会，夺取新时代中国特色社会主义伟大胜利——在中国共产党第十九次全国代表大会上的报告［N］．人民日报，2017-10-19（01）.

自20世纪90年代以来，我国的创业教育工作得以快速推进，在理论与实践两方面均取得了丰硕成果。伴随创新驱动发展战略的逐步推进，我国对于具有创业精神和创业意识的高素质创新型人才的需求日益迫切，深入推进高校创业教育的转型升级成为高校教育综合改革的必然要求和主要方向。2019年两会期间，习近平总书记就创新创业问题做出指示：“要营造有利于创新创业创造的良好发展环境。要向改革开放要动力，最大限度释放全社会创新创业创造动能，不断增强我国在世界大变局中的影响力、竞争力。”① 这一讲话凸显了党和政府对于创新创业的高度重视，为高校创业教育的发展指明了方向、提供了遵循。经过30多年的发展，我国高校创业教育逐渐实现了从注重数量向注重质量、从注重外部推动向注重内部优化、从注重服务经济向注重人才培养的重要转变。而当前，培养大学生的创业精神与创业意识日益成为高校创业教育的核心与焦点，深入开展大学生创业精神培育已经成为高校创业教育理论研究和实践发展的必然趋势。

通过开展本研究，主要在以下四个方面取得了初步成果：一是就创业精神的基本概念、创业精神培育的价值与影响因素以及我国大学生创业精神培育的发展历程等问题进行了研究。在对相关概念进行辨析的基础上，重点从国家层面、高校层面以及个体层面论证了大学生创业精神培育的价值；对我国创业精神培育的发展阶段进行划分，明确了时间节点，总结了阶段特征，加深了对于我国大学生创业精神培育发展历程的认识；二是总结了我国大学生创业精神培育取得的阶段性成果，凝练了创业精神培育的三类模式，并将工作经验归纳为“强化思想引领以注入精神动力”“突出政府主导以形成工作合力”以及“重视文化传承以凸显中国特色”；三是通过调查研究对我国大学生创业精神培育的现状与问题进行分析，发现当代大学生的创业精神主要表现出四类特征：“过于注重个人理想”“创业意向不够明确”“创业坚韧性不足”以及“创业规范意识欠缺”，进而将

---

① 习近平栗战书汪洋王沪宁赵乐际分别参加全国人大会议一些代表团审议［N］. 人民日报，2019-03-11（01）.

创业精神培育的问题归纳为："创业理想教育相对不足""创业意向教育亟待优化""创业心理素质教育有所欠缺"以及"创业规范意识教育明显滞后"四个方面，并从宏观环境、创业教育、家庭教育与义务教育以及相关理论研究四个方面进行归因分析；四是提出了我国大学生创业精神培育的路径，探索构建由国家创业精神培育服务系统、高等学校创业教育系统以及个人创业素质养成系统组成的立体化、层次化的大学生创业精神培育体系。

随着我国对于高等创业教育规律和创新型人才成长规律的认识不断深入，进一步推进创业教育转型升级已经成为创业教育创新发展的核心内容。从内部要素的构成来看，创业精神是高素质创新型人才的重要特征，是创业教育内容的核心与灵魂，帮助大学生具备创业精神是当前阶段高校创业教育的主要任务。因此，当前阶段的高校创业教育改革应将有效培养大学生的创业精神置于最前端，这既是创业教育理论发展的必然趋势，也是创业教育实践发展的迫切需求。总之，创业教育的目标不仅在于教给大学生必要的创业知识和创业技能，更要在他们心中设定"创业遗传代码"，种下一颗具备创业精神的"种子"，待到未来某一天条件成熟时"生根发芽""枝繁叶茂"。大学生创业精神培育关系到高素质创新型人才的培养、关系到高等教育"立德树人"根本任务的完成、关系到创新型国家建设目标的实现，必须要引起广大教育理论和实践工作者的高度重视。下一步研究中，将在大学生创业精神培育的哲学理论基础、创业精神培育的内在心理机制以及创业精神培育的本土化研究方面进行更加深入的思考，为我国创业教育工作的深入发展以及大学生创业精神的有效提升贡献微薄之力。

21 世纪是人才的世纪，21 世纪是创新的世纪，在风起云涌的国际环境之下，要想使我国立于不败之地，就必须要着力培养一大批具有创业精神和创业能力的高素质创新型人才，以有效发挥他们的聪明才智，为国家的繁荣与富强贡献智慧和力量。"千淘万漉虽辛苦，吹尽狂沙始到金。"在中华民族灿烂辉煌历史文化的映照下，在中国共产党的坚强领导下，一代代中华儿女正在民族创业与国家创业的道路上砥砺奋斗、不懈努力。“以守维成则成难继，因创兴业则业自达。”[①] 只要我们坚定理想信念、坚持中国特色社会主义道路不动摇，我们就一定能够在实现“新时代的再创业”征程中再创辉煌，续写中国特色社会主义新时代的华彩篇章。

① 艰苦奋斗再创业[N]．人民日报，2018-02-23(02)．

参考文献

【经典文献】

[1] 马克思恩格斯选集（1—4 卷）[M]. 北京：人民出版社，2012.

[2] 马克思恩格斯全集（第 42 卷）[M]. 北京：人民出版社 ,1979.

[3][德] 马克思 .1844 年哲学经济学手稿 [M]. 北京：人民出版社，2000.

[4] 毛泽东选集（第 1 卷）[M]. 北京：人民出版社，1991.

[5] 毛泽东选集（第 4 卷）[M] . 北京：人民出版社，1991.

[6] 邓小平文选（第 3 卷）[M]. 北京：人民出版社 ,1993.

[7] 习近平谈治国理政 [M]. 北京：外文出版社，2014.

[8] 习近平谈治国理政（第二卷）[M]. 北京：外文出版社，2017.

[9] 习近平新时代中国特色社会主义思想三十讲 [M]. 北京: 学习出版社，2018.

[10] 习近平关于社会主义文化建设论述摘编 [M]. 北京：中央文献出版社，2017.

[11] 中共中央文献研究室 . 习近平总书记重要讲话文章选编 [M]. 北京：中央文献出版社、党建读物出版社，2016.

[12] 中共中央文献研究室 . 十四大以来重要文献选编（下）[M]. 北京：人民出版社，1997.

[13] 中共中央宣传部 . 习近平总书记系列重要讲话读本 [M]. 北京：人民出版社，2016.

[14] 人民日报社理论部 . “五大发展理念” 解读 [M]. 北京：人民出版社，2015.

[15] 习近平用典（第一辑）[M]. 北京：人民日报出版社，2018.

[16] 习近平用典（第二辑）[M]. 北京：人民日报出版社，2018.

[17] 习近平． 之江新语 [M]． 杭州：浙江人民出版社，2007.

【重要文件】

[1] 教育部 .《关于加快建设高水平本科教育全面提高人才培养能力的意见》，教高〔2018〕2 号，2018 年 9 月 17 日 .

[2] 中共中央办公厅 国务院办公厅《关于实施中华优秀传统文化传承发展工程的意见》，2017 年 1 月 25 日 .

[3] 国务院《关于大力推进大众创业万众创新若干政策措施的意见》，国发〔2015〕32 号，2015 年 6 月 16 日 .

[4] 国务院办公厅《关于深化高等学校创新创业教育改革的实施意见》，国办发〔2015〕36 号，2015 年 5 月 13 日 .

[5] 国务院《关于进一步做好新形势下就业创业工作的意见》，国发〔2015〕23 号，2015 年 5 月 1 日 .

[6] 中共中央、国务院《关于深化体制机制改革加快实施创新驱动发展战略的意见》，中发〔2015〕8 号，2015 年 3 月 23 日 .

[7] 国务院办公厅《关于发展众创空间推进大众创新创业的指导意见》，国办发〔2015〕9 号，2015 年 3 月 11 日 .

[8] 教育部《普通本科学校创业教育教学基本要求（试行）》，教高厅〔2012〕4 号，2012 年 8 月 1 日 .

[9] 教育部《关于全面提高高等教育质量的若干意见》，教高〔2012〕4 号，2012 年 3 月 16 日 .

[10] 国家中长期教育改革和发展规划纲要工作小组办公室《国家中长期教育改革和发展规划纲要（2010—2020）》，2010 年 7 月 29 日 .

[11] 教育部《关于大力推进高等教育创新创业教育和大学生自主创业工作的意见》，教办〔2010〕3 号，2010 年 5 月 4 日 .

[12] 教育部、财政部《关于批准 2008 年度人才培养模式创新实验区建设项目的通知》，教高函〔2009〕4 号，2009 年 1 月 20 日 .

[13] 中共中央、国务院《关于进一步加强和改进大学生思想政治教育的意见》，中发〔2004〕16 号，2004 年 10 月 14 日 .

[14] 国务院批转教育部《面向 21 世纪教育振兴行动计划》，国发

〔1999〕4 号，1999 年 1 月 13 日．

【理论著作】

[1] 冯刚，王树荫．思想政治教育研究热点年度发布（2018）[M]．北京：团结出版社，2018.

[2] 冯刚．改革开放以来高校思想政治教育发展史 [M]．北京：人民出版社，2018.

[3] 冯刚，王树荫．思想政治教育研究热点年度发布（2017）[M]．北京：团结出版社，2017.

[4] 冯刚．探索思想政治教育发展的内生动力 [M]．北京：人民出版社，2017.

[5] 骆郁廷．思想政治教育引论 [M]．北京：中国人民大学出版社，2018.

[6] 陈万柏，张耀灿．思想政治教育学原理 [M]．北京：中国人民大学出版社，2013.

[7] 袁贵仁．马克思主义人学理论研究 [M]. 北京：北京师范大学出版社，2012.

[8] 李亚员．社会主义核心价值体系引领大学生思潮研究 [M]. 北京：人民出版社，2015.

[9] 张耀灿，郑永廷，吴潜涛，骆郁廷．现代思想政治教育学 [M]. 北京：人民出版社，2006.

[10] 陈秉公．思想政治教育学基本理论研究 [M]. 沈阳：辽宁大学出版社，2007.

[11] 王玄武，骆郁廷．思想教育・政治教育・道德教育比较研究 [M]. 武汉：武汉大学出版社，2002.

[12] 张世欣．中国古代思想道德教育史 [M]. 杭州：浙江大学出版社，2010.

[13] 邱伟光，张耀灿．思想政治教育学原理 [M]. 北京：高等教育出版社，1999.

[14] 许倬云 . 中国文化的精神 [M]. 北京：九州出版社，2018.

[15] 辜鸿铭 . 中国人的精神 [M]. 李静，译 . 天津：天津人民出版社，2016.

[16] 王占仁 . 中国创新创业教育史 [M]. 北京：社会科学文献出版社，2016.

[17] 王占仁 . “广谱式”创新创业教育导论 [M]. 北京：人民出版社，2012.

[18] 汪怡 . 理性与启蒙 [M]. 北京：东方出版社，2016.

[19] 陶行知 . 中国教育改造 [M]. 北京：北京联合出版公司，2015.

[20] 黄济. 教育哲学通论 [M]. 太原：山西教育出版社，1998.

[21] 黄济，王策三 . 现代教育论 [M]. 北京：人民教育出版社，1996.

[22] 柳斌 . 改造我们的教育 [M]. 北京：人民教育出版社，2012.

[23] 闫小柳，赵忠义 . 师德修养概论 [M]. 北京：北京师范大学出版社，2008.

[24] 刘川生，等 . 教育创新与创新型国家建设重大问题研究 [M]. 北京：北京师范大学出版社，2017.

[25] 刘川生 . 大学生日常思想政治教育实效性研究 [M]. 北京：北京师范大学出版社，2009.

[26] 刘川生 . 强化办学特色，推进教育创新 [M]. 北京：北京师范大学出版社，2008.

[27] 刘宝存 . 创新型国家建设与中国高等教育改革 [M]. 北京：高等教育出版社，2009.

[28] 王道正，注译. 易经全本详解 [M]. 成都：四川大学出版社，2014.

[29] 毛祖桓 . 教育学的系统观与教育系统工程 [M]. 成都：四川教育出版社，1988.

[30] 胡晓风 . 教育研究文集 [M]. 成都：四川教育出版社，1989.

[31] 刘雍，熊建强 . 创业哲学 [M]. 北京：中国水利水电出版社，2017.

[32] 项勇，黄佳祯 . 大学生创新创业素质培养机制研究 [M]. 北京：中

国经济出版社，2017.

[33] 董刚 . 高等职业教育内涵式发展研究 [M]. 北京：高等教育出版社，2014.

[34] 夏洪胜，张世贤 . 创业与企业家精神 [M]. 北京：经济管理出版社，2014.

[35] 张项民 . 创业教育与专业教育耦合研究 [M]. 北京：科学出版社，2013.

[36] 张昊民，马君 . 高校创业教育研究 [M]. 北京：中国人民大学出版社，2012.

[37] 任国升 . 创业教育 [M]. 保定：河北大学出版社，2014.

[38] 徐小洲，梅伟惠 . 高校创业教育体系建设战略研究 [M]. 杭州：浙江教育出版社，2014.

[39] 刘红玉，彭福扬 . 创新理论的拓荒者 [M]. 北京：人民出版社，2013.

[40] 李家华 . 创业基础 [M]. 北京：北京师范大学出版社，2013.

[41] 李志永 . 日本高校创业教育 [M]. 杭州：浙江教育出版社，2010.

[42] 丁栋虹 . 企业家精神 [M]. 北京：清华大学出版社，2010.

[43] 郑杭生，等 . 社会学概论新修 [M]. 北京：中国人民大学出版社，2002.

[44] 邓小泉 . 中国传统学校教育生态系统的历史演化 [M]. 苏州：苏州大学出版社，2014.

[45] 张大均 . 教育心理学 [M]. 北京：人民教育出版社，2011.

[46] 林崇德 . 发展心理学 [M]. 北京：人民教育出版社，2009.

[47] 裴娣娜 . 教育研究方法导论 [M]. 合肥：安徽教育出版社，1995.

[48] 肖东发，李武 . 学术论文协作与学术规范 [M]. 北京：北京大学出版社，2009.

[49] 谢志远 . 大学生创业教育本土化的探索与实践 [M]. 杭州：浙江大学出版社，2011.

[50] 公方彬 . 精神中国：当今信仰问题的深层思考 [M]. 北京：中国工人出版社，2013.

[51] 李梦卿，熊健民，罗莉，王宪成 . 双师型教师队伍建设比较研究 [M]. 武汉：华中科技大学出版社，2010.

【研究报告】

[1] 中华人民共和国教育部高等教育司 . 创业教育在中国：试点与实践 [M]. 北京：高等教育出版社，2006.

[2] 中华人民共和国教育部高等教育司 . 世界主要国家创业教育情况 [M]. 北京：高等教育出版社，2012.

[3] 冯刚，郑永廷 . 思想政治教育学科 30 年发展研究报告 [M]. 北京：光明日报出版社，2014.

[4] 洪大用，毛基业 . 中国大学生创业报告 [M]. 北京：中国人民大学出版社，2016.

[5] 美国商务部创新创业办公室 . 构建创新创业型大学——来自美国商务部的报告 [M]. 赵中建，卓泽林，译 . 上海：上海科技教育出版社，2016.

[6] 孙惠敏，陈工孟 . 全球创新创业教育研究报告 [M]. 北京：经济管理出版社，2016.

[7]2013 年世界发展报告 [M]. 北京：清华大学出版社，2013.

[8] 麦可思研究院 .2010 年中国大学生就业报告（就业蓝皮书）[M]. 北京：社会科学文献出版社，2010.

[9] 麦可思研究院 .2011 年中国大学生就业报告（就业蓝皮书）[M]. 北京：社会科学文献出版社，2011.

[10] 麦可思研究院 .2012 年中国大学生就业报告（就业蓝皮书）[M]. 北京：社会科学文献出版社，2012.

[11] 麦可思研究院 .2013 年中国大学生就业报告（就业蓝皮书）[M]. 北京：社会科学文献出版社，2013.

[12] 麦可思研究院 .2014 年中国大学生就业报告（就业蓝皮书）[M]. 北京：社会科学文献出版社，2014.

[13] 麦可思研究院 .2015 年中国本科生就业报告（就业蓝皮书）[M]. 北京：社会科学文献出版社，2015.

[14] 麦可思研究院 .2016 年中国本科生就业报告（就业蓝皮书）[M]. 北京：社会科学文献出版社，2016.

[15] 麦可思研究院 .2017 年中国本科生就业报告（就业蓝皮书）[M]. 北京：社会科学文献出版社，2017.

[16] 麦可思研究院 .2018 年中国本科生就业报告（就业蓝皮书）[M]. 北京：社会科学文献出版社，2018.

【期刊论文】

[1] 冯刚．新时代文化育人的理论考察 [J]．学校党建与思想教育，2019（3）．

[2] 冯刚，朱宏强．以习近平新时代中国特色社会主义思想引领青年理想信念教育 [J]．思想理论教育导刊，2018（11）．

[3] 冯刚．在中华民族伟大复兴进程中坚定文化自信 [J]．马克思主义理论学科研究，2017（3）．

[4] 王树荫，温静．改革开放以来思想政治教育的基本经验 [J]．思想教育研究，2019（3）．

[5] 刘巨钦，贺峻熙．创业教育与专业教育的有机融合：大学生能力培养的有效路径 [J]．当代教育理论与实践，2019（1）．

[6] 金伟琼，陈永霖，吴蕾蕾．高校创新创业教育与思想政治教育的融合 [J]．中国青年社会科学，2018（6）．

[7] 苗青．剑桥大学创新创业教育对我国的启发 [J]. 河北师范大学学报（教育科学版），2018，20（2）．

[8] 谢萍，石磊．英国创新创业教育的现状及其启示 [J]. 世界教育信息，2018（14）．

[9] 杨月，万诗雨，乔文佳．大学生创业自我效能感与创业意愿的关系研究 [J]．中国集体经济，2018（26）．

[10] 杨楠．2017 年北京高校创新创业教育情况 [J]．北京教育（高教），

2018（5）.

[11]徐礼堂. 当代青年精神生活的引导路径分析[J]. 思想理论教育导刊，2018（8）.

[12] 靳义军. 大学生创业自我效能感与创业意向间关系的研究 [J]. 西北师大学报（社会科学版），2018，55（3）.

[13] 陶泱霖. 高职大学生的创业意愿与创业行为的关系研究 [J]. 中国职业技术教育，2018（32）.

[14] 腾静，沈汪兵，郝宁. 认知控制在发散性思维中的作用 [J]. 心理科学进展，2018,26（3）.

[15] 王艳. 案例教学视角下的大学生创业能力培养 [J]. 江苏高教，2018（4）.

[16]蔡志强 . 中国共产党精神谱系的时代品格 [J]. 人民论坛，2018（25）.

[17] 王树荫，马二杰. 全面抗战时期《解放日报》劳动英雄话语及其功能探析 [J]. 思想教育研究，2017（10）.

[18] 陈步云，房正 . 用五大发展理念引领大学生思想政治教育质量提升 [J]. 中国高等教育，2017（1）.

[19] 顾海川，王冰，李继怀 . 用社会主义核心价值观引领大学生创新创业 [J]. 黑龙江高教研究，2017（5）.

[20] 芮雪，马晓玲 . 思想政治教育视野下大学生创业观念培育研究 [J]. 学校党建与思想教育，2017（6）.

[21] 李政，杨思莹. 十年创新型国家建设：成就、经验与问题 [J]. 学习与探索，2017（1）.

[22] 张秀丽，武毅英 . 新形势下思想政治教育与大学生创新创业教育的优势互补 [J]. 理论前沿，2017（7）.

[23] 刘文杰，史秋衡. 高校“创业教育热”背后的冷思考 [J]. 大学教育科学，2017（1）.

[24] 王志强，杨庆梅. 我国创业教育研究的知识图谱——2000—2016 年教育学 CSSCI 期刊的文献计量学分析 [J]. 教育研究，2017（6）.

[25] 蔺艳娥. 我国创新创业教育研究热点的共词可视化分析 [J]. 教育评论，2017（11）.

[26] 陈春晓. 地方高校创业教育师资队伍建设的困境与机制创新 [J]. 高等工程教育研究，2017（3）.

[27] 李月娥，刘伟，晁玉方. 传统文化对大学生创业教育的影响及对策 [J]. 中国成人教育，2017（14）.

[28] 陈静，王占仁. “内合外联”式高校创业教育生态系统构建研究 [J]. 学校党建与思想教育，2017（04）.

[29] 段辉琴，陆俊. 大学生创新创业精神培育路径 [J]. 继续教育研究，2017（2）.

[30] 刘振亚 . 中美高校创新创业教育生态化培育的比较研究 [J]. 黑龙江高教研究，2016（4）.

[31] 宋妍，王占仁 . 高校创新创业教育与思想政治教育关系研究的意义与现状 [J]. 黑龙江高教研究，2016（8）.

[32] 田贤鹏 . 教育生态理论视域下创新创业教育共同体构建 [J]. 教育发展研究，2016（7）.

[33] 王占仁，吴晓庆 . 创新创业教育对大学生思想政治教育的重要贡献论析 [J]. 思想教育研究，2016（8）.

[34] 黄兆信，张中秋，赵国靖，王志强 . 英国高校创业教育的现状、特色及启示 [J]. 华东师范大学学报（教育科学版），2016（2）.

[35] 黄兆信. 地方高校创业教育的转型发展——基于两所院校的比较分析 [J]. 高等工程教育研究，2014（06）.

[36] 朱健. 以创业精神推进高校创业教育 [J]. 思想理论教育，2015（4）.

[37] 王文礼 . 斯坦福大学协同创新的成功经验和启示［J］. 学术论坛，2015(2) .

[38] 农毅 . 高校思想政治教育工作服务大学生创业教育的途径探索 [J]. 学校党建与思想教育，2015（3）.

[39] 冯刚，骆郁廷 . 思想政治教育学科发展 30 年的回顾与展望 [J]. 思

想理论教育导刊，2014（7）.

[40] 郑刚，郭艳婷 . 世界一流大学如何打造创业教育生态系统 [J]. 比较教育研究，2014（9）.

[41] 沈茹. 美国大学创业教育的特点及启示 [J]. 中国成人教育，2014（20）.

[42] 王丽娟，吕际云 . 学习借鉴熊彼特创新创业思想的中国路径研究 [J]. 江苏社会科学，2014（6）.

[43] 武东生，冯乐 . 对“政治教育”到“思想政治教育”概念演变的解析 [J]. 思想理论教育导刊，2014（8）.

[44] 袁小平 . 高校思想政治教育与创新创业教育的协同育人模式研究 [J]. 教育论坛，2014（6）.

[45] 艾军，邹金成，罗二平，邹婷媛 . 论高校思想政治教育与大学生创业教育的有机融合 [J]. 学校党建与思想教育，2014（12）.

[46] 徐小洲，李娜 . 印度高校创业教育发展动因与模式 [J]. 比较教育研究，2013 (5) .

[47] 商应美，孙崇 . 大学生“GSL”创业实践教育体系运行研究 [J]. 中国青年政治学院学报，2013 (2) .

[48] 黄兆信，王志强 . 论高校创业教育与专业教育的融合 [J]. 教育研究，2013（12）.

[49] 李伟铭，黎春燕，杜晓华 . 我国高校创业教育十年：演进、问题与体系建设 [J]. 教育研究，2013（6）.

[50] 周希贤 . 思想政治教育引领创新人才培养的理性审视 [J]. 思想理论教育导刊，2013（10）.

[51] 黄励 . 思想政治教育视角下高校大学生创业能力培养 [J]. 教育与职业，2013（30）.

[52] 黄兆信，等 . 以岗位创业为导向：高校创业教育转型发展的战略选择 [J]. 教育研究，2012（12）.

[53] 凡欣，杨燕群 . 工作室模式：大学生创新创业教育的有效平台 [J].

学校党建与思想教育，2012（12）.

[54] 王占仁 .“广谱式”创新创业教育体系建设论析 [J]. 教育发展研究，2012 (3)

[55] 赵金华，孙迎光 . 中国高校创业教育研究 22 年回顾与启示 [J]. 现代教育管理，2012（11）.

[56] 刘川生 . 社会责任感是创新型人才成长的核心素质 [J]. 中国高等教育，2012，（10）.

[57] 许继芳 . 高校创业教育生态链的构建 [J]. 黑龙江高教研究，2012（3）.

[58] 陈永利 . 以思想政治教育提升创新创业教育理念论析 [J]. 学校党建与思想教育，2012（6）.

[59] 张晓旭 . 大学生良好创业心理品质的培养途径探析 [J]. 思想理论教育导刊，2012（12）.

[60] 梅晓宇 . 高校思想政治教育要重视大学生创新创业教育 [J]. 思想理论教育导刊，2012（1）.

[61] 陈运普，崔洁 . 论中国共产党的思想政治教育优势 [J]. 思想教育研究，2012（11）.

[62] 王忠军, 刘云娟, 袁德勇 . 职业延迟满足研究述评 [J]. 心理科学进展，2012，20（5）.

[63] 王飞，姚冠新 . 论思想政治教育在大学生创业就业过程中的导向作用 [J]. 学校党建与思想教育，2011（11）.

[64] 陈春琳，薛勇 . 把创业教育融入大学生思想政治教育 [J]. 中国成人教育，2011（2）.

[65] 潘懋元 . 什么是应用型本科？ [J]. 高教探索，2010（1）.

[66] 李家华，卢旭东 . 把创新创业教育融入高校人才培养体系 [J]. 中国高等教育，2010（12）.

[67] 姚圣梅 . 大学生创业核心竞争力的培养与提升 [J]. 思想理论教育导刊，2010（7）.

[68] 卢兵，印梅 . 对创业教育概念的厘清 [J]. 中国人才，2010（11）.

[69] 刘宝存 . 确立创新创业教育理念，培养创新精神和实践能力 [J]. 中国高等教育，2010（12）.

[70] 刘林青，夏清华，周潞 . 创业型大学的创业生态系统初探——以麻省理工学院为例 [J]. 高等教育研究，2009（3）.

[71] 梅伟惠，徐小洲 . 中国高校创业教育的发展难题与策略 [J]. 教育研究，2009（4）.

[72] 施冠群，刘林青，陈晓霞 . 创新创业教育与创业型大学的创业网络构建——以斯坦福大学为例 [J]. 外国教育研究，2009（6）.

[73] 刘帆，徐林，刘川 . 中国创业教育的兴起发展和挑战 [J]. 中国青年研究，2007，（9）.

[74] 丁三青 . 中国需要真正的创业教育——基于“挑战杯”全国大学生创业计划竞赛的分析 [J]. 高等教育研究，2007（3）.

[75] 范国睿，王加强 . 当代西方教育生态问题研究新进展 [J]. 全球教育展望，2007（9）.

[76] 季学军 . 论大学生创业及其逆商培养 [J]. 江苏高教，2006（2）.

[77] 吴启华 . 创业教育：提高大学生思想政治教育实效性的有效途径 [J]. 思想理论教育导刊，2005（2）.

[78] 赵志生 . 对大学生创业教育的思考 [J]. 内蒙古社会科学（汉文版），2004（6）.

[79] 张炳生 . 高校思想政治工作必须为推进创业教育服务 [J]. 江苏大学学报（高教研究版），2004,26（3）.

[80] 向东春，肖云龙 . 美国百森创业教育的特点及其启示 [J]. 现代大学教育，2003（2）.

[81] 黄进，胡甲刚 . “三创教育”论纲 [J]. 武汉大学学报（社会科学版），2003（4）.

[82] 沈壮海 . 思想政治教育应在破除旧观念中创新 [J]. 中国高等教育，2003（21）.

[83] 唐德海，常小勇 . 从就业教育走向创业教育的历程 [J]. 教育研究，2001（2）.

[84] 张立成，徐威 . 论德育在培养学生创新精神中的作用 [J]. 河南师范大学学报（哲学社会科学版），2001（3）.

【报刊、网络】

[1] 习近平 . 用新时代中国特色社会主义思想铸魂育人，贯彻党的教育方针落实立德树人根本任务 [N]. 人民日报，2019-03-19（01）.

[2] 刘志阳 . 最大限度释放全社会创新创业创造潜能［N］. 光明日报，2019-03-22（02）.

[3] 习近平总书记在庆祝改革开放 40 周年大会上的讲话 [N]. 人民日报，2018-12-19（02）.

[4] 抓住培养社会主义建设者和接班人根本任务，努力建设中国特色世界一流大学 [N]. 人民日报，2018-05-03（1）.

[5] 习近平 . 决胜全面建成小康社会 夺取新时代中国特色社会主义伟大胜利——在中国共产党第十九次全国代表大会上的报告 [N]. 人民日报，2017-10-28(1-5).

[6]《二〇一七年中国大学生创业报告》显示——大学生创业意愿持续高涨 [N]. 中国教育报，2018-01-13（01）.

[7] 习近平总书记给第三届中国“互联网＋”大学生创新创业大赛“青年红色筑梦之旅”的大学生的回信 [N]. 人民日报，2017-08-16（01）.

[8] 全国政协举行新年茶话会 习近平发表重要讲话［N］. 人民日报，2016-12-31（01）.

[9] 青年争创新，国家就朝气蓬勃——李克强总理给清华创客回信勉励同学们 [N]. 中国青年报，2015-05-05（01）.

[10] 刘志明 . 用发展着的理论指导新的实践 [N]. 光明日报，2017-11-13（11）.

[11] 把思想政治工作贯穿教育教学全过程，开创我国高等教育事业发展新局面 [N]. 人民日报，2016-12-09（01）.

[12] 中华民族伟大复兴的世界意义（治国理政新思想新实践）[N]．人民日报，2016-05-05（01）.

[13] 赵准胜．大学生创新创业教育走偏了吗？——对话东北师范大学就业创业教育研究院执行院长王占仁 [N]. 中国教育报，2016-09-13（4）.

[14] 促进创新创业教育与专业教育的融合 [N]．光明日报，2015-06-04（02）.

[15] 中共中央国务院举行春节团拜会，习近平发表重要讲话 [N]．人民日报，2015-02-18（01）.

[16] 江泽民．在八届全国人大一次会议闭幕式上的讲话［N］．人民日报，1993-04-01（01）.

[17] 人民网．习近平在北京大学师生座谈会上的讲话 [EB/OL].［2018-05-03］http://politics.people.com.cn/n1/2018/0503/c1024-29961468.html.

[18] 人民网．大学生创业成功率只有 2%？ [EB/OL].［2018-01-26］http://it.people.com.cn/n1/2018/0126/c1009-29788154.html.

[19] 求是网．精神变物质、物质变精神的辩证法 [EB/OL].［2015-02-04］http://www.qstheory.cn/laigao/2015-02/04/c_1114252109.htm.

[20] 光明网．高校思想政治教育与创新创业教育的有机融合 [EB/OL].［2018-11-05］http://news.gmw.cn/2018-11/05/content_31906840.htm.

[21] 中国大学生创业网．英国创业教育的发展经验和启示 [EB/OL].［2008-11-21］http://chinadxscy.csu.edu.cn/entre/bible/case/revelation/2016112919948.html.

[22] 搜狐网．莫名其妙，无中生有，点石成金 [EB/OL].［2018-09-15］http://www.sohu.com/a/253956801_100161558.

[23] 搜狐网．阿甘自杀背后，是无数创业者的生死挣扎 [EB/OL].［2018-08-10］https://www.sohu.com/a/246466898_679339.

[24] 正义网．大学生为何才出校门就进牢门 [EB/OL].［2017-07-26］https://www.toutiao.com/i6446896043832377869/.

[25] 中国青年网．《中国高校创新创业教育蓝皮书》发布，创新创

业教育塑造未来 [EB/OL].［2017-06-25］http://news.jschina.com.cn/scroll/guonei/201706/t20170625_698025.shtml.

[26] 搜狐网 .《2016 中国城市创新创业环境评价研究报告》出炉 [EB/OL].［2017-01-04］http://www.sohu.com/a/123391932_585110.

[27] 大众网. 创业与专业深度融合，温州大学创业教育独树一帜 [EB/OL].［2016-11-30］http://edu.dzwww.com/dzjyxw/redian/201611/t20161130_15218816.html.

[28] 中青在线. 中国领导人为创新创业清障搭台 [EB/OL].［2015-03-18］http://qnck.cyol.com/html/2015-03/18/nw.D110000qnck_20150318_1-16.htm.

【硕博论文】

[1] 孔洁珺 . 大学生创业价值观教育研究 [D]. 东北师范大学博士学位论文，2017 年.

[2] 陈静 . 高校主导型创业教育生态系统构建研究 [D]. 东北师范大学博士学位论文，2017 年.

[3] 杨文燮 . 高校制度创业教育模式及运行机制研究 [D]. 东南大学博士学位论文，2016 年.

[4] 芮国星 . 信息时代高校创业教育体系研究 [D]. 陕西师范大学博士学位论文，2014 年.

[5] 刘国栋 . 大学生创业道德教育研究 [D]. 广东商学院硕士学位论文，2013 年.

[6] 胡莉 . 大学生创业教育问题分析及对策研究 [D]. 山西财经大学硕士学位论文，2012 年.

[7] 谷力群 . 论大学生创业精神的培养 [D]. 辽宁大学博士学位论文，2012 年.

[8] 林文伟 . 大学创业教育价值研究 [D]. 华东师范大学博士学位论文，2011 年.

[9] 韩力争. 大学生创业自我效能感结构研究 [D]. 南京师范大学博士学位论文，2011 年.

[10] 温静．十六大以来民族精神教育的理论与实践 [D]．首都师范大学博士学位论文，2011 年．

[11] 王春艳．高校思想政治教育生态系统研究——以合肥地区高校为例 [D]．安徽大学硕士学位论文，2010 年．

[12] 张莉．中国高校创业教育研究 [D]．江苏大学硕士学位论文，2010 年．

[13] 任源钢．我国大学生创业教育研究 [D]．重庆师范大学硕士学位论文，2010 年．

[14] 杜薇．中国高校创业教育的发展及其对策 [D]．南京航空航天大学硕士学位论文，2010 年．

[15] 李金宝．德育生态论——当代德育生态危机与重构 [D]．吉林大学博士学位论文，2009 年．

[16] 吕帆．高校创业教育问题及对策研究 [D]．河北师范大学硕士学位论文，2009 年．

[17] 齐文勃．我国高校创业教育现状分析及对策研究 [D]．大连理工大学硕士学位论文，2008 年．

[18] 王海龙．我国高校创业教育研究 [D]．天津大学硕士学位论文，2004 年．

【外文文献】

[1]Andrew C.Corbett，Donald S.Jerome A.Katz.Academic Entrepreneurship：Creating An Entrepreneurial Ecosystem[M].Howard House:Emerald Group Publishing Limited，2014.

[2]Holden Thorp & Buck Goldstein，Engines of Innovation：The Entrepreneurial University In The Twenty-First Century[M]North Carolina：North Carolina Press，2010.

[3]Christopher P.Loss，Between Citizens and the State[M]Princeton and Oxford：Princeton University Press，2010.

[4]H.H.Stevenson and J.C Jarillo，A Paradigm of Entrepreneurship：

Entrepreneurial Management [J]. Strategic Management Journal，1990.

[5]Gattner，W.B.，What are we talking about when we talk about Entrepreneurship？ [J]. Entrepreneurship & Practice，1990.

[6]Morris MH，Lewis PS.Sexton DL,Reconceptualizing Entrepreneurship：An Input-Output Perspective [J]. Advanced Management Journal，1994.

[7]Timmons，J.A New Venture Creation：A Guide to Entrepreneurship [M]. Tllinois：R.D.Irwin，1985.

[8]John Besesant，Joe Tidd.Innovation and Entrepreneurship[M].China Machine Press，2011.

[9]Lerner J，Malmendier U. With a Little Help from My Random Friends：Success and Failure in Post-business School Entrepreneurship [J]. Review of Financial Studies，2013，26(10).

[10]Krueger，N.F，M.D，Reilly & A.L.Carsrud. Competing Models of Entrepreneurial Intentions [J]. Journal of Business Venturing，2000，15.

[11]Krueger，N.F. The impact of prior entrepre-neurial exposure on perceptions of new venture feasi-bility and desirability [J]. Entrepreneurship Theory &Practice，1993，18（1）.

[12]Boyd，N. & Vozikis，G. The influence of self-efficacy on the development of entrepreneurial intentionsand actions [J]. Entrepreneurship Theory and Practice，1994，18 (4).

[13]Beresford, Richard and Beresford, Kate. The Role of Networks in Supporting Grassroots Good Practice in Enterprise Education[J]. Research in Post-Compulsory Education, 2010,15 (3).

[14][日]中央教育審議会. 我が国の高等教育の将来［R］. 東京：中央教育審議会，2001. 12-13.

[15][美]尼古拉・尼葛洛庞帝.数字化生存[M].胡泳，译.北京：中国工信出版集团，电子工业出版社，1995.

[16][美]赫尔曼・哈肯.协同学——大自然构成的奥秘[M].凌复华，

译．上海：上海译文出版社，2015.

[17][美]约瑟夫·熊彼特．经济发展理论[M].郭武军，吕阳，译．北京：华夏出版社，2015.

[18][英]亚当·斯密．道德情操论[M].赵康英，译．北京：华夏出版社，2014.

[19][美]伯克·约翰逊，拉里·克里斯滕森．教育研究：定量、定性和混合方法（第4版）[M]. 马建生，等译. 重庆：重庆大学出版社，2015.